J. Aderhold / F. Heideloff

Kultur als Problem
der Weltgesellschaft?

Kultur als Problem der Weltgesellschaft?

Ein Diskurs über Globalität, Grenzbildung und
kulturelle Konfliktpotenziale

von Jens Aderhold und Frank Heideloff

Lucius & Lucius

Anschrift der Autoren:

Jens Aderhold
Malterstr. 30
01159 Dresden

Dr. Frank Heideloff
Stadtlohner Str. 16
80687 München

Die Deutsche Bibliothek - CIP-Einheitsaufnahme
Kultur als Problem der Weltgesellschaft? : Ein Diskurs über Globalität,
Grenzbildung und kulturelle Konfliktpotenziale / von Jens Aderhold ;
Frank Heideloff. - Stuttgart : Lucius und Lucius, 2001
    ISBN 3-8282-0169-5

© Lucius & Lucius Verlagsgesellschaft mbH Stuttgart 2001, Gerokstr. 51,
D-70184 Stuttgart

Druck und Einband: Rosch-Buch, Scheßlitz
Printed in Germany

Inhalt

1. Einleitung

Eines der herausragenden Merkmale der Globalisierungsdebatte ist in einer einseitigen Schwerpunktlegung zahlreicher Beiträge zu sehen. Spätestens seit der polarisierenden These von Samuel Huntington, der einen Zusammenprall der Weltkulturen erwartet, ist deutlich geworden, dass Globalisierung mehr als nur die wirtschaftliche oder die politische Dimension gesellschaftlicher Veränderung umfasst. Der Prozess Globalisierung ist längst ein polydimensionales Phänomen, das – darin stimmen viele Beobachter überein – vertraute Unterschiede, Grenzen und Chancen auf gravierende Weise verschieben wird.

Noch glaubt man, dass eine Dynamik in Gang gesetzt worden ist, die ausgehend von zunehmenden weltwirtschaftlichen Verflechtungen die Grenzen der Nationalgesellschaften nur langsam porös werden lässt (vgl. Brose/Voelzkow 1999: 13). Die sich als politisch integriert verstehenden Länder(-gesellschaften) ringen um ihren Einfluss. Unerkannt bleibt bei dieser Betrachtungsweise, dass unser modernes Leben längst vor dem Horizont nur noch einer Gesellschaft stattfindet: der Weltgesellschaft.

Allmählich ist von der Vorstellung einer national konstituierten und räumlich gebundenen Gesellschaftsordnung Abstand zu nehmen. Das moderne System der Gesellschaft trägt neue strukturelle Züge. Es besteht aus gleichgeordneten, als gleichrangig einzustufenden Teilsystemen, die längst global institutionalisiert sind. Im Zuge dieser als funktional bezeichneten Differenzierung der modernen Gesellschaft sind Prozesse zu beobachten, deren Effekte bisher nur in Ansätzen bekannt sind. In den global ausgreifenden Teilsystemen sind Dependenzverstärkungen zu beobachten, wobei die Eigendynamik u.a. in Wirtschaft, Wissenschaft, Recht, Technologie oder Medizin kaum noch aufzufangen oder gar zentralistisch zu steuern wären. Die sich selbstregulierenden Teilsysteme lassen sich nicht mehr unter einem Dach integrieren (ob über Staat oder Werteordnung), was zu der Schwierigkeit führt, die Effekte dieser Prozesse zu bändigen. Dies ist vor allem dann der Fall, wenn regulationsträchtige Kopplungsmöglichkeiten zwischen den globalen Systemen ab- und die kausalen Interdependenzen[1] zunehmen (Luhmann 1995: 12). Eine teilsystemübergreifende Bearbeitung und Kanalisierung von Problemen wird in hohem Maße unwahrscheinlich.

---

[1] „Die kausalen Interdependenzen nehmen zu, weil ja jedes Funktionssystem davon abhängt, dass die anderen funktionieren und jedes Funktionssystem die für es selbst nicht lösbaren Probleme gleichsam exportieren kann." (Luhmann 1995: 12)

Kulturelle Globalisierung schien auf Homogenisierung hinauszulaufen. Der Begriff „McDonaldisierung der Welt" machte die Runde und gemeinsam mit französischen Bauern und verbündeten Verfechtern des guten Geschmacks wird vor einer drohenden Vereinheitlichung der Lebensstile, der Essgewohnheiten, ja der lebensweltlich verankerten regional differenzierten kulturellen Präferenzen gewarnt. Gerade der regional unterschiedlich ausfallende Umgang mit global offerierten Sinnangeboten verweist auf einen der Homogenisierung entgegenlaufenden Trend: den der Heterogenisierung der Kultur der Gesellschaft[2]. Im Zuge einer näher zusammenrückenden Welt breitet sich der Eindruck aus, dass die eigene kulturelle Bindung kontingent wird, d.h. auch anders hätte ausfallen können. Kultur wird als neue Herausforderung, als grenzziehend und konfliktträchtig beobachtet. Fremde Kulturen werden als identitätsbedrohend[3] erlebt. Makropolitisch sehen Beobachter die Entstehung kulturell konstituierter und ideologisch integrierter Zivilisationsblöcke, die um eine globale Vorherrschaft und Definitionsmacht streiten. Darüber hinaus entstehen mikropolitische Integrationsprobleme und Konfliktherde aufgrund eines ansteigenden Migrationdruckes innerhalb einzelner Länder und Regionen.

In der Wirtschaft können ebenso uneinheitlich verlaufende Entwicklungen beobachtet werden. Marktanforderungen sind zunehmend nach weltweit ausdifferenzierten Konkurrenz- und Wettbewerbsbedingungen konstituiert, was gleichmäßig verteilte Partizipationschancen von Regionen und Menschen erwarten lässt. Demgegenüber ist zu konstatieren, dass sich Gebiete, ja ganze Regionen herausbilden, die aus der Inklusionsseite der Wirtschaft teilweise bzw. fast vollständig herausfallen. Es wäre verfehlt, die sich ausbreitende Gefahr der Exklusion ganzer Bevölkerungsteile als Ergebnis räumlich-geographischer Bedingungen (Afrika) darzustellen, vor allem wenn man an Entwicklungen und die Verteilung von Chancen in einigen Gebieten, wie z.B. in Süditalien, Ostdeutschland oder Nordkorea denkt.

In der Politik scheint Globalisierung, d.h. die Ausweitung politischer Prozesse auf Weltebene mit einem Verlust an Entscheidungsfähigkeit und Durch-

---

[2] „Heute fürchten Menschen und Staaten sich vor einer wachsenden Zahl ethnischer Konflikte. 3.000 verschiedene Sprachen, 12.000 Dialekte gibt es schätzungsweise auf der Erde. (...) Von 3.000 bis 5.000 distinkten Ethnien auf der Welt kann man ausgehen, 600 von ihnen bilden die größeren aktuellen oder potentiellen Nationalstaaten." (Kramer 1999: 143)

[3] Globalisierung bedeutet, „dass sich Gruppen, Länder und Kulturen, aber auch Individuen nicht mehr gegeneinander abschließen können. Die kulturellen Gegensätze treffen jetzt aufeinander und schaffen ein Gefühl der Unsicherheit" (Ulrich Beck, Siehe: Neue Züricher Zeitung, 20. Mai 1997: 48). Diese Unsicherheit ist sicher einer der Gründe für die Diskussion um eine "deutsche Leitkultur" vom Oktober und November 2000.

setzungsmacht[4] zu korrelieren. Einer Politik, die national bzw. staatlich organisiert war, konnte man zutrauen, das Geschick des Staates lenkend entscheiden zu können. Doch längst hat Politik den Schoß einer territorial und national abgrenzbaren Gesellschaft verlassen. Sie hat den innerstaatlichen bzw. den zwischenstaatlichen Bereich überschritten und die Nation ist neben der Region (Kommune, Stadt, Kanton, EU) und der globalen Gesellschaft nur noch eine Politikebene neben vielen anderen. Eine Folge der zu beobachtenden globalen Ausdehnung des Politischen ist in der zunehmenden Diskrepanz zwischen einem steigenden Gestaltungserfordernis und den schwindenden Entscheidungs-, Gestaltungs- und Durchsetzungsmöglichkeiten zu sehen. Zum Problem wird dabei nicht nur die wahrgenommene Schwäche der Politik, sondern die Enttäuschungen produzierende Diskrepanz zwischen den sich permanent vermehrenden Erwartungen an die Politik und ihren tatsächlichen Realisierungschancen.

Zusätzlich zu den strukturell bedingten Schwierigkeiten der gesellschaftlichen Globalisierung kommt es zu semantischen Ungereimtheiten. Zum eingangs erwähnten einseitigen Zugang tritt die mittlerweile kaum noch zu vertretende Gleichsetzung von Nation und Gesellschaft. Man vertraut dem Augenschein und glaubt, die Grenzen der Gesellschaft[5] politisch konstituiert und territorial fixiert zu sehen. Ein materialistisch bzw. objektivistisch ansetzender Grenzbegriff übersieht die divergenten Funktionslogiken der gesellschaftlichen Teilsysteme. Auf diese Weise wird es fast unmöglich, die universal wirkenden Schemata sozialer Orientierung der funktional differenzierten Gesellschaft angemessen analytisch und empirisch zu erfassen.

An dieser Stelle von einem Unvermögen zu sprechen, würde den Kern verfehlen. Die vor allem mit alltagsweltlichen Konditionierungen einhergehenden Verkürzungen und Vereinfachungen, die leicht zu kritisieren wären, sind ebenso ein Produkt der modernen Gesellschaft, wie ihre leistungsfähigen Reflexionstheorien. Kommunikationsprozesse sind per se selbstsimplifizierend. Die Realitätsbeschreibung der Alltagswelt und leider auch großer Teile der Sozialwissenschaften im Verbund mit öffentlichkeitswirksam fungierenden Massenmedien und intellektuellen Autoritäten argumentieren vorwiegend

---

[4] Eine andere Einschätzung findet sich bei Thomas Plümper (1999: 51), der keinen Anlass erkennen kann, „eine generell sinkende Problemlösungsfähigkeit der Nationalstaaten zu postulieren".

[5] Es wäre doch recht unwahrscheinlich, „dass alle Funktionssysteme innerhalb von territorialen Gebieten dieselben Grenzen erzeugen; dass also die Massenmedien und die Wissenschaft, der internationale Finanzmarkt u.a. gleichsam an der Grenze zwischen Polen und Deutschland oder zwischen Thailand und Burma plötzlich andere Systeme werden" (Luhmann 1995: 13f.).

monokontextural[6] (Luhmann 1994: 632; Markowitz 1998). Die im Alltag häufig notwendige und verständlicherweise zum Einsatz gelangende Selbstsimplifikation wird mittlerweile der polykontextural strukturierten Gesellschaft[7] nicht mehr gerecht. Das Neue an ihr ist nicht nur, dass ein und dieselbe Sache (Gesellschaft) gleichzeitig gänzlich unterschiedlich ansetzende Weltperspektiven produziert, sondern für ein angemessenes Verstehen und Agieren in dieser komplexen Welt wird es zunehmend erforderlich, entsprechende Kompetenzen der Erfassung und Bearbeitung polykontextural angelegter Strukturen auszubilden. Die richtige Bestimmung sozialer Sachverhalte ist hierbei nicht nur eine Frage der Angemessenheit theoretischer oder empirischer Tiefenschärfe. Vielmehr geraten Begriffe[8] bzw. die Kommunikation über die Begriffe unter die Fungibilität sozialer Prozesse. Gerade die in der Kommunikation anzutreffenden Selektionsbedingungen stehen nicht selten einer rational ansetzenden Einlösung des angerissenen Orientierungsproblems entgegen. Zwei Problemfälle semantisch strukturierter Vereinfachungen möchten wir kurz anreißen:

(1) Dominanz der Akteurssemantik

Die Kultur der Vormoderne versorgte die Menschen mit einer Semantik, deren Charakteristika die Orientierung am Akteur beinhaltet (vgl. Markowitz 1997). Ausgehend von den Absichten und Zwecksetzungen einzelner Subjekte wird sowohl das Konzept der Handlung als auch das Verhalten sozialer Gemeinschaften gedeutet. Die durch den Bezug auf den Akteur ausgerichtete Wirklichkeitserfassung hat eine bis in unsere Tage hineinreichende Akteurssemantik hervorgebracht (vgl. Markowitz 1997; 1998). Soziales wird ausgehend von intentional ausgelösten Handlungen gedeutet. Die in die soziale Kommunikation eingebaute Verkürzung läuft in sozialen Systemen u.a. über das Ausweisen von sozialen Adressen. Personen werden sozial konstruiert, um für den Fortgang von Kommunikation Handlungen mit Adressen verbinden zu können. Kommunikationssysteme flaggen sich letztlich über Handlungsadressen und sich daran anlehnende Beschreibungszusammenhänge aus,

---

[6] Erklären lässt sich das monokontextural angelegte Wirklichkeitsbild u.a. durch dessen leichte Integrierbarkeit in die Wahrnehmungswelt jedes Einzelnen (vgl. Luhmann 1994: 632).

[7] „Wenn das Komplexitätsniveau der Gesellschaft sich jedoch ändert, muss die das Erleben und Handeln führende Semantik sich dem anpassen, weil sie sonst den Zugriff auf die Realität verliert." (Luhmann 1993: 22)

[8] Die Tauglichkeit von Begriffen ergibt sich einmal aus der sauberen Bestimmung der Systemreferenz, d.h. aus der Frage, auf welchen sozialen Sinnzusammenhang Aussagen zugerechnet werden. Zum zweiten kann eine Beobachtung referierender Systeme theoretisch konditioniert vorgenommen werden, was nicht unbedingt dazu führt, daß man nun im Besitz einer „reinen Wahrheit" wäre, aber man kann dann zumindest auf Kontextschärfe bzw. Problemgenauigkeit achten (vgl. Fuchs 1992, S. 22).

um sich für sich selbst und für andere beschreibbar, identifizierbar und handhabbar zu machen. Die unsere Gegenwart dominierende Orientierung am absichtsgeleiteten Akteur (Subjekt, Gemeinschaft, Nation, kulturell integrierte Zivilisation) kommt nicht von ungefähr. Bis hinein in die heutigen Tage hat die Akteurssemantik ihre Funktion erfüllt. Sie sorgte für ausreichende Orientierungs- und Handlungssicherheit. Mittlerweile stellt sich jedoch ein Unbehagen mit der dominierenden Akteurssemantik ein. Das Leben der Menschen und vor allem die Strukturen unserer modernen Gesellschaft können mit der Akteurssemantik nicht länger erfasst werden. Beispielhaft sei auf die Veränderungen in der Wirtschaft verwiesen, die markieren, dass eine Umstellung der traditionellen Orientierungsweise überfällig ist.

Die globale Wirtschaft zeichnet sich u.a. dadurch aus, dass die wichtigen Produktionsfaktoren – Geld, Technologie, Produktionsstätten – hoch mobil sind. Sie überschreiten Landesgrenzen und lassen sich nahezu an jeden Ort der Welt transferieren. Die Rede von national begrenzten Volkswirtschaften macht so keinen Sinn mehr, das „Konzept einer nationalen Wirtschaft" wird „praktisch bedeutungslos" (Reich 1993: 15). Das soll nicht heißen, nationalstaatlich oder regional angelegte Bemühungen um Ausbildung, Arbeitsvermögen, Innovationskraft oder Infrastruktur, wären in einer Weltwirtschaft vergeblich. Im Gegenteil, worauf es ankommt ist die Erkenntnis, dass sich der gesellschaftliche Hintergrund lokalen Handelns verändert hat. Für Unternehmen, für staatliche oder regionale Instanzen ebenso wie für Wissenschaft, Forschung oder Manager und Arbeitnehmer werden die neuen Anforderungen der Weltwirtschaft zur Bezugsgröße, an der sie zu messen sind und wiederum von Bezugsgruppen unterschiedlichen Charakters bereits gemessen werden. Erst eine funktional ansetzende Problemanalyse ermöglicht eine angemessene Bearbeitung der Frage, welche Voraussetzungen zu erfüllen sind, um an wirtschaftlicher Kommunikation[9] teilhaben zu können (vgl. Reich 1993: 15). Die in der globalen Wirtschaft dominante Logik[10] sieht von einzelnen Intentionen gänzlich ab bzw. reduziert diese auf Zahlungsbereitschaft der Kunden oder auf Motivierbarkeit der Organisationsmitglieder in den Unternehmen (vgl. Markowitz 1998). Man kommt den komplexen und nicht selten widersprüchlich verlaufenden Prozessen der Gegenwart nur dann einigermaßen auf die

---

[9] Robert Reich (1993: 88f.) betont insbesondere, dass der Zusammenhang zwischen steigendem Lebensstandard, erfolgreichen Großunternehmen und Hauptindustrien in den einzelnen Ländern aufgebrochen ist. Seiner Meinung nach ist entscheidend, inwiefern es gelingt, mit den eigenen Spezialkenntnissen und Fertigkeiten der weltweiten Nachfrage gerecht zu werden.

[10] „Diesem einzigen Gesichtspunkt – also: nur dann zahlen, wenn dadurch die eigene Zahlungsfähigkeit erhalten wird – ist jedes Unternehmen der Wirtschaft unabweisbar ausgesetzt. Dieser einzige Gesichtspunkt stiftet das, was man als die Funktionslogik der Wirtschaft bezeichnen kann." (Markowitz 1998: 115)

Spur, wenn man am Fungieren der Kommunikation ansetzt, wenn man die bisher noch dominierende Akteurssemantik durch eine Funktionssemantik zumindest ergänzt, wenn nicht gar in einigen Teilbereichen ersetzt (vgl. Markowitz 1997; 1998).

(2) Skandalisierende Krisensemantik

Die Globalisierung wird an den Pranger gestellt. Ihr wird die Verantwortung für ansteigende Arbeitslosigkeit, Krise des Wohlfahrtsstaates, für Sozialabbau in den Nationalstaaten und zunehmende internationale Konkurrenz auf den Märkten zugerechnet. Stellvertretend für viele liest sich Viviane Forresters Anklage von 1997. Mit ihrer zornig vorgetragenen Schrift "Terror der Ökonomie" beschreibt sie das europäische Elend – für sie der Mangel an Arbeitsplätzen –, für welches die menschenverachtende Wirtschaftsgesellschaft und ihre Agenten verantwortlich zu machen sind. Die Arbeit der Gegenwart, so schreibt die Autorin, unterliege stärker als je zuvor der Lust und Laune der Spekulation, der „Laune der Entscheidungsträger in einer Welt, die auf allen Ebenen rentabel sein soll" (Forrester 1997: 44). Die Welt wird zu einem einzigen riesigen Unternehmen, und das Spiel heißt für alle, die Bedingungen bzw. die Gesetze des weltweit ausufernden Wettbewerbs[11] zu respektieren.

In eine ähnliche Kerbe schlägt Jeremy Rifkin, der weltweit ca. 800 Mill. arbeitslose Menschen ausmacht. Und das, obwohl die Verdrängung der Arbeit aus dem Produktionsprozess erst noch bevorsteht. Seiner Meinung nach verändern immer neuere technische Innovationen, leistungsfähigere Generationen von Computer- und Informationstechnologien sowie die unaufhaltsame Verschlankung der Unternehmen die Arbeitswelt, mit der Folge, dass zahllose Menschen arbeitslos, letztlich zu Ausgeschlossenen werden.

Die vor einigen Jahren noch als Schreckensszenario wahrgenommene Gefahr einer 2/3-Gesellschaft löst kaum noch größere Reaktionen aus. Vielmehr wird das Krisenszenario einer heraufziehenden 20-80-Gesellschaft prognostiziert. 20 Prozent der arbeitsfähigen Bevölkerung würden ausreichen, um die Weltwirtschaft in Schwung zu halten. Ein Fünftel aller Arbeitssuchenden werde genügen, um alle Waren zu produzieren und die hochwertigen Dienstleistungen zu erbringen, die sich die Weltwirtschaft leisten können (Martin/Schumann 1996).

An der aufrüttelnden und aufmerksamkeitswirksamen Funktion skandalisierender Krisenbeschreibungen ist kaum zu zweifeln. Der anschluss-

---

[11] Arbeit als die Grundlage der Gesellschaft ist im Schwinden begriffen. Die Welt, in der die Orte der Arbeit und der Wirtschaft zusammenfielen, existiert nicht mehr. Schon fast resümierend schreibt sie: „Eine große Mehrheit von Menschen wird von der kleinen Gruppe, die die Wirtschaft prägt und die Macht besitzt, schon gar nicht mehr gebraucht" (Forrester 1997: 37).

generierende Leistungsgewinn provoziert leider unscharfe Zugriffe auf die beschriebenen Verhältnisse. Die Argumente sortieren sich nach dem Schema[12] Aufgeregt/Unaufgeregt bzw. Skandal/Normal. Was sich dem Schema nicht fügt, bleibt unberücksichtigt. Der Versuch eine realitätsangemessene Analyse anzustreben, wird gar nicht erst unternommen, wenn nicht verhindert. Unterschiedliche Entwicklungslogiken kommen folglich gar nicht in den Blick bzw. werden von vornherein ausgeblendet. Einer dieser unbeleuchteten Fälle betrifft die paradox erscheinende Konstellation einer sich im globalen Maßstab verschärfenden Arbeitsmarktkrise trotz einer anhaltend wachsenden Weltwirtschaft. Ohne erneut das Klagelied vom Ende der Arbeitsgesellschaft anzustimmen, ist zu konstatieren, dass es sich bei den gleichzeitig zu verzeichnenden Erfolgsmeldungen in der Wirtschaft und den alarmierenden Meldungen am Arbeitsmarkt um zu unterscheidende Sachverhalte ein und desselben Entwicklungsprozesses[13] handelt.

Das Problem der Armut wird nicht selten ähnlich fixiert, wie das der Massenarbeitslosigkeit; beide Komplexe werden eindimensional über wirtschaftliche Kategorien zu erfassen gesucht. Schuldzuweisungen bzw. Forderungen an die Wirtschaft, für Bereitstellung von Arbeit Sorge zu tragen, oder an die Politik, die Wirtschaft entsprechend zu steuern, sind ein Ergebnis dieser Entwicklung. Das Thema Armut habe sich an wirtschaftlichen Indikatoren wie z. B. verfügbarem Einkommen bzw. ausgeübter Erwerbsarbeit zu orientieren (Kuhm 2000: 60). Der folgerichtig prognostizierte Mangel eines über Arbeit erzielten Einkommens wird dann zur Sache wohlfahrtsstaatlich abzufangender Regulierungen und Transferzahlungen, ohne – wie bisherige Erfahrungen lehren – dass den Problemen von Arbeitslosigkeit und im anderen Fall von Armut auch nur annähernd beizukommen ist. Unerkannt bleiben letztlich die strukturell erzeugten Mechanismen der modernen Gesellschaft, vor allem was die Bedingung der Inklusion der Menschen in die Funktionssysteme anbelangt. Der Zugang zu den Problemen Armut, Arbeitslosigkeit und Ungleichheit gelingt eher über den systemtheoretisch erarbeiteten Exklusionsbegriff, der in der Lage ist, die Mehrdimensionalität involvierter Strukturen zu erfassen (Stichweh 1997). Der Exklusionsbegriff ersetzt die alten Termini Schichtung und

---

[12] Die meisten aktuellen Diskussionen haben „in den öffentlichen Medien direkt oder indirekt Panik induzierende oder Wünsche steuernde Wirkungen und sind dadurch ihrem Grundzug nach nicht aufklärerisch, sondern reklameförmig wirksam" (Peter Sloterdijk; Sächsische Zeitung, Montag, 21. Februar 2000; S. 3).

[13] Es überrascht nicht, dass längst vor dem Einsatz rein fiskalisch orientierter Instrumente der Arbeitsmarktpolitik gewarnt wird (Cohen 1998: 140). Ein Vorschlag lautet, Problembeschreibung und -behandlung grundsätzlicher anzusetzen, vor allem in Richtung der Frage nach Eingrenzungs- und Ausgrenzungsfaktoren sowie den länderspezifisch ausfallenden ausgrenzungsbegünstigenden Schematismen, Institutionen und Regulationsweisen.

Armut. Exklusion in der modernen Weltgesellschaft muss nicht auf einen Kompaktausschluss hinauslaufen. Exklusion ist ein kumulativer Sachverhalt. Inklusionsbedingungen sind folglich innerhalb der Funktionssysteme und nicht mehr gesellschaftseinheitlich zu regeln, mit Folgen für Zustandekommen und Bearbeitung ganzer Exklusionsbereiche. Fallen Menschen aus der Wirtschaft heraus, so heißt das nicht unbedingt, dass andere Funktionssysteme (Erziehung, Politik, Recht, Soziale Hilfe) dieses Herausfallen auffangen oder gar substituieren können. Folglich kann die Ursache für Exklusion nicht mehr im Impuls eines einzigen Funktionssystems gesehen werden. Insgesamt lässt sich festhalten, dass sich im Zuge der Globalisierung die stabilen Muster der Verteilung sozialer Ungleichheit auflösen. Zu verzeichnen sind im Zuge einer globaler werdenden Welt die „weltweite Neuverteilung der Exklusionsmuster" (Stichweh 1998: 350).

Die semantisch produzierten Blindstellen sind nicht nur im Globalisierungsdiskurs vor allem deshalb fatal, weil konflikt- und problemträchtige soziale Schließungsprozesse, die im Zuge der funktionalen Differenzierung einsetzen und ihre Wirkung zu entfalten beginnen, unter diesen Bedingungen nur schwer zu begreifen sind.

Unsere im Buch dargelegten Überlegungen können folglich als Versuch gesehen werden:

- in einem ersten Schritt vorgelegte Beschreibungsangebote der Globalisierungsdebatte nach relevanten Problem- und Konfliktpotenzialen abzufragen, um

- in einem zweiten Schritt Folgeüberlegungen anzuregen, die neben der Einordnung kultureller Konfliktpotenziale in den Analyserahmen einer global ausgreifenden funktional differenzierten Gesellschaft eine systematische Erfassung anschlussfähiger Problemformeln der modernen Weltgesellschaft anstreben.

Auf eine Besonderheit des vorliegenden Textes sei noch kurz verwiesen. Die Idee, dieses Buch zu schreiben, entstand als Reaktion auf die These Huntingtons vom Zusammenprall der Kulturen. Es galt die Frage zu klären, an welcher Stelle kulturelle Differenzen entstehen und welche Wirkungsmacht sie in der sozialen Kommunikation entfalten können. Diese Fragestellung wird in diesem Buch auf der schon angedeuteten themenbezogenen Ebene bearbeitet.

Darüber hinaus war das Buchprojekt selbst ein kulturelles Experiment. Beide Autoren entstammen unterschiedlichen kulturellen Kontexten; einer kommt aus dem Osten, einer aus dem Westen der Bundesrepublik. Beide sind familiär und politisch völlig unterschiedlich sozialisiert. Erschwerend wirkte zudem die völlig verschiedene wissenschaftliche Biographie: Ein Soziologe und ein

Betriebswirt trafen mit enormen Verständnisschwierigkeiten aufeinander. Das betraf nicht nur Wortwahl und Arbeitsstil. Um diesen und weiteren Hindernissen gerecht zu werden, haben wir uns entschlossen, den Gedankenaustausch mit einem Briefwechsel einzuleiten. Erste Spuren waren zu legen, Argumente und Sprachstile auszuprobieren. Anschlüsse und vorsichtige Ordnungsversuche wurden unternommen. Damit war zwar das Eis gebrochen, aber die Bearbeitung noch gravierend wirkender Schwierigkeiten stand aus. Der schriftlich fixierte Austausch der Gedanken und Beobachtungen wurde durch die kontextverschiedene Einbettung der beiden Autoren problematisch. Während der eine sein Fortkommen in der Wissenschaft über die Teilnahme an Lehre, Forschung und Textproduktion suchte, bearbeitete der andere als Mitglied eines international renommierten Beratungsunternehmens Problemstellungen global agierender Unternehmen. Was nicht zu erwarten war, ist eingetreten: Über kulturelle Grenzen ist das Gelingen von Kommunikation unwahrscheinlich, aber möglich – und gerade deshalb ein Gewinn, gerade dadurch, dass sie nicht selten konfliktträchtig und problematisch verläuft.

Jens Aderhold und Frank Heideloff   Dresden/München, November 2000

2. Ein Vorwort zum Briefwechsel

Briefwechsel sind im Zeitalter elektronischer Medien und Kommunikation aus der Mode gekommen. Moderne elektronische Kommunikation, eine wesentliche Voraussetzung globalen Wirtschaftens, ist ruhelos, online und realtime. Die Maße ihrer Realisierung sind Allgegenwart und Verfügbarkeit. Briefwechseln hingegen eignet eine besondere Form der Geschwindigkeit des schreibenden Denkens. Anders als im Essay eines einzelnen Autors, der in einer Art von innerem Monolog sein Objekt a priori denkend einkreisen kann und dann schreibend verstehen lernt, wird im Brief in Etappen und von zumeist zwei Autoren wechselnd festgelegt, was beschrieben werden soll und wie das überhaupt gemeinsam möglich ist. Briefwechsel sind sperrig. Manches, das auch noch wichtig gewesen wäre, lässt man im Schreiben fort, weil man Angst hat, der Empfänger des Briefes könne ohnehin nur auf eine Reihe der angelegten Fährten ansprechen. Neben den fortgesponnenen Gedanken zeichnen sich Briefe auch durch das "Liegenbleibende" aus. Nicht alles, was angesprochen wird oder Erwähnung findet, wird ausgeführt, kommentiert oder weitergedacht. Insofern sind Briefe eine beschwerliche, aber selbstanzeigende Form moderner Kommunikation: Verstanden werden kann erst, wenn es einen Anschluss an Vorgefundenes gibt. Was aber angeschlossen wird, welcher Fluss sich daraus im Zeitablauf ergibt, ist offen. Was als Antwort gedacht war, findet Eingang in eine Folgefrage; Ausrufungszeichen verschwinden hinter neuen Argumentationssträngen, Metaphern und Symbolen.

Damit sind wir, obwohl dieser Text sich scheinbar so einfach zu entfalten begann, im Herzen der Überlegungen zum Thema "Zusammenprall der Kulturen" angekommen. Denn Konfliktpotenziale ebenso wie Möglichkeiten des Dialogs kreisen immer wieder um Begriffe der Identität, der Globalisierung, der Arbeit, der Organisation, der Moderne, der Philosophie und schließlich der Kommunikation in der Weltgesellschaft. Wo die Welt für eine Disziplin zu unübersichtlich geworden ist, rufen Menschen nach Metaphysik oder Interdisziplinarität, um wieder eine Orientierung zu erlangen. Nun kommt die Metaphysik ohnehin im hier entwickelten Text vor, sei es in Form des Feindbildes des Projekts Moderne oder in Form des religiösen Für-Wahr-Haltens asiatischer Philosophien. Also halten wir es mit der Interdisziplinarität und nähern uns der Herausforderung, einen Dialogbogen zwischen Identität und Globalisierung zu spannen, von zwei Gebieten aus. Einerseits wird im Folgenden eine soziologisch-systemtheoretische Perspektive gewählt und andererseits kommt eine verhaltenswissenschaftliche Wirtschaftssicht zum Ausdruck. Identitäten sind holistische Konstrukte, die kaum noch hintergehbar sind. Aber: Man kann sich ihnen nachempfindend, rekonstruierend nähern.

Aus diesem Grund wollen wir dem Leser anbieten, durch Nach-Lesen eines Briefwechsels einen eigenen Zugang zum Feld zu entwickeln. Nicht jedes Argument des Briefwechsels wird ausgeführt, nicht alles ist stringent und einiges gar redundant. Aber dies entspricht menschlichem Umgang mit einem so vielschichtigen und komplexen Thema wie dem "Zusammenprall von Kulturen". Der Briefwechsel versammelt Eindrücke und Erfahrungen im Umgang mit Phänomenen der Identität und Globalisierung auf individueller wie auch auf sozialer Ebene. Um die Fäden des Briefwechsels zu einem dichteren Netz des Verstehens zu flechten, wird in einem zweiten Teil ein wissenschaftlich gehaltener Text angeschlossen, der sich folgenden Aspekten widmet: Kultur und Gemeinschaft, Globalisierung und Organisation, Arbeitsgesellschaft und Globalisierung, Projekt Moderne, Phänomen Weltgesellschaft. Auf diesen Feldern kommen Werte und Normen, die unter anderem von asiatischer Philosophie beeinflusst sein können, im ausgehenden 20. Jahrhundert zum Tragen. Abschließend wird es darum gehen, Möglichkeiten der Handhabung von Konflikten in einer Weltgesellschaft globalen Wirschaftens auf der einen und gebrochener individueller und sozialer Identitäten auf der anderen Seite zu beschreiben. Die Einbettung und nicht die bloße Möglichkeit interkultureller Kommunikation wird dabei als zentral herausgearbeitet.

3. Der Briefwechsel vom 04. Mai bis zum 14. Dezember 1998

3.1 Die Kulturfrage – Eine Frage der Kultur der Gesellschaft?

Zur Kultur einer "nörgelnden" ostdeutschen Bevölkerung – Vereinfachung als universelles Grundmuster sozialer Kommunikation? – Einblicke in eine multi-kulturell zusammengesetzte Projektgruppe dynamisieren "den Kampf der Kulturen" und entschärfen ihn zugleich – Kultur als verloren gegangenes Kommunikationsmedium der Moderne?

Lieber Jens,   04. Mai 1998

ich teile dir ein Gefühl, einen ersten Eindruck mit, wie das wohl werden wird mit dem Briefwechsel. Ich stehe hier unter einem Druck, der enorm ist. Das hätte ich so nie erwartet, aber es liegt auch am Projekt. Sehr groß und interna-tional. Hamburg, Köln, London, München als Standorte – das bedeutet viel Bewegung. Ich habe das Philosophiebuch (Mall 1995) ab jetzt im Reisege-päck und werde dir berichten, so regelmäßig wie möglich. Mal sehen, wie das geht. Du bist dafür verantwortlich, dass das Projekt nicht einschläft. Bitte schreibe; dann kann ich wenigstens antworten. Gruß an alle Kollegen - Frank

Lieber Frank,   07. Mai 1998

ich starte mit einem in der bundesrepublikanischen Öffentlichkeit breit disku-tierten Thema. Ich spreche auf ein Ereignis an, welches auf den ersten Blick sehr weit von unserem Thema entfernt zu stehen scheint. Es erhitzt die Gemü-ter: Die Wahlen bzw. die Wahlergebnisse in Sachsen-Anhalt. Sprich die Dis-kussion über die Ursachen, Gründe, Motive, warum die rechtsextreme DVU bei den Landtagswahlen in Sachsen-Anhalt gut 13 % der Wählerstimmern auf sich hat vereinen können. Bisher bleibt in den zu verfolgenden Diskussions-beiträgen im Dunkeln, welche Gründe für das Aufsehen erregende Wahl-ergebnis verantwortlich zu machen sind. Einige Ursachen, die für das Ver-halten von Teilen der Wahlbevölkerung herangezogen werden, verortet man in einer durch Wut gekennzeichneten Grundstimmung in Teilen der ostdeut-schen Bevölkerung. Man ist es leid, schwierige Problemlagen mit kompliziert empfundenen Einschätzungen und Handlungsvorschlägen, die keine schnelle Abhilfe versprechen, zu beantworten. Man setzt wieder auf Optionen (in die-sem Fall DVU), die scheinbar einfache Lösungen versprechen: Die häufig zitierten Probleme der Menschen aus den neuen Bundesländern wie Arbeits-losigkeit, Infrastrukturdefizite, Unzufriedenheit mit dem zu langsamen Voranschreiten der "Angleichung der Lebensverhältnisse" sowie die erfahrenen bzw. wahrgenommenen Benachteiligungen machen nur eine Seite der Medaille aus. Die andere Seite lässt sich an der wachsenden und kaum noch zu übersehenden Unfähigkeit vieler Menschen festmachen, sich in einer komplexen, turbulenten und häufig als ungerecht empfundenen Welt zu orientieren. Man mag differenzierte Argumente nicht mehr hören. Stattdessen greift man auf simplifizierende Schemata zurück. Man sucht u.a. Schuldige, die für die Verhältnisse und Probleme verantwortlich gemacht werden können, und delegiert Verantwortung und Handlungsvollmacht an staatliche Instanzen, wobei gleichzeitig auf die Unfähigkeit der so genannten politischen Klasse sowie auf die zunehmende Unfähigkeit des Staates in einer sich globalisierenden Welt hingewiesen wird. Die Kandidaten, die Schuld auf sich laden, wechseln; was bleibt, ist ein Grundmuster der kommunikativ sich einschleifenden Orientierung.

Für heute soll es erst einmal genügen. Ich wünsche dir wirklich viel Kraft und einige evtl. erholsame Stunden am Wochenende. Gruß – Jens

Drinnen und draußen – Projektgrenzen als Kulturgrenzen   09. Mai 1998

Lieber Jens,

mein Einstieg ergibt sich an einem sonnigen Samstag, an dem ich für ein paar Stunden ins Büro gekommen bin. Freiwillig, um großen Kontakt aufzunehmen mit dem, was zu verstehen und zu verändern ich aufgebrochen bin.

Unsere Projektgruppe besteht gegenwärtig aus sechs Menschen, deren Hintergrund sehr unterschiedlich ist. Helen ist Engländerin und hat vor ihrer Arbeit in der Beratung für eine Bank gearbeitet. John ist ebenfalls Engländer und war vorher für ein Nahrungsmittelunternehmen tätig. Anooj ist Inder und hat vor seiner Beratertätigkeit selbstständig Bücher verkauft. Gregor ist unser Projektleiter. Er ist Deutscher, war vorher bei einem Luft- und Raumfahrtkonzern und arbeitet jetzt schon vier Jahre in der Beratung. Cheril ist Amerikanerin, ohne Unternehmenserfahrung, und in einer Art "Bürotransfer" von Dallas aus für sechs Monate nach Deutschland gekommen. Und dann bin ich noch da, Deutscher, ohne lange Unternehmenserfahrung, aber nach nur 12 Tagen inzwischen verantwortlich für das Vorantreiben des Projektes. Große Unternehmen, so scheint es, reproduzieren Strukturen und "Verhaltensweisen", wie sie auch im Umgang zwischen Kulturen sichtbar werden. Sie ignorieren schmerzhafte Themen, die Routinen in Frage stellen. Sie verteilen Schuldzuweisungen zwischen Subsystemen ihrer selbst. Sie machen Zuschreibungen auf Einzelne, wo dem Außenstehenden der Gesamtzusammenhang und die wechselseitigen Abhängigkeiten nur allzu deutlich entgegentreten. Und sie erklären, dass die Routinen, unter denen sie leiden, für sie zwar sichtbar und spürbar sind, aber doch einen Teil ihrer selbst darstellen, ohne den sie sich selbst nicht vorstellen können. Jeder Umgang mit diesen Themen stellt also jeweils den Gesamtzusammenhang in Frage. Kulturen, die ich im Gegensatz zu Huntington nicht als eine Mischung von Religionsgruppen und geostrategischen Machtblöcken, sondern eher als situativ festgelegte Sinngemeinschaften verstehen möchte, ergeht es in ihrem Umgang mit Unwägbarkeiten ebenso. Allerdings weisen sie im Gegensatz zu Unternehmen, Organisationen oder Familien einen wichtigen Unterschied auf: Sie sind nicht unmittelbar mit der Realisierung von Zwecken beauftragt, an denen der Einzelne durch sein Partialinteresse teilhat. Grenzen zwischen Kulturen können folglich keine geografischen Grenzen sein. Zwischen dem Programmierer im indischen Bangalore und einem Verwaltungsangestellten in Buenos Aires gibt es mit hoher Wahrscheinlichkeit mehr kulturelle Gemeinsamkeiten, als zwischen Unternehmensberater und Organisationsmitglied im Beratungsprozess.

Kulturelle Zugehörigkeit ist nicht völlig willkürlich wählbar. Dennoch kann sich der Einzelne in seinem Handeln als einer anderen als der ihm vorher zugerechneten Kulturzugehörigkeit ausweisen. Kulturen sind Vermutungen über kohärente Muster von Werthaltungen, Meinungen und Handlungen. Wir alle wechseln in diesem Sinne die kulturelle Zugehörigkeit. Fast ständig.

Einige Fragen stellen sich mir:

Wie sollten solche Kulturen überhaupt in eine Konfrontation geraten können? Gibt es Träger so verstandener Kulturen, die eine Konfrontation austragen könnten? Und wenn es zu Konflikten, ja sogar "clashes" kommen kann, wie sehen Lösungsansätze aus? Wie wirksam ist Kommunikation zwischen Kulturen, deren "Grenzen" im Prozess der Kommunikation neu bestimmt werden? Bildet sich nicht über Kommunikation sofort eine Kultur der Zugehörigkeit zu eben dieser Kommunikation aus, die substanzielle Verschiedenheit im Sinne der Konfrontation zwischen "Hier" und "Dort" ausschließt und durch eine Form des gemeinsamen Jetzt ersetzt?

Die Grenzen unseres Verstehens, als unterschiedliche Mitglieder in einem Projektteam, sind mindestens so hohe Hürden des Verstehens wie jene zwischen Beratern und Organisation. Aber wir sind dabei, mit den Menschen im von uns beratenen Unternehmen eine Neubestimmung dessen vorzunehmen, was drinnen und draußen sein könnte.

Soviel als einen ersten Eindruck und eine schwungvolle, wenngleich in ihrer Argumentation noch nicht sehr präzise Klammer um mein gegenwärtiges Denken. Ich grüße dich und wünsche dir und deiner Familie eine gute Zeit. - Frank

Verstehende Kommunikation   14. Mai 1998

Lieber Frank,

kulturelle Differenzen haben anscheinend etwas mit Problemen des Verstehens "fremder" Haltungen, Denk- und Handlungsweisen zu tun. Anscheinend stoßen wir auf Kultur, wenn die Kommunikation in ihrem Ablauf nicht mehr selbstregulativ ein gewisses Maß an Verstehen aufbauen kann und sei es nur in einer fiktionalen Form. Kulturfragen entscheiden sich möglicherweise durch den sozialen Umgang, der je nach Ausprägung Verständnis oder Unverständnis gegenüber dem "Anderen", dem "Fremden" erzeugen kann. Folglich ist es an dieser Stelle erforderlich, einige Anmerkungen zum Verständnis des Begriffs (des Phänomens) Verstehen beizutragen. Denn: Ohne Verstehen scheint nichts zu gehen, jedenfalls hat Kommunikation insofern ein Problem, wenn nicht oder wenn missverstanden wird. Dieses Problem lässt sich bearbeiten. Man kann, solange die Kommunikation läuft, nachfragen, weitere Erläuterungen einfordern. Das setzt voraus, dass diejenigen, die sich an Kommunikation beteiligen, zumindest mit den Zeichen, Chiffrierungen und Bedeutungen, die in Mitteilungen verpackt werden, etwas anfangen können. Es muss kein identischer Sinngebrauch vorliegen, aber eine gemeinsame Verwendung des Mediums Sprache ist nötig. Verstehen heißt aber nicht zugleich Einverständnis. Verstehen bedeutet, dass ein Sinnvorschlag für denjenigen, an den die Mitteilung gerichtet wurde und gleichzeitig auch für die gemeinsame soziale Beziehung (Situation) bedeutsam wird. In welcher Weise, das ist für das Ereignis "Verstehen" unbedeutend.

Ob ein Ansinnen Erfolg oder Misserfolg hat, entscheidet sich dann erst im Fortgang der kommunikativen Beziehung. Die Evolution hat hier unterschiedliche soziale Mechanismen ausgebildet (Parsons 1980; Luhmann 1997: 316 ff.). Soziologen sprechen von sozialen Austauschmedien oder von symbolisch generalisierten Kommunikationsmedien. Diese Medien sind in der Lage, die Unwahrscheinlichkeit des Erfolgs von Kommunikation in Wahrscheinlichkeit zu transformieren. Ein Sinnvorschlag ("Ich möchte Brötchen haben.") kann durch die richtige Verwendung des entsprechenden Mediums (in der Regel Geld) zu einer gewünschten Reaktion (Bäcker gibt mir Brötchen) führen. Interessant ist nun, dass Kultur als Kommunikationsmedium nirgendwo erwähnt wird. Eignet es sich nicht als Medium der Kommunikation? Ist Kultur gar Basis für das Funktionieren der eingesetzten Medien sozialer Kommunikation? Oder: Macht der Einbau von Kultur in die Gesellschaft Kommunikation unwahrscheinlich? Kommunikation als Resultat von Kultur wendet sich in einem als dialektisch lesbaren Widerspruch gegen sich selbst, indem Kommunikation Kommunikation erschwert? Kultur als Negativ-Medium?

Hieße das letztlich, dass Kultur kommunikativ (also sozial) zwar produziert wird, soziale Prozesse aber neben den notwendigen selektiven Unterschieden, die sich in der bisherigen gesellschaftlichen Evolution bewährt haben, kulturelle Barrieren, Distanzen und Grenzen produzieren, die eine Gefahr für moderne Institutionen heraufbeschwören können? – Jens

Wie Begegnung und Kommunikation möglich scheinen   17. Mai 1998

Lieber Jens,

interkulturelle Begegnung ist nur möglich auf der Überzeugung, dass keiner im Besitz der einen Wahrheit ist. Damit gibt es keinen, der Multikulturalität oder interkulturelle Kommunikation "besitzt". Aber: Begegnung und Kommunikation sind möglich über die Zugehörigkeit zu einer gemeinsamen Gattung (Mensch). Indischer Zugang – religiöse Verklärung und Einigkeitsvermutung. Chinesischer Zugang – pragmatisches Handeln auf gemeinsamen Gewinn. Europäischer Zugang – rationaler Zugang der (Abstand haltenden) Analyse der Motive und Mittel. Interessanterweise ist Kommunikation als solche in keinem dieser Ansätze enthalten. Sie haben alle eine autistische Neigung. Und: Im gemeinsamen Handeln der Chinesen liegt noch am ehesten ein Austauschgedanke, der wirklich helfen könnte, Konflikte zu vermeiden. Interessant auch: Das spitzt die Diskussion auf die Frage zu: Wer gehört zu der Gruppe, auf deren gemeinsamen Gewinn hin gehandelt werden soll bzw. wird? Inklusion und Exklusion erweisen sich damit als zentrales Kriterium bzw. Thema.

Soviel zunächst. Hoffentlich kann ich bald etwas ausführlicher schreiben. Bin jedenfalls besser im Projekt. Da scheine ich einen Grenzwechsel gemacht zu haben und jetzt dazuzugehören. Ciao – Frank

Wahrheit und Wirklichkeit   17. Mai 1998

Lieber Frank,

ins Spiel gebracht wird die These, dass interkulturelle Begegnung (was gewaltsame, kriegerische bzw. destruktive Kontakte wohl nicht meint) nur dann möglich scheint, wenn die beteiligten Seiten ihr Beharren aufgeben, im Besitz der einzigen Wahrheit über die Welt, den richtigen Weg oder was auch immer zu sein. Ist Gewinn nur unter einer Inkaufnahme von Verlust möglich? Kann diese voraussetzungsvolle Kommunikation gelingen?

Wissenschaftliche Dispute kranken in aller Regel nicht an der Unterschiedlichkeit der Argumente. Vielmehr ist man über die Kriterien der wissenschaftlichen Richtigkeit uneins. Technisch orientierte Wissenschaftler dürften

Schwierigkeiten haben, die Interpretationskriterien objektiver Hermeneutiker zu verstehen(!). Verfechter der kritischen Theorie bekämpfen den kritischen Rationalismus. Empiriker bestreiten den Nutzen von Theorien, die Empirie als prüfende und nicht als erkenntnisleitende, als realitätserfassende Vorgehensweise begreifen (was selbst eine theoretische Implikation induziert). Und doch sortiert die Wissenschaft ihre Bemühungen mit nur einer Leitunterscheidung: wahr/falsch. Sortierhilfe bekommen die Bemühungen um Orientierung durch Programme (Theorien und Methoden, die wiederum methodologisch abgesichert werden), die in der Wissenschaft entwickelt und dort auch akzeptiert sind. Man braucht nicht Akzeptanz aller Teilnehmer, sondern die laufende Kommunikation entscheidet, was als wahr befunden wird, folglich weiter anschlussfähig bleibt, und was als falsch bezeichnet wird und somit neu zu denken und zu bearbeiten ist.

Wahrheit[14] als ontologische Größe gibt es nicht. Wir können nicht das Seiende als Seiendes wissen. Voraussetzung wäre die Aufhebung der Differenz von Sein und der Feststellung des Seins. Spätestens seit den Einsichten des Konstruktivismus könnte man gelassener an solche Überlegungen herangehen. Niemand hat Zugriff auf die Realität der Welt. Realität erscheint nur auf dem Monitor selbst erfahrener Widerstände gegen das eigene Tun oder Nichttun. Realität als Konstruktion könnte Gelassenheit produzieren. Sie tut es aber nicht. Realität als Konstruktion ist nicht mit Beliebigkeit zu verwechseln. Konstruktionen schaffen Fakten und Fakten schaffen neue Konstruktionen. Ohne Fakten, ohne Bezug auf "Objektivität" ist Orientierung schwerlich vorstellbar. Und noch etwas verworrener: Die moderne Gesellschaft verfügt über keine Einheitsbeschreibung mehr, die von allen getragen wird. Ihr ist die Spitze, das Zentrum abhanden gekommen. Manche bezeichnen diesen Zustand als postmodern. In diesen Zeiten scheint alles möglich, nur die Gesellschaft kommt nicht mehr als Einheit in Betracht.

Die Gesellschaft der vielen Wahrheiten, der vielen inkompatiblen Perspektiven muss ohne die eine für alle verbindliche und endgültige Wahrheit auskommen; und das wäre dann die als paradox zu bezeichnende Wahrheit? Die Einsicht, dass alles Handeln und Kommunizieren auf Konstruktion zurückgreifen muss, lässt eigentlich einen moderateren Umgang mit anderen Konstruktionen erwarten – wohl nicht. Das provoziert die Frage, warum vorhandenes Wissen (es gibt mehr als eine Wahrheit in der Wissenschaft und Orientierungsweise in der Gesellschaft, es gibt mehr als eine richtige Version der Realität) nicht zugleich auch dazu führt, die anderen Versionen anzuerkennen. Anscheinend berührt die Anerkennung fremd erzeugter Wahrheiten

---

[14] Obwohl der Satz, der dies behauptet, paradox verfährt. Er behauptet etwas und er widerspricht sich gleichzeitig durch die Art, wie er es sagt.

die eigene Identität, den Boden, auf dem man steht. Wer kann schon in der Luft laufen oder gar heiter rennen? – Jens

Weitere Vermutungen zur Möglichkeit von Kommunikation 18. Mai 1998

Lieber Jens,

wie ich gestern bereits angefangen habe zu beschreiben, glaube ich daran, dass ein potenzieller Beitrag für den Beginn einer interkulturellen Kommunikation, der im wechselseitigen Zugeständnis der Zugehörigkeit zu einer Gemeinschaft liegt, wohl aus der chinesischen Philosophie kommen könnte. Zwar kann man in der indischen Philosophie den notwendigen Rückbezug zu einer einenden Gottheits- bzw. Ursprungsidee finden, diese werden allerdings als Klammer zu schwach sein, um einen – wo immer möglich gleichberechtigten – Dialog zu begründen. Da es bei einer möglichen Konfrontation von Kulturen immer auch um die Angst vor dem anderen Fremden geht, wird das europäische Denken der formalen Ratio der Problemlage nicht gerecht. Zu weit von den Akteuren und zu fern ihrer je individuellen und zum Teil konfligierenden Motive wird da gedacht. Bleibt also die Pragmatik der Chinesen als Basis zum Start.

Einige Fragen, die sich mir stellen sind:

(1) Auf welcher Vorstellungsbasis nähern wir uns dem Problem kultureller Konfrontation? Denken wir an Beispiele des persönlichen Lebens? Beziehen wir unsere Vorstellungen über Weltkriege in solches Denken ein?

(2) Machen wir überhaupt Erfahrungen mit dem, was da – angeblich? – in Konflikt gerät? Menschliche Begegnungen sind doch stets persönliche Begegnungen, denen als eine unter mehreren Qualitäten auch Kulturzugehörigkeit eignet, aber das wird in "gelungenen" Situationen doch schnell in den Hintergrund treten.

(3) Wer kommt dann im "clash of civilizations" überhaupt in Konflikt? Wie wird die Grenze gezogen zwischen dem, was als Eigenes verstanden wird, und dem, was als Fremdes Ängste auslöst? Gibt es ein drittes Anderes, das als verschieden und doch nicht als fremd erlebt wird? Ist diese Idee auf kulturelle Gemeinschaften ausdehnbar, da sie ja offensichtlich auf zwischenmenschlicher Begegnung aufbaut?

(4) Kulturelle Begegnung und interkultureller Konflikt können bestenfalls diskursiv organisiert werden, d.h. zu keinem Zeitpunkt lässt sich etwas sicheres über mögliche konkrete Inhalte dieses Diskurses aussagen. Lassen sich "Spielregeln" angeben für eine interkulturelle Kommunikation, die Konfliktpotenziale erkennt und diese einer vorläufigen Lösung zuführen will?

Wie immer endet mein Brief mit Fragen – und doch glaube ich, erste Dinge sehen zu können an einer Kommunikation zwischen Kulturen. Ein großes Unterfangen... Ich grüße dich herzlich – Frank

3.2   Zur Situativität von Kultur

Ein Umweg: Nochmals zu den Wahlen in Sachsen-Anhalt, die uns überspringen lassen auf das Phänomen merkwürdigen "kulturellen" Freizeitverhaltens, wobei wir auf die Kulturtechnik des entlastenden Vereinfachens stoßen.

Zum Einfluss situativer Kulturen   19. Mai 1998

Lieber Frank,

zurück zu dem angekündigten Exkurs, der sich nochmals den Wahlergebnissen in Sachsen-Anhalt widmet.

Das Wahlergebnis, vor allem die 13 % der rechtsgerichteten DVU, hat heftige Kontroversen ausgelöst, z.B. darüber, weshalb in Wahlkämpfen (die ohne sichtbare und als prominent wahrgenommene Akteure nicht auszukommen scheinen) eine Partei ohne Gesichter und Programm auf Anhieb derartig viele Stimmen auf sich vereinen kann. Zu erklären scheint dieser Befund über die Frage, ob das klassische Verhalten des Wählers, personenorientiert bzw. akteurzentriert zu entscheiden, abgelöst wird durch die Hoffnung, mit einer systemverändernden Vorgehensweise neue Politikoptionen auf den Weg zu bringen. Der öffentlich geführte Disput gibt zu erkennen, dass eher die Erklärungsvariante zu favorisieren sei, die "klassisch" auf eine akteurzentrierte Begründung setzt.

Einmal ist es die von der PDS tolerierte Regierung Höppner in Magdeburg oder die Politik der Bundesregierung unter Kohl oder gar der auf simple Parolen abstellende Wahlkampf der CDU in Sachsen-Anhalt, der der DVU einen fruchtbaren Boden bereitet haben soll. Heftig sind auch die Debatten über die Folgerungen, die aus dieser Wahl zu ziehen sind: Soll Höppner mit der CDU, oder soll sich die SPD tolerieren lassen oder gar mit der PDS eine Koalition bilden? Hinze und Biermann würden sich freuen. Endlich haben sie wieder ein Feindbild. Daran scheint es uns vor allem zu mangeln. Es fehlt der klar benennbare Feind, auf den man zeigen kann, der, der an der allgemeinen und auch an der besonderen (persönlichen) Misere schuld ist.

Es ist alles irgendwie unhandlich, unfreundlich, so unübersichtlich; man sehnt sich nach Klarheit. Klar scheint nur der Umstand zu sein, dass alles irgendwie nicht mehr funktioniert. Immer mehr Menschen kommen nicht mehr mit. "Zu kurz gekommen" könnte ein Schlagwort des nächsten Jahrzehnts, so sagt man, zumindest in Ostdeutschland werden. Ich denke, dass nicht nur die zu wenig abbekommen, die kein oder wenig Geld oder sonstige materielle Dinge ihr Eigen nennen können, sondern auch die, die auf einen überwiegend fremdbestimmten Alltag verwiesen sind, der Menschen in ein Räderwerk einspannt wie die Maus in ihr Laufrad.

Ist der Rummel um Guildo Horn ein Indikator dafür, dass Ausflippen, hip sein, sich schrill oder schräg darzustellen, anzeigen, dass etwas mit uns Menschen nicht stimmt, dass immer mehr Menschen aus ihrem Alltag aussteigen, abrupte Wechsel vollziehen, vom beruflichen Stress hin zum kurzfristig befriedigenden Konsumverhalten in Form lebensgefährlicher Mutproben oder des als massenhaft auftretenden Urlaubers an sonnenüberfluteten Sandstränden? Das Flackern der Lichter zum Technosound zugleich als Aufregungs- und Abregungsmaschine? Die sekundenschnellen Wechsel der Musikvideos als notwendig gewordene Aufmerksamkeitsmarker hyperaktiver Jugendlicher? Muße, Reflexion oder auch auf lange Frist orientierte Optionssteigerung scheinen zunehmend obsolet in der modernen Gesellschaft, sei sie nun wissens-, informations-, erlebnis- oder risikobasiert. Warten und Umwege ohne "Mega-Kick" sind zum Luxusgut auch der materiell gehobeneren Schicht geworden.

Der Mensch als gehetztes Tier, Abteilungen als gehetzte Rudel, die um die verbliebenen Fleischfetzen der herumliegenden Knochen in Form von Arbeit, Marktzugängen, Wissensbeständen konkurrieren. Regionen, die im Wettlauf mit anderen Regionen schon verloren haben, bevor der "Kampf" überhaupt begonnen hat. Unternehmen, die gar nicht mehr darauf achten müssen, worauf Organisationsentwickler oder Gruppendynamiker tagtäglich hinweisen. Sie hören auf die sensationell anmutenden Spekulationen der Investmentbanker. Der Markt ist nicht mehr der, der er vorher war. Welche Rolle spielen dann überhaupt noch Diskussionen um Führungsstile, human resources, Vertrauen oder Kultur, wenn Entscheidungen Fakten produzieren, die derart gravierende Auswirkungen auf wirtschaftliches und politisches Agieren haben werden, wie aus den bekannt werdenden explosionsartig daherkommenden Fusionen nur zu erahnen ist?

Keine neue Kulturkritik, die hier veranstaltet werden soll. Vielmehr finden sich Gemeinsamkeiten der aufgeführten Verhaltensweisen: Die Kulturtechnik des entlastenden Vereinfachens. Kommunikation ist somit alles andere als eine aufklärerische Veranstaltung, zumindest ist Aufklärung kein immanentes Prinzip von Kommunikation.

Du hast deine Überlegungen auf große Unternehmen bezogen. Man bemüht Schuldzuweisungen, die die Lösung, um welches Problem es sich auch immer drehen mag, schon mitführen. Lösungen von Problemlagen, die in aller Regel bei den anderen und nicht bei sich selbst oder der unmittelbaren Umgebung angesetzt sind. Man sucht Schuldige, die man benennen kann; Probleme, die man (scheinbar) lösen kann. Alles wird zum Nagel, sobald man einen Hammer in den Händen hält. Schwieriges wird vereinfacht, wobei die Vereinfachung als solche weder gesehen noch angesprochen werden kann und darf! Mit dem Problem der Problemverschiebung haben nicht nur Großunternehmen zu kämpfen. Sobald sich soziale Differenzierungen, gleich welcher Art, ereignen, entsteht dieses Phänomen. Es wird dann unsäglich schwierig und aufwändig, diese schnell entstehenden Barrieren, die eine nur sehr schwer zum Stehen zu bringende Eigendynamik entfalten können, wieder abzumontieren. Wie kann man Brücken bauen? Welche könnten das sein?

Die frühe Moderne setzte mit Kant auf Vernunft, Habermas auf den herrschaftsfreien Diskurs, der die Teilnehmer in der fernen Zukunft zum Konsens führen kann, zur Anerkennung kommunikativ vorgetragener Geltungsgründe. Seitdem haben wir nichts Neues. Ist ein Kandidat die von Huntington beschworene Weltpolitik, die Integration und Sicherheit bieten kann, die die Unvereinbarkeiten zumindest kultureller Art als vereinbar erscheinen lässt, die in der Lage ist, relevante soziale Probleme auf der Ebene der Gesellschaft sichtbar und damit bearbeitbar zu machen? Oder kann der (wieder gut gemeinte) Versuch, auf die potenzielle Sprengkraft neu entstehender Konfliktlagen kulturell gebundener Gemeinschaften hinzuweisen, nicht gerade dazu beitragen, diese mit heraufzubeschwören? Armer Huntington! Wieder ein konsensbeschwörender Aufklärer, der Konflikte durch sein Bemühen um Konsens in der Weltpolitik erst erzeugt?

Zurück zum Ausgangspunkt: Sachsen-Anhalt hat mit Sicherheit so gravierende Probleme zu bearbeiten, dass es mehr als fahrlässig erscheint, sich an persönlich ausgetragenen Dissonanzen zweier Personen argumentativ zu zerreiben; die Beziehungsstörungen im Gespann Höppner-Bergner als politisches Störfeuer. Soll eine Landesregierung mit PDS, ohne PDS regieren? Der Osten scheint dafür zu stimmen, der Westen ist dagegen, zumindest was aus den offiziellen Verlautbarungen der Parteizentralen herauszulesen ist. Es stehen ja schließlich bedeutsame, wieder richtungsweisende Wahlen im Bund an. Dem Westen, d.h. den Wählern, die ihre Stimme in Wahllokalen der alten Bundesländer abgeben, kann man mit der PDS nicht kommen, der Kommunismus ist zwar tot, aber die Agenten des Antikommunismus brauchen sich darum ja nicht zu scheren. Hauptsache, es gibt immer noch oder wieder ein Feindbild, auch wenn es nur eine selbst angefertigte Konstruktion eines Betrachters ist. Sie wird letztlich so wirklichkeitsmächtig, dass die Realität sich zwangsläufig diesem Pseudokonflikt stellen muss. Mit der Folge, dass keine Zeit dafür bleibt, wichtigeren Problemen auf den Pelz zu rücken.

Die Thesen, die Huntington aus dem Hut zaubert, gilt es erst einmal sehr ernst zu nehmen. Er ist ein im politischen Alltagsgeschäft geübter Beobachter. Und gerade Politik und Politiker zeichnen sich u.a. dadurch aus, dass sie jeden von ihnen beobachteten Sachverhalt, der für sie in der Welt, in der Gesellschaft vorkommt – und sei er noch so unwahrscheinlich und kleinlich angelegt – als hoch brisant deklarieren, also als politisch relevant auszeichnen können. So auch die Kultur. Mit Kultur ist nicht zu spaßen. Sollte z.B. jemand zu dem Ergebnis kommen, dass Kulturen zwar unterschiedlich, jedoch prinzipiell nicht unvereinbar oder, marxistisch formuliert, antagonistisch seien, so kann schon diese Aussage dazu führen, dass irgendwo auf der Welt jemand auf die Barrikaden steigt und zur Weltrevolution aufruft, nur um zu signalisieren, dass das eigene kulturelle Selbst durch solche relativierenden Behauptungen in Zweifel gezogen werden kann.

Zum Ende komme ich zu einer im letzten Brief vorgeschlagenen Differenz von Kultur und Zwecksetzung. Sie erscheint auf den ersten Blick als sehr handlich, das heißt, sie scheint ein einfaches Anschließen zu ermöglichen. Könnte es (suggestiv gefragt) aber nicht sein, dass gerade diese Differenz es ermöglicht, Kultur mit spezifischen Zwecksetzungen zur Erreichung anderer Zielsetzungen einsetzen zu können; bzw. es ist die Frage zu stellen, ob Kultur nicht vielmehr konditionierende Komponenten enthält, deren Einwirkungskraft man nur schwerlich ändern kann? Oder sind Kulturen ebenso wie Werte auch nur Vergleichsmaßstäbe, an denen sich Kommunikation entzünden und abarbeiten kann. Stoßen wir gerade auf eine Funktion von Kultur, die darin besteht, Kommunikationsanschlüsse bzw. Abbruchkriterien zu liefern?

Viele Grüße an dich sowie an deine liebe Frau – Jens

3.3 Der Mensch in der Kultur

Eine Art von "Argumentationsmatrix" – Religiöse Werte und ihre Grenzen – Zur Verklammerung von kultureller Einbettung und individueller Existenz – Wieso sollten Völker miteinander reden? Kultur verdoppelt die Welt – "Kampf der Kulturen" als vereinfachendes Orientierungsschema.

Einbindung und Verantwortung   24. Mai 1998

Lieber Jens,

dein Hinweis auf die soziale Konditionierung des Einzelnen durch Kultur erscheint mir sehr wertvoll und hat in der Tat in meinen vorangegangenen Überlegungen gefehlt. Wie aber ist denn ein Verhältnis von Individuum zu Kultur zu denken, das konstruktiv auf die Überwindung von Konfliktpotenzialen gerichtet sein/werden könnte? Ohne gleich in quasi-autoritärem Kommunitarismus zu versinken, scheint mir die Verbindung doch in einer persönlich wahrnehmbaren und erlebbaren Form der Einbindung und Verantwortung zu liegen. Es ergibt sich aus meiner Sicht eine Art "Argumentationsmatrix" mit je zwei Eingängen pro Achse: Konditionierend/situativ gewechselt sowie distanzierend/verantwortliche Einbindung.

Sehr leicht lassen sich die zwei Idealtypen in dieser Matrix ausmachen: Distanzierte Menschen, die ihre kulturelle Zugehörigkeit situativ wechseln, sind nicht etwa Opportunisten im defensiven Sinn des Wortes, sondern vielmehr Hedonisten in der ich-bezogenen Nutzung kulturellen Kontextes. Verantwortlich eingebundene Menschen, die vor allem kulturell konditioniert sind, werden im Gros der Gesellschaften und Kulturen zwar als so genannte "Kulturträger" sichtbar, allerdings wirken sie systemstabilisierend. Für eine veränderte Zukunft ihrer Gesellschaften ist von ihnen kaum ein Impuls zu erwarten.

Etwas komplizierter wird es bei der Betrachtung der "Mischlagen". Während bei konditioniert-distanzierten Menschen der Kontext Kultur sich auf der individuellen Ebene noch wiederfindet, allerdings nur in der Form von Enttäuschung und Abwehrverhalten oder gar einer Flucht ins Private, so kann man von situativ-wechselnden, aber verantwortlich eingebundenen Menschen Impulse für Veränderungen erhoffen. Aus ihrer relativen Distanz bei gleichzeitiger Wahrnehmung und Ausübung von Verantwortung erwächst diese Möglichkeit. Sie sind keiner einzelnen Tradition verantwortlich verhaftet, kennen diese Kontexte aber. Ein Teil des situativen Wechsels liegt in einer Zwecksetzung anderer Qualität: Nicht das "Wohl" einer Gesellschaft oder Kultur liegt diesen Menschen am Herzen, sondern das Wohl der "Interkulturalität" selbst steht hier im Mittelpunkt.

Zusätzlich verkompliziert wird diese Frage der gewollten vollziehenden oder konstruktiv hinterfragenden Form verantwortlicher Einbindung aus der Perspektive des Einzelnen durch das Wirken der Mechanismen des Einbezugs bzw. der Ausgrenzung der jeweiligen Kultur bzw. Gesellschaft. Deine Figur des Konditionierens zusammen mit meiner Vorstellung des voluntaristischen Einflusses des Einzelnen ergeben damit eine reziproke Figur. Und Ähnliches ließe sich sicher auch über das Verhältnis von Gesellschaften im Rahmen der Welt(-gesellschaft) sagen.

Zu einigen deiner Beispiele: Ich glaube nicht, dass Menschen verrückt sind oder sich einer "normalen" Welt durch bestimmtes Verhalten zu entziehen suchen. Sie wählen ja eine Form der Kommunikation, die selbst integraler Bestandteil eben dieser Welt ist: Die Hinterfragung der Welt ist drinnen und nicht draußen. DVU und Guildo Horn "gehören dazu". "Langfristigkeit" macht sich als Wort verdächtig, "Utopie" zu meinen und von daher unerreichbar zu sein. Also schimpfen wir doch lieber im Hier und Heute über die Plage der Arbeitslosigkeit und investieren gleichzeitig in Aktienfonds. Was wir so nicht sehen – wollen? – ist, dass es derselbe Fond ist, dessen Rendite-erwartungen unseren Arbeitgeber dazu bringen, uns zu entlassen. Tough luck!

Ich bin einig mit dir darin, dass wir uns nicht einfach treiben lassen sollten. Für mich persönlich habe ich eine Vorstellung von einem "besseren" Morgen. Für einige Bereiche der Gesellschaft passt Ähnliches noch in meinen Kopf - ich kann mir ein Bild machen von Alternativen. Für eine ganze Gesellschaft, eine Kultur, ein komplettes Unternehmen eine solche Version einer anderen Zukunft "herzustellen", verlangt vieles. Da werden religiöse Werte auf prag-matische Orientierungen in jeder Gesellschaft, in jeder Kultur treffen. Sind dies vielleicht die Grenzen, entlang derer sich Konflikte und Einigungspoten-ziale in der Form von Reformideen entwickeln?

Dann wären alle Kulturkreise von diesen Grenzen ihrerseits durchzogen? Ein Kampf der Regionen, der Religionsgruppen, der Kulturen, der Gesellschaften wäre dann beispielsweise zu verstehen als ein Ringen innerhalb aller dieser bekannten Aggregationen und Systeme um die Frage: Was ist heute? Was könnte morgen sein?

Die Friktionen der Trennung laufen – mindestens zusätzlich – an anderen Stellen, als Huntington sie vermutet. Nur wenige Systeme können Menschen dazu mobilisieren, im Konflikt gegen andere für das *System* einzustehen. Ei-nige Systeme können Menschen mobilisieren, in einer Art Wettbewerb der Systeme sich auf eine Seite zu schlagen, um damit ganz oder teilweise persön-liche Ziele zu verfolgen. Vielleicht ist dies eine Art des Kampfes der Kulturen. Aber er findet wesentlich nicht nur zwischen Kulturen statt, sondern vor allem in ihnen selbst.

Wie jedes Mal will ich mit einer Reihe von Fragen schließen:

(1) Was führt dazu, dass ich mich als Einzelner einer Sache, einem großen Ganzen oder auch einem anderen Menschen verantwortlich fühle?

(2) Welche Formen der Auseinandersetzung spielen sich innerhalb von Ge-sellschaften ab, ehe die Frage der "Definitionsmacht" über die Gestalt der Kultur im Verhältnis nach außen geklärt ist?

(3) Wie sehen die Mechanismen aus, mit deren Hilfe soziale Systeme Zurech-nungen und Zugehörigkeiten regeln?

(4) Wie wechseln sich Bereitschaft zum Konsens und Bereitschaft zum Kon-flikt ab und wie bedingen sie sich wechselseitig?

Soviel für heute. Mit herzlichen Grüßen, in der Hoffnung auf eine bessere Woche für dich und die Chemnitzer – Frank

Zur Klammerung von Kultur   28. Mai 1998

Lieber Frank,

in der Tat scheint die Frage nach dem Verhältnis von Individuum und Kultur, ja von Mensch und Gesellschaft von zentraler Bedeutung. Die eingeführte "Argumentationsmatrix" mit ihren zwei Eingängen pro Achse: Konditionierend/situativer Wechsel sowie distanzierend/verantwortliche Einbindung müsste inhaltlich gefüllt werden. Situation und Kondition sind diskontinuierlich wirksame Konstanten. Individuen haben Ziele. Sie können sich wechselseitig verstärken, aber auch konditionieren, d.h. einschränken. Als Mensch kann ich mir meine primäre Sozialisationskultur (Familie, Verwandtschaft, Stadt, Land, Region) nicht aussuchen. Diese Kultur ist Basis meines Daseins, aber auch zugleich eine Option; ich kann mich also, um mit deinen Worten zu sprechen, von meiner Kultur positiv bzw. negativ distanzieren, ohne den "Ursprungskontext", in dem ich meine Primärsozialisation erfahren habe, zu negieren, d.h. ungeschehen machen zu können. Wohl dem, der mehrere Optionen hat, mit denen er spielen, aus denen er wählen und von denen er sich distanzieren kann. Für viele ist die gewollte, gewählte verantwortliche kulturelle Eingebundenheit aber keine reale Option, sondern ein letztlich verborgener, unzugänglicher Bereich. Viele haben gar nicht die Wahl, noch sehen sie, dass man wählen kann. Sie leben in der Kultur, ohne die Kultur als Kultur (als etwas, was auch anders möglich wäre) wahrnehmen zu können[15].

Das Fatale daran ist aber die strikte Verklammerung von kultureller Einbettung und individueller Existenz. Geraten kulturelle Verklammerungen in Gefahr, so stehen individuelle Existenzen immer auch mit zur Disposition. Hier lauert m. E. eine Gefahr, egal, ob wir an Jugoslawien, Indien, Indonesien, Hongkong oder Deutschland denken.

Du schreibst gleich am Anfang, das Verhältnis von Person und Kultur betreffend, von einer normativ aufgeladenen Zielrichtung, dass Konfliktpotenziale überwunden oder abgebaut werden sollen. Dem ist in gewisser Hinsicht zuzustimmen. Auf den ersten Blick zumindest. Achtung ist geboten. Gerade Versuche, die vorgeben, Konflikte 'überwinden' zu können, d.h. kommunizierte Anstrengungen, sei es durch sprachliche Mitteilung oder handgreifliche Aktion, die sie aus der Welt schaffen wollen, haben nicht selten den unangenehmen Effekt, selbst Konflikte zu generieren, bzw. sie wirken zumindest als Konfliktverstärker. Es geht hier nicht um die Installation einer rhetorischen Finte. Wir kreisen um die Frage, mit welchen Figuren es möglich ist, poten-

---

[15] Um die Selbstüberschätzung nicht zu weit zu treiben, ist zu vermerken, dass wir natürlich selbst auch in diese Falle laufen bzw. auf diese Falle mit unseren Überlegungen und Handlungsweisen aufsatteln.

zielle, noch schlummernde, aber jeden Moment ausbrechende Konflikte sichtbar zu machen, und die Frage, welche Bearbeitungsvorschriften für die Abarbeitung von Konflikten angeboten werden. Der Rekurs auf Kultur scheint mir in diesem Zusammenhang ein recht gefährlicher Kandidat zu sein, denn der Bezug auf kulturelle Verschiedenheit bzw. kulturelle Konfliktpotenziale ist sehr nah an Argumentationsfiguren gebaut, die legitimatorische Aspekte mit ins Spiel bringen. Personen die Legitimität ihrer kulturellen Herkunft abzusprechen, dürfte mehr als gewagt und riskant sein.

Die vorgeschlagene Form – die von Einbindung und Verantwortung – scheint mir auf Personen bezogen ausbaufähig. Hinsichtlich sozialer Bearbeitungsvorschriften und -möglichkeiten ist zu fragen, inwiefern sie diese Form überhaupt zur Geltung gelangen lassen. Und: Welche Institutionen gibt es, auf die an sozialen Beziehungen und Prozessen teilnehmenden Menschen zurückgreifen können, um sich verorten, identifizieren und sich verantwortungsvoll einbringen zu können?

Die Figur des variablen Verhältnisses von individueller Eingebundenheit und individuell setzbarer und gewollter (intendierter) Handlungswahl scheint sehr gut zu passen. Gerade das Wechselspiel von verantwortlicher Eingebundenheit von Personen in Kulturen und den möglich werdenden Intentionen (Zielvorstellungen und Absichten), die gehegt werden können, auch wenn sie nicht immer realisierbar sind, kann m. E. ein Kriterium sein, um Kulturen voneinander unterscheidbar zu machen. Man entgeht mit der Prozeduralisierung kultureller Verweisungen der Gefahr, mit Setzungen, z.B. über anthropologische Konstanten, mit Annahmen über unveränderliche Wesensmerkmale (Hautfarbe, Blutsverwandtschaft) usw. argumentieren zu müssen.

In der Hoffnung, dir nicht wertvolle Zeit geraubt zu haben, möchte ich dich ganz herzlich grüßen – Jens

Warum miteinander reden?   01. Juni 1998

Lieber Jens,

in meinem schreibenden Nachdenken will ich mich heute mit der Frage aufhalten, wieso die Völker der Welt überhaupt miteinander reden sollten. Huntington sieht in einer halb religiösen, halb kulturellen Zugehörigkeit nach innen gleichzeitig die Notwendigkeit einer mehr oder minder aggressiven Abgrenzung nach außen. Die bloße Tatsache der Existenz kultureller Gruppen bedingt den latenten Konflikt, der schließlich zur Konfrontation wird, vielleicht werden muss. In der Tat sind die Beispiele der jüngsten Vergangenheit, gleich ob man Indonesien oder den aufkommenden Atomkonflikt zwischen

Pakistan und Indien heranzieht, nicht eben Vertrauen erweckend oder Hoffnung verbreitend.

Sieht man diese Phänomene, muss man sich fragen, wieso es überhaupt einen Grund für Völker geben sollte, Kontakt aufzunehmen und Austausch zu suchen, vielleicht gar Verständigung anzustreben.

Drei Punkte erscheinen mir dabei von Interesse:

(1) entdeckende Neugier lässt jemanden einem anderen "begegnen";

(2) ein Nutzenkalkül des Austausches bringt sehr unterschiedliche Partner an einen Tisch, wobei jeder als Motiv einen individuellen Nutzen im Blick hat;

(3) die Einsicht in die begrenzte Reichweite eigener Möglichkeiten hat die Kooperation an einem gemeinsamen Nutzen zur Folge.

Vielleicht versuche ich mich kurz an diesen drei Punkten. Die Perspektive entdeckender Neugier scheint mir eine Phase historischer Entwicklung zu sein, die wir weitgehend durchlebt und damit auch abgelegt haben. Nicht einmal die Touristen des ausgehenden 20. Jahrhunderts haben ein echtes Interesse am Entdecken des Fremden, des Anderen. Wir glauben, die Welt "als solche" zu kennen. Weniger glauben wir noch an Fremdes, denn mehr an graduell Unterschiedliches, was wir aber schon in unseren Kategorien noch zu fassen vermögen. Eben deshalb können wir es nicht als eigenartiges Fremdes neben Eigenem gelten lassen. Der Wettbewerbsgedanke im Vergleichen liegt sehr nahe.

Über dieses "werbliche" Vergleichen kommt dann sehr schnell das Motiv des Nutzenkalküls zum Tragen. Individuelle Nutzensteigerung kann dabei – Ökonomen leben sehr in dieser Perspektive – zum gegenseitigen Wohl beitragen: Tauschhandel, Entwicklungsarbeit etc. Aber die so geschaffene Welt wechselseitiger zweckgebundener Begegnung hat Grenzen. An diese Grenzen stoßen wir nicht nur in Bezug auf Rohstoffversorgung oder Wirtschaftswachstum. An diese Grenzen stoßen wir auch in Bezug auf die Verwirklichung einer noch sehr viel subtileren Grundlage: Die Konstitution unseres gemeinsamen Lebens auf Erden. Die Begrenztheit unseres Vehikels Erde rückt nach der verschränkten Optimierung individueller Nutzen eine neue Aufgabe in den Blick: Sein auf der Erde zu sichern und zukünftig weiter möglich zu machen.

Austausch und Begegnung sind also denkbar. Allerdings auf einer sehr hohen Ebene: Der Sicherung menschlichen Lebens auf diesem Planeten. Machtstreben auf individueller oder nationaler Ebene darf durchaus als legitim gelten in Bezug auf die gerade auslaufende Form von Austausch aufgrund individueller Nutzenkalküle. Aber dies ist ein Modell der Vergangenheit. Die Welt in der wir leben, die wir hervorbringen als eben diese Welt, stellt uns gemeinsame Aufgaben, die wir wohl nur noch sehr begrenzte Zeit werden delegieren können an zahnlose internationale Gremien und Institutionen. Es werden unsere ureigensten und urmenschlichsten Aufgaben werden. Sie werden Begegnung und Verständigung notwendig machen, wo bisher ein Austausch hinreichend war. Vielleicht lenkt diese neue Notwendigkeit von Begegnung wieder etwas mehr Aufmerksamkeit auf die Gleichberechtigung von Unterschieden. Nicht nach Überlegenem zu suchen und es durchsetzen zu wollen, sondern an der Vielheit von gangbaren Alternativen zu arbeiten – was für ein Gedanke. Ich grüße dich herzlich und freue mich auf deine Gedanken und kritischen Einwände. – Frank

Verdopplung der Welt durch Kultur?   02. Juni 1998

Lieber Frank,

in einer ersten Runde geht es um den von Huntington eingebrachten Begriff von Kultur. Begriffe bezeichnen etwas, um zugleich anderes auszublenden. Gedanken, Beobachtungen und Beschreibungen beruhen quasi auf der Notwendigkeit, Nichtwissen vorauszusetzen bzw. zu produzieren. Die prinzipielle Funktionsweise einer nur hoch selektiv arbeitenden Beobachtung, die fast alles ausblendet, um nur einen winzigen Bereich bezeichnend eingrenzen zu können, lenkt auf die Art des eingesetzten Selektionsprofils. Im Falle des Kulturbegriffs bei Huntington ist nachzufragen, was mit der Art der angebotenen Denkmöglichkeiten alles zu sehen ist, aber auch, was ausgeblendet bleibt.

Eine (seit Marx praktizierte) Möglichkeit, nach den Gründen für gewählte Beobachtungen zu fragen, ist die Suche nach dem "dahinter steckenden" Beobachter(-standort). Das von uns diskutierte Buch vom "Kampf der Kulturen" lässt sich leicht adressieren, d.h. eine Möglichkeit, auf das eingesetzte Selektionsprofil des im Buch vorgeschlagenen Kulturbegriffs zu stoßen, könnte darin bestehen, die Person Huntington näher zu analysieren, ihn quasi semantisch auf die Couch zu legen. Huntington ist zum einen eine politisch mit allen Wassern gewaschene Person, d.h. seine Erfahrungen hat er in einem ganz spezifischen Kontext (als Forscher und Berater in der großen Politik der internationalen Beziehungen) erworben. Es wäre evtl. über das Ziel hinausgeschossen, wenn ich sagen würde, er repräsentiert mit seinen Gedanken eine "Gedanken-Welt", einen Politikstil, der mit einem Bezug auf amerikanische Denkweisen und Großmachtansprüche operiert: Statisch, vereinfachend, die komplexe Wirklichkeit in handhabbare Einteilungen überführend, plausibel und für amerikanische Politikverhältnisse mehr als funktional. Zum Zweiten gilt es immer auch die Effekte ausfindig zu machen, die entstehen bzw. die ausgelöst werden, wenn man Worte inhaltlich auf eine ganz bestimmte Weise füllt. Welche Argumentationsketten werden plausibel, welche unplausibel und welche erscheinen erst gar nicht auf dem Monitor des Möglichen.

Die Stärke in der Sichtweise von Huntington ist aus meiner Sicht auch zugleich seine gravierendste Schwäche. Das neu ins Spiel gebrachte Paradigma vom Kampf der Kulturen weist die Welt als verständlich aus, ein (für alle) leicht verständlicher Rahmen – der auf kulturelle Akteure abstellende Ansatz – gibt uns Orientierung (Huntington 1996: 45). Der Vorteil liegt auf der Hand: Man kann nicht nur einiges sehen, wie halt die sieben oder acht Kulturkreise. Das vereinfachende Orientierungsschema verhilft im politischen Aktionsraum, sich agierend zurechtzufinden.

Nach dem Zerfall des Zwei-Welten-Modells von Kapitalismus und Sozialismus waren neue Dispositionen notwendig. Die 'neuen' ins Spiel gebrachten Einteilungen (Aufruhr/Frieden; Ost/West; 184 Staaten; Welt in Anarchie) lassen sich berechtigterweise kritisieren. Denn weder kann vereinheitlichend gesagt werden, dass es in den Zonen des Friedens nur Frieden gibt, noch dass es in diesen Zonen auf ewig so bleiben wird, wie es im Moment ausschauen mag. Haben die kulturell bedingten Einteilungen etwa mit der Entstehung neuer Konfliktlinien zu tun?

Ein kleiner Exkurs soll auf alltäglich anzutreffende Phänomene des unternehmerischen Aufbruchs verweisen, der politischen Möglichkeiten bzw. Rückschritte, auf soziale Erosionserscheinungen, auf das Phänomen, dass Individuen existenziell an den Problemen des Alltages wachsen, dass sehr viele auch scheitern, dass die Orientierungsleistungen, die früher von großen Institutionen – Kirche, Familie, Stände, Verwandtschaftskreise – geleistet wurden, nun von ihnen selbst zu erbringen sind. Konflikte entstehen gerade dort, wo man sie am wenigsten vermutet, in dicht gewebten Interaktionsbeziehungen: Vater/Sohn, Mutter/Tochter, Jugendlicher/Jugendliche, Chef/Mitarbeiter, Kind/Kind usw. Über andere Sachverhalte des Aufbrechens redet man nur in Ansätzen, z.B. über die vielen Menschen, die ständig die Welten wechseln – nicht nur von Europa nach Amerika – die vielen Praktikanten (Trainees), Schüler, Studenten, Wissenschaftler, Unternehmer bzw. Mitarbeiter, die in andere Welten eintauchen. Die Verständigung zwischen diesen Welten versteht sich nicht von selbst. Sie ist ständig neu zu erbringen, immer mit der Gefahr, dass es nicht klappt, dass man nicht den Kopf frei hat, dass man nur schwer an das Erleben des anderen angemessen anschließen kann. Ergo: Aufruhr ist nicht nur kriegerischer oder politisch (Streik) markierter Konflikt.

Nun zur zweiten Unterscheidung: Zur kulturellen Einteilung ist weniger zu sagen, weil auf der Hand liegt, dass es weder *den* Westen noch *den* Osten gibt. Kommunikation weist möglicherweise Akteure aus, die stärker mit der einen oder anderen Seite sympathisieren oder koalieren, aber dies ist schon kaum noch kulturell zu erklären, sondern eher aus aktuellen Konstellationen heraus bzw. strukturell begründet, d.h. auf der Basis der sich bietenden Möglichkeiten und der aktivierbaren Ressourcen. Die bisher rein auf Personen gemünzte Matrix könnte generalisiert und so auf größere Konfigurationen angewandt werden, nur übersteigt dieser anspruchsvolle Versuch die vorhandenen Möglichkeiten dieses Textes.

Wenden wir uns kurz den beiden anderen von Huntington vorgeschlagenen Einteilungen zu: Es gibt 184 Staaten, es gibt unzählige Akteure, die im Feld der Weltpolitik mitspielen. Es gibt niemanden, der die Weltpolitik zentral steuern kann (weder die UNO noch der Staat oder der Präsident der USA). Wir haben aber (es ist unklar, ob Huntington dies genauso sieht) eine Konstellation, in der sich eine neue Strukturierung innerhalb des politischen Systems anzudeuten scheint.

Die heraufziehende Moderne zeichnete sich dadurch aus, dass frei fluktuierende Gewaltpotenziale verstaatlicht wurden, indem sie in polizeilich organisierte Kasernen (auch Armeen) überführt wurden. Gewalt wurde zentralisiert, der Staat wurde in der Gesellschaft als die einzige als legitim anzusehende Instanz ausgewiesen, die Gewalt ausüben darf. Konflikte konnten nun zivilisiert, i.d.R. über Recht, ausgetragen werden. Die zentralen Konfliktlinien (z.B. Kapital und Arbeit) wurden durch die Bildung bedeutsamer Institutionen in bearbeitbare Formen transformiert (mit welchen Folgen für die moderne Wirtschaft bzw. Gesellschaft auch immer). Gegenwärtig scheint sich ein ähnlich gelagerter Vorgang abzuzeichnen, ohne dass dessen Auswirkungen schon angemessen zu erfassen sind. Die Politik der Weltgesellschaft produziert einen Weltpolizisten (USA), der auf der Ebene der Weltpolitik Gewaltanwendung neu formen könnte. Nur die staatliche Instanz, die das Monopol der kasernierten Gewalt (NATO) in geordnete Bahnen lenkt, scheint noch nicht gefunden: Ist es der Staat USA, oder wird es die UNO sein können? Von der Antwort hängt eine Menge ab, vor allem, wie in entscheidenden Konstellationen mit kulturell eingefärbten Merkmalen umgegangen wird. Welche Rolle nehmen überhaupt kulturelle Differenzen im Gegensatz zu anderen relevanten Differenzierungen (arm/reich; Macht/Ohnmacht; Recht/Unrecht etc.) ein?

Insofern ist Huntington durchaus zuzustimmen, wenn er sagt, die zentrale Unterscheidung bestehe heute zwischen dem Westen als der dominierenden Kultur und allen anderen Kulturen. In dieser Einschätzung dürften sich viele wiederfinden. Aber die Frage, welche Schlussfolgerungen daraus zu ziehen sind, dürfte kaum übereinstimmende Antworten produzieren. Möglicherweise dürfte die Unterscheidung, die die Zentralität des Westens von den vielen nichtwestlichen Kulturen separiert, eine politische Unterscheidung sein, die nur noch in der politischen Diskussionslandschaft Gültigkeit für sich beanspruchen kann. Diese Differenz ist in anderen Zusammenhängen (oder

Systemreferenzen) möglicherweise völlig inadäquat; z.b. in der Religion wird es schon schwierig, wenn man räumliche Kriterien der Zuordnung verwendet. In der Wirtschaft dürfte es nur noch zum Teil sinnvoll sein, mit dieser Unterscheidung zu argumentieren. In der Erziehung, im Sport, in der Wissenschaft und wer weiß wo noch: Jedes Mal sieht es völlig anders aus. Huntingtons neues Paradigma des Kulturellen greift nur bedingt, auch wenn er diesem Paradigma eine exakte Prognosefähigkeit zuschreibt (siehe S. 45, Zusammenbruch der SU und Jugoslawiens wäre vorauszusehen gewesen). Für politisches Agieren durchaus verständlich, denn wie sonst als vorausschauend kann man sich in einem solch explosiven Minenfeld bewegen, wenn nicht mit prognostischem Handeln? Aber für eine den Realitäten angemessene Beschreibung fällt seine hier thematisierte Begrifflichkeit doch recht unbefriedigend aus.

Wir haben ein paradox wirkendes Phänomen: Wir haben eine Welt. Diese eine Welt besteht aus vielen Welten, Weltsichten und Verhaltensweisen, die in ihrer Differenziertheit genau das ausmachen, was die Einheit der Welt ist, nämlich ihre Vielheit. Und in jeder dieser Vielheiten von Welt ist die Welt jeweils eine andere. Die Perspektiven von der "Welt" sind nicht kompatibel. Wenn eine Perspektive z.B. die Rolle der Frau bezeichnet, ist zugleich nicht nur die Rolle des Mannes tangiert, sondern auch immer das Bild, welches man sich von der Welt, von ihrem Funktionieren macht, also von dem, was geht und was nicht geht. Die verwendeten Bilder sind different und zugleich sind sie genau darin (in ihrer Unterschiedlichkeit) übereinstimmend, sie sind identisch. Viele Grüße – Jens

Mit etwas Verzögerung: Wie ein Kampf der Kulturen?   11. Juni 1998

Lieber Jens!

Der Kampf der Kulturen wird nicht an politischen oder religiösen Grenzen ausgetragen. Kriege mögen entlang dieser Grenzen verlaufen. Aber nicht Kämpfe. Kämpfe kennen Gegner, aber keine Feinde. Es geht nicht um Zerstörung, nicht um den Sieg des einen über den anderen, sondern um Vorteile. Insofern ist das von Huntington beschriebene Konfliktpotenzial ein geostrategisches Kriegspotenzial, aber keine wirkliche Quelle fortwährenden Ringens um Vorteile. Wirtschaften ist ein solcher Prozess des Kampfes, aber nicht des Krieges. In der Regel.

Was mir auffällt in meinem neuen Beruf ist, dass so wenige kulturelle Unterschiede einfließen in Entscheidungen, die nationale Grenzen weit überschreiten. Das ist selbst bei Entscheidungen in einer Firma der Fall. Da, wo Unterschiede in Märkten eigentlich das Kapital der Differenzierung bereits andeuten, wird mit Mechanismen der Standardisierung diese Differenz ausgewischt. Routinen brauchen Übersichtlichkeit. Vielleicht ist das geradeso in einem Unternehmen wie zwischen Unternehmen. Kulturelle Unterschiede stellen innerhalb eines großen Systems einige der blinden Flecke der Operation des Systems dar, obwohl sie beobachtet werden können. Es kann sie nicht für seine Entscheidungen sichtbar und nutzbar machen. Berater leisten hier etwas, wenn auch sehr wenig. Sie verweisen auf Eigenschaften und Potenziale von Systemen, die diese so nicht verfügbar haben. Und hier schließt sich der Kreis der kurzen Überlegung: Wer berät Nationen in ihrer Auseinandersetzung mit den kulturellen Differenzen zu anderen Nationen? Braucht es einen Dritten? Wer könnte das sein?

Oder ist der Dritte eine Figur des Umgangs mit kulturellen Grenzen? Muss geo-politische oder religiöse Differenz zum Kriegspotenzial eskalieren oder adressieren wir mit dem Wort Kampf nicht eine zur Normalität gewordene Auseinandersetzung mit Unterschieden. Wir wollen gewinnen? Überlegen sein? Wie viel Gelassenheit können wir in der Welt erzeugen, um nicht vom Kampf zum Krieg zu kommen?

Und doch: Wir haben ein gemeinsames Interesse des Überlebens. Insofern kann ein interkultureller Dialog auf einer Basis stehen, die gleichzeitig bescheiden und umfassend ist. "Morgen muss möglich bleiben." Holen wir also Zukunftsfähigkeit in unsere Überlegungen hinein. Soviel für heute – Frank

3.4 Zum Begriff der Kultur

Kulturelle Gruppierungen bzw. Gemeinschaften als zivilisierte Kulturkreise? – Die Frage nach dem Konfliktpotenzial in der Welt – Kultur fungiert als ein selektiv einsetzbares Begleitmedium laufender Beobachtungen – Kulturelle Unterschiede, Barrieren und Hoffnung auf Verständigung.

Was ist Kultur?   11. Juni 1998

Lieber Frank,

Huntington setzt Kultur mit dem Begriff der Zivilisation ins Verhältnis. Eine Kultur gilt gleichzeitig auch als Zivilisation. Der Bezug auf den Begriff der Zivilisation ist deshalb interessant, weil damit eine Angabe über Zuschreibungsverhalten in der Gesellschaft möglich ist. Gesellschaften[16] bilden Kriterien aus, mit deren Hilfe die eigene, aber auch andere, fremde Vergesellschaftungsformen eingeschätzt und bewertet werden können. Der Begriff Zivilisation bezeichnet „einen Maßstab zur Beurteilung von Gesellschaften"

---

[16] Im Kapitel 4 wird noch die Frage zu klären sein, ob die Einteilungen, die primären Differenzen zwischen Gesellschaften oder in einer Weltgesellschaft aufzufinden sind; eine für Orientierung und Handlungswahl nicht ganz unbedeutende Frage.

(Huntington 1996: 50). Auf diesen Punkt läuft die Diskussion um Kultur hinaus. Gezielt wird auf die Suche nach Möglichkeiten, sich und andere zu vergleichen; evtl. mit der Prämisse, die guten Eigenschaften bei sich und die schlechteren bei den anderen auszumachen. Diese allgemeine, d.h. ahistorisch gesetzte Feststellung lässt fragen, welche aktuellen Einteilungen soziales und individuelles Zuschreibungsverhalten prägen? Bevorzugt man die Kriterien, die für einen selbst vorteilhaft sind? Spielen möglicherweise doch kulturelle Muster in Organisationen eine größere Rolle als regionale bzw. länderspezifische Unterschiede? Wie viel Wert hat zivilisiertes Verhalten als Maßstab für Zuschreibungen von Ähnlichkeiten und Unterschieden?

Welche Kriterien prägen das Kulturverständnis von Huntington?

Die Geschichte der Menschheit ist von ihrer kulturellen Entwicklung nicht zu trennen. So weit, so gut. Nur: Was sagt das aus? Fallen unsere Möglichkeiten zu denken und zu handeln mit unseren kulturellen Errungenschaften zusammen? Oder ist Kultur nichts anderes als ein Reservoir an Identifikationsanschlüssen? Menschen konnten sich mit den sie umgebenden Lebensverhältnissen identifizieren, was aber anscheinend nicht heißt, dass Identifikation mit Faszination zusammenfällt, sondern dass Kommunikation Orientierungswerte bereitstellt, die letztlich die Möglichkeiten dessen abstecken, worauf Bezug genommen werden kann.

Die begriffliche Unschärfe erweiternd, soll nach Huntington Kultur die gesamte Lebensweise eines Volkes bezeichnen. Wobei weder geklärt ist, was unter einer gesamten Lebensweise, noch was unter einem Volk zu verstehen ist. Der Begriff "gesamte Lebensweise" ist m. E. nicht von dem Begriff Gesellschaft zu trennen. Unsere Lebensweise hängt in nicht unerheblicher Weise von der Verfasstheit der Gesellschaft ab. Wenn Gesellschaft und Lebensweise nicht zusammenhängen, stellt sich die Frage, an welchem Punkt der gravierende Unterschied auszumachen ist. Mit Verweis auf Bozeman ("Civilizations Under Stress") werden die Begriffe Kultur und Zivilisation auf "Werte, Normen, Institutionen und Denkweisen, denen aufeinanderfolgende Generationen einer gegebenen Gesellschaft primäre Bedeutung beigemessen haben" bezogen (Huntington 1996: 51). Welche könnten das sein, wenn man Deutschland in den Jahren 1917, 1945, 1968 und 1990 vergleicht bzw. jahresunabhängig Unterschiede z.B. zu Polen oder Frankreich herausarbeiten möchte? Oder greifen diese Charakterisierungsvarianten nur bei Zivilisationen im Singular, also den Kulturkreisen, die auszumachen wären? Antworten auf diese Fragen müssen offen bleiben.

Auf "Kulturkreis" abstellend, werden uns mehrere Elemente angeboten, die definierenden Charakter haben sollen: Objektiv bestimmte Elemente - Sprache, Rassen, Geschlossenheit, Geschichte, Sitten, Religion – und subjektive Elemente – die Identifikation der Menschen mit der jeweiligen Kultur. Präsentiert wird uns eine hochgradig statische Vorstellung dessen, was Kulturen oder Kulturkreise ausmachen soll. An vormoderne Einbindungsformen erinnernd, werden Menschen auf kulturelle Gruppierungen verwiesen, die dann Kulturkreise genannt werden. Die Dynamik der faktischen Verhaltensbeiträge, ihre Wechselhaftigkeit, ihre Widersprüchlichkeiten, die ganzen turbulenten Prozesse bleiben ausgeblendet.

Ich halte die konzeptionelle Legung der Begriffe bei Huntington für höchst fatal. Unerträglich wird es, wenn Huntington sich darin versteigt, dass Kulturkreise keine Beiträge zur Aufrechterhaltung von Ordnung leisten würden. Gerade auf diese Funktion wird Kultur immer wieder eingeschworen. Wie wäre Ordnung auch möglich, wenn Menschen sich nicht mit dem identifizieren können, mit dem sie zu tun haben? Eine mögliche Erklärung, die mir plausibel erscheint, warum Kultur von Ordnung separiert wird, könnte darin liegen, dass Ordnung politische Ordnung (Politik) und nicht soziale Ordnung (Gesellschaft) meint. Das bedeutet letztlich eine Trennung der Bereiche der politischen Sphäre, die über Willensbildungsprozesse und kollektiv verbindliche Entscheidungen gestaltbar erscheint, und der Sphäre des Kulturellen.

Nicht von ungefähr werden dann einzelne "große" Kulturkreise gebildet (S. 57 ff.). Unklar bleibt die Stimmigkeit der eingesetzten Abgrenzungskriterien. Methodische Probleme scheinen offensichtlich. Klar schneidende analytische Einteilungskriterien sind Voraussetzung, wenn Konfliktkonstellationen ausgemacht werden sollen. Es wäre u.a. zu klären, um welche primäre Fragestellung es Huntington geht. Um weiter voranzukommen, ist erstens der Frage nachzugehen, ob Huntingtons Thesen plausibel sind bzw. worauf sich seine Argumentation letztlich stützt. Und zum Zweiten ist zu klären (egal ob bei erstens ja oder nein steht), welche elementaren Konfliktlinien die Gesellschaft letztlich auswirft, wobei von besonderem Interesse sein dürfte, ob man die sichtbaren Konfliktlinien tatsächlich auf die Bildung kultureller Zentren bzw. Zivilisationen zurückrechnen kann.

Folgen wir im Weiteren einem Vorschlag von Niklas Luhmann (1997), die Gesellschaft eingeteilt in unterschiedliche Funktionssysteme zu denken. Luhmann teilt nicht bestimmte, als objektiviert anzusehende Gegenstandsfelder (Symbole, Rassen, Sprache usw.) ein, wenn es darum geht, von unterschiedlichen Kulturen zu sprechen. Kultur ist auf der Ebene erster Beobachtung nur schwer zu fassen, was darauf hinausläuft, auf den Operationsbereich Beobachtung zweiter Ordnung auszuweichen, d.h. laufende Beobachtungen zu beobachten, um zu fragen, mit welchen Unterscheidungen, wie folgenreich beobachtet und beschrieben wird. Kultur als Form der Beobachtung 2. Ordnung (von Förster) erscheint dann als eine Möglichkeit, wie ein bestimmtes Beobachten anzuleiten sei. Es geht folglich um die Frage, welche Beobachtungen und Beschreibungen in der Lage sind, kulturelle von anderen sozialen Besonderheiten zu separieren.

Das Spannende an Thematisierungen, an Beschreibungen, die sich auf kulturelle Vergleichsmomente (Geschichte, Nation, Region usw.) stützen, ist, dass die soziale Realität, d.h. in der Beobachtung ausgeworfene soziale Phänomene verdoppelt bzw. dupliziert werden (Luhmann 1995b: 42). Alles lässt sich unter 'normalen' Gesichtspunkten abhandeln. Man tauscht Gegenstände, wählt einen politischen Repräsentanten, streitet sich, versucht Kontakte zu anderen Menschen aufzubauen, bemerkt religiöse Unterschiede in alltagspraktischen Handlungen, lernt Fremde als Freunde kennen usw. Alle diese Ereignisse können auch anders beobachtet werden, durch die Brille kultureller Gesichtspunkte. Das hat u.a. den Effekt, dass alles Selbstverständliche unter gänzlich anderen Gesichtspunkten als gar nicht so selbstverständlich bzw. begründet daherkommen kann.

Alles, was in der Gesellschaft unter den Begriff Kultur fällt, kann als kontingent, kann als nicht notwendig, d.h. als auch anders möglich ausfallend betrachtet und kommuniziert werden, bzw. der kommunikative Rekurs, der kulturelle Besonderheiten ausweist, produziert die Beobachtbarkeit anderer Möglichkeiten. Das hat m. E. einen positiven und leider auch einen negativen Effekt. Positiv könnten sich Kultur beschreibende Kommunikationen dahingehend auswirken, dass Sachverhalte und Konfliktlagen, die als nicht vereinbar ausgewiesen sind, letztlich doch als versöhnlich zu bestimmen wären. Negativ könnte sich aber unter Umständen genau dieses Ansinnen auswirken, wenn bestimmten kulturellen Eigenarten entgegengehalten wird, sie wären sowieso kontingent, anders möglich und in ihren Grundzügen prinzipiell veränderlich. Folglich müsse man auch nicht einsehen, die Prämissen und Regeln, die von den Vertretern und Repräsentanten kultureller Deutungen als bedeutsam angesehen werden, hoch zu schätzen bzw. zu tolerieren. Eine Wanderung auf des Messers Schneide scheint unausweichlich.

Zum Schluss noch einige Anmerkungen zu deinem Brief vom 01.06.1998:

Ich denke, dass die Notwendigkeit, sich nach außen aggressiv abgrenzen zu müssen, wenn man Zugehörigkeiten, welcher Art auch immer, im Inneren sozialer Lebenszusammenhänge erhalten möchte, kein Naturgesetz darstellt. Natürlich produziert Gemeinschaftsbildung immer oder gerade auch Ab- und Ausgrenzungserscheinungen, die nicht immer ganz unproblematisch sind. Gemeinschaften entstehen durch den auf Dauer gestellten Versuch, Einbezug durch Ausgrenzung zu erreichen. Aber unausweichlich ist das Vorgehen nicht.

Auch das Abstellen auf den Begriff des Volkes scheint auf eine ähnliche Form des Integration ermöglichenden Ausgrenzens hinauszulaufen. Zu klären wäre, ob unter einem Volk überhaupt eine handlungsfähige Instanz im Sinne eines Kollektivakteurs zu verstehen ist, was, wenn man sich in der Welt umschaut, mehr als eine anzweifelbare Veranstaltung sein dürfte. Können Völker überhaupt Kontakt zueinander aufbauen? Ich weiß im Moment nicht genau, ob die Ebene des Volkes richtig gewählt ist, um über Kontaktfragen nachzudenken. Diese Unsicherheit unterdrückend, möchte ich die weiter oben aufgeworfenen drei Punkte (1. Neugier, 2. Austausch und 3. Kooperation) aufgreifen und bestärken. Der Drang nach Neuem, die Suche nach unbekannten Sinnmöglichkeiten ist gerade in unserer Welt ein starker Antriebsmotor, der sich aber nicht nur durch positive Effekte auszeichnet. Interessant sind die erwähnten Differenzierungen: Der Tourist fährt in die Fremde, aber ohne Interesse am Fremden. Die populär gemachten Routinen der Touristen auf einigen spanischen Inseln scheinen dir Recht zu geben. Ich denke trotzdem, dass unsere Generation mit Fremdheit anders umgeht, als es unseren Eltern oder unserer Großelterngeneration möglich war. Welche Aktionsradien bzw. welche Weltbilder konnten sie kennen lernen, wie tiefgründig auch immer. Selbst wenn ich mir die alltägliche Lebensführung ansehe. Die Jeans kommt aus Amerika, das neueste Duftwässerchen aus Frankreich. Die moderne Uhr aus der Schweiz, der billige Käse aus Holland, das Abendessen nimmt man beim Griechen, die Pizza beim Italiener ein. Ich weiß, ich vereinfache. Deshalb verschwinden Exklusionsversuche nicht aus der Welt. Die Muster, dass Ausländer als Sündenböcke benutzt werden, gleichen sich dummerweise nicht nur in Deutschland.

Jedes Land hat seine inländischen Ausländer, die man nicht mag. Jedes Land hat auch seine ausländischen Ausländer oder ein mit einem besonderem Stigma ausgezeichnetes ausländisches Land. Die Attribute unheimlich, verlogen, hinterhältig, heimtückisch usw. finden sich (fast) in vielen Zuschreibungen. Werden diese dumpfen Stimmungslagen mit ökonomischen oder politischen Nutzenkalkülen überformt, dann – und erst dann – scheint ein hoch explosives Gemisch in der Entstehung begriffen. Kulturelle Abgrenzungsversuche und Konfliktkonstellationen stellen also nicht das Problem dar, sondern schwierig wird es dann, wenn sich soziale Interdependenzen zwischen unterschiedlichen Kontexten einstellen. Halten wir uns folglich an die Interdependenzen bzw. an die Interdependenzadressen und nicht primär an kulturelle Unterschiede, so vielseitig diese auch ausfallen.

Expansion hat für die, die expandieren, meist Vorteile, nur für die, die von der Expansion betroffen sind, können nachhaltige Friktionen nicht ausgeschlossen werden. Weiterhin ist anzumerken, dass Länder, Völkergruppen oder kulturelle Gemeinschaften die sich rigoros abschotten, enorm in Krisen geraten können (siehe das alte China oder das moderne Sowjetimperium). Kontakte bringen anscheinend schon Vorteile, die sich leider auch nachteilig für einige Teilnehmer auswirken können. Es scheint ein generelles Dilemma zwischen

Expansion und Stagnation zu geben. Rührt man sich, geht man möglicherweise zu weit. Rührt man sich nicht, bleibt man stehen oder man fällt gar zurück. Man muss also, um auf unsere schon benutzte Unterscheidung von Intention und Kondition zurückzukommen; beim Kontaktaufnehmen die Intentionen des Gegenübers nicht nur als Kondition wahrnehmen, denn wenn er es genauso macht, gerät man in einen fatalen Zirkel. Nimmt man die Intentionen anderer auch als Chance, die eigenen Optionen zu steigern, verändert sich sofort das Bild. Aber einfach zu handhaben ist in dieser Welt trotzdem nichts mehr, schon wenn ich daran denke, dass das Gleiche – Intentionen der anderen – einmal als Restriktion und ein anderes Mal als Option in Erscheinung treten kann.

Das Argument der individuellen Berechnung von Nutzenvorteilen spannt einen Raum auf, der als eine zentrale Unterscheidung zukünftiger Gesellschaft aufgefasst werden kann: Individuelle Nutzenkalküle, durch soziale Errungenschaften wie Unternehmen und Markt gesellschaftlich unterstützt, und auf der anderen Seite die Welt, in der wir leben, die aber darauf angewiesen ist, Verständigung und Begegnung sowie geeignete Bearbeitungsformen (Institutionen) auf weltgesellschaftlicher Ebene zu etablieren. Die Welt von heute und noch mehr die Welt von morgen, wie heterogen, kulturell gespalten, wirtschaftlich unterschiedlich die Lagen auch immer sein mögen, wird ihre Probleme nur dann lösen bzw. bearbeiten können, wenn die Repräsentanten von Kulturen, Völkern und Staaten sich auf Schritte einigen können, von denen alle etwas haben, aber auch alle von dem, was ihnen heute noch unverzichtbar erscheint, bereit sind abzugeben. Das Schlagwort "qualitatives Wachstum", welches immer wieder ins Feld gezogen wird, wird nur in Begegnung, und wenn auch konflikthafter Auseinandersetzung, anzugehen sein. In der Steuerungsdebatte der Politikwissenschaft läuft diese Problematik unter der Unterscheidung positiver und negativer Koordination von Aushandlungsprozessen. – Jens

Indien und China   22. Juni 1998

Lieber Jens,

Indien und China – zwei Seiten eines Zugangs zu interkultureller Verständigung. Es gibt immer mindestens zwei Eingänge in jedes Problemlabyrinth, denn selbst wenn es vermeintlich nur einen geben sollte, lässt er sich verschieden anschauen und ist auf dem Rückweg schon nicht mehr der, der er war. Die Frage nach dem Konfliktpotenzial in der Welt ist die nach dem Anspruch einer der beteiligten Parteien, im Besitz einer allgemein gültigen Wahrheit zu sein. Insofern ist die Frage nach Verständigung zwischen Völkern auf einer allgemeineren Ebene nicht von der inhaltlichen Frage, worüber sich Völker denn ins Benehmen setzen sollten, zu trennen. Einige Gedanken zu solchen Themen:

(1) Erhalt der natürlichen Grundlagen menschlichen Lebens

Wir wirtschaften mit einer mehr und mehr zur Kulturlandschaft werdenden Welt, die in endlichem Maße Ressourcen für uns zur Verfügung stellt. Diese endliche Welt hat selbst das Bedürfnis nach Regeneration und "Pausen von der Bewirtschaftung". Unabhängig vom Streben nach Macht in der Welt müssen wir mit den Grenzen dieser Welt arbeiten, müssen sie sehen, erkennen, anerkennen und Alternativen ermöglichen, um als Menschheit unser Fortleben zu ermöglichen. Diese Frage kann nicht primär als Mensch gegen Mensch gestellt werden. Zwar kann der Mensch als Wolf des Menschen sein eigenes Leben verlängern, aber er stellt den Fortbestand der Menschheit insgesamt in Frage. Die Verteilung von Trinkwasser wird in 20-30 Jahren die Menschheit vor die ersten substanziellen Verteilungsfragen stellen. Nicht um Wohlstand wird es gehen bei diesem Verteilungskampf, sondern um die Verteilung der Möglichkeit zum Überleben selbst.

(2) Gesellschaft – Gemeinschaft – Weltgesellschaft

Unter dieser gemeinsamen Überlebensfrage stellt sich die Aufgabe der Weiterentwicklung von Gesellschaften vor dem Hintergrund brüchig werdender Verständnisse und Alltagserfahrungen von Gemeinschaft. Die Weltgesellschaft nimmt nicht jeden mit auf eine Reise ins nächste Jahrhundert. Aber auch in "klassischen" Gesellschaften gibt es weniger Platz für stärker Involvierte, die sich gleichzeitig aus den Systemen herauswünschen. Zu diesem Punkt der Integrationsfähigkeit von Gesellschaften haben die indische und die chinesische Philosophie unterschiedliche Anmerkungen zu machen. Entweder auf der Basis eines gemeinsamen quasi-religiösen Einheitsverständnisses oder auf der Basis des gemeinsamen handelnden Interesses auf den nächsten Vorteil hin wird die Zugehörigkeit zu einer (Handlungs-)Gemeinschaft geregelt. Zugehörigkeit misst sich an der integrativen Anschlusshandlung anderer und nicht an einer explizit kommunizierten Ordnung, derer sich der Einzelne gesichert und bewusst zugehörig wissen könnte.

Ich hatte verheißungsvoll begonnen. Jetzt holt mich die Arbeit ein. Ich schreibe bald weiter. Gruß – Frank

Abschied von Kultur   25. Juni 1998

Lieber Frank!

Ein kurzer Abschied von der Kultur: Dirk Baecker (1996) konzipiert Kultur als kontinuierlich mitlaufende Möglichkeit (evtl. als eine Gedächtnisinstanz von Sozialität?), auf funktionierende Zweiercodes (gut/schlecht, wahr/falsch, haben/nicht haben) mit einem dritten Wert reagieren zu können. Ich zitiere: „Das würde bedeuten, dass unter dem Stichwort 'Kultur' Handlungen, Rollen und Systeme auf das hin beobachtbar wären, was sie einschließen, wie auch auf das, was sie ausschließen. Als Kultur, würde das heißen, wären Orientierungen, Erwartungserwartungen und Reproduktionsformen von Kommunikationen auf ihre Selektivität, auf ihre Unwahrscheinlichkeit, auf ihre Umweltblindheit hin beobachtbar und mit den entsprechenden Instrumenten von 'Kulturkritik' auch trefflich zu verwirren." (Baecker 1996: 8)

Das lässt schlussfolgern, dass das Medium Kultur kein eigenes Kommunikationssystem stiften kann, sondern Kultur fungiert als ein selektiv einsetzbares Begleitmedium laufender Beobachtungen, das Orientierungen, Handlungen und Kommunikationen immer mit einer anderen, ungewöhnlichen Sicht konfrontieren kann, aber nicht muss. Kultur als Ausweichmodus, als Möglichkeit, Konflikte oder unterstellten Konsens zu verstärken oder abzuschwächen. Es kommt auf die jeweilig eingesetzte Kombination sozialer Sinnzumutungen an. Kultur stellt eine nicht zu hintergehende Umwelt individuellen und sozialen Handelns und sozialer Sphären dar, zugleich bedeutsam und nicht bedeutsam, eine Einforderungsinstanz, wenn es darum geht, Ausgeschlossenes wieder einzuschließen und Eingeschlossenes auszuschließen.

Kulturelle Unterschiede laufen somit in jedem System als mitlaufende und aktualisierbare Beobachtungsinstanz mit. Ihre Relevanz scheinen sie aber nur dann zu erlangen, wenn Wirkung und Funktion der universal anzusetzenden Leitunterscheidungen eingeschränkt werden. Oder wenn es darum geht, die funktionsspezifischen Codes auf unterschiedliche Erfahrungshintergründe und Erfahrungszusammenhänge abzustimmen.

Unterscheidung von Konflikten: Du hast wiederum, ob oder wegen der kurzen Zeit, die dir zur Verfügung steht, einen Punkt eingeführt, der es ermöglicht, dass sich meine Gedanken etwas besser strukturieren: Den Hinweis auf "die Grenzen dieser Welt", obwohl wohl nur die ökologische Gefährdung unseres Daseins gemeint war. Grenzen haben ja etwas sehr Faszinierendes an sich. Sie begrenzen etwas, und die Begrenzung hat gleichzeitig den Effekt, etwas zu ermöglichen. Sei es Innovation, Entwicklung, die Suche nach neuen Optionen oder der Rückfall, die Destruktion, der Konflikt, wenn es nicht gelingt, aus Althergebrachtem aussteigen zu können.

Wie im modernen systemtheoretischen Konstruktivismus: Schließung also, das In-differentsetzen gegen fast alles in der Welt ermöglicht erst die Bearbeitung von Welt. Erkenntnis heißt Absehen von so vielem, heißt: Fast alles wird unsichtbar, um einen kleinen Ausschnitt sehen zu können. Zum Problem wird diese nicht hintergehbare Konstitution menschlichen und sozialen Daseins dann, wenn die Reflexions- und Regulationsinstanzen nicht mehr in der Lage sind, die Reproduktion des Selbst sicherzustellen. Was die Reproduktion dessen, was das Selbst für die eigene Reproduktion benötigt, natürlich mit einschließt. Also wenn die Wirtschaft darauf hinauslaufen sollte, dass sie nicht nur Arbeit, sondern auch potenzielle Kunden zunehmend ausschließt, indem Zahlungsunfähigkeit um sich greift, wird sie längerfristig ein Problem bekommen, wenn die immer weniger werden, die heute produzieren, Dienstleistungen erbringen und dafür bezahlt werden. Vieles scheint genau darauf hinauszulaufen. Ich vereinfache, ich möchte kein Szenario andeuten, das den Fortschrittsglauben in ein "schwarzmalerisches Umkippbild" verwandelt. Aber wenn Generationen von Managern der mittleren Ebene gegen technische Informationsinfrastrukturen ausgetauscht werden, die bisher als stabil angesehenen Strukturen des Arbeitsplatzes und damit auch der Mitgliedschaft in Organisationen auf die instabil wirkende Unterscheidung von Potenzialität/Optionsverlust trifft, wenn eine immer größer werdende Zahl von Menschen aus den Funktionszusammenhängen dieser Welt auszuscheiden drohen, wenn ganze Regionen dieser Welt – auch in Europa – vollständig den Anschluss verlieren, dann hat die Welt ein Problem: Die selbst gezogenen Grenzen in der Gesellschaft könnten die Bearbeitung der ökologischen, demographischen und sozialen Grenzen behindern, die gerade für eine angemessene Daseinsvorsorge der über 6. Mrd. Menschen nötig ist.

Einige Anzeichen deuten darauf hin, dass als ein Effekt der weltweit sich ausdehnenden funktionalen Differenzierung, ein Konfliktpotenzial zwischen Konflikten erster und zweiter Ordnung sich in der Entstehung befindet. Konflikte erster Ordnung dürften solche sein, deren Bearbeitung und deren Effekte nur begrenzte Wirkung entfalten. Der so genannte Streit um den Gartenzaun und den Baum, dessen Früchte auf beiden Seiten geerntet werden könnten, ob zwischen Personen oder Staaten, ist nicht so entscheidend. Das heißt aber nicht, dass diese Konflikte bedeutungslos wären. Konflikte zweiter Ordnung betreffen dagegen die in der Kommunikation als elementar ausgewiesenen Konstitutions- und Reproduktionsbedingungen menschlichen und sozialen Daseins (Wasser, Boden, Luft, Zugang zu Ressourcen, Ausschluss von Möglichkeiten gesellschaftlicher Partizipation). Auch die Folgen, die mit der Gewalt gegen Körper ebenso wie Nebenwirkungen der Gesellschaft auf die Gesellschaft und die Umwelten der Gesellschaft (Natur, Menschen usw.) einhergehen, können als Thema Konflikte zweiter Ordnung in Frage kommen.

Für die Bearbeitung der Konflikte erster Ordnung stehen der Gesellschaft mittlerweile einige Instrumentarien zur Verfügung. Für die Bearbeitung der Konflikte zweiter Ordnung sieht es eher trübe aus. Erste Anzeichen von Versuchen zur Institutionenbildung sind in Sichtweite, ohne dass gesagt ist, dass sie sich letztlich als Problemindikatoren bzw. -bearbeiter auch eignen: Soziale Bewegungen, weltweit agierende Organisationen (Amnesty International, Greenpeace, UNO, GATT usw.).

Und eine wirklich gefährliche Konfliktkonstellation beschert uns die Differenz zwischen den Konflikten erster und zweiter Ordnung. Die Bearbeitungsverfahren erster Ordnung lassen nur wenige andere Möglichkeiten zu, sie überlagern, sie absorbieren Aufmerksamkeit, sie wirken selektiv; sie bauen Blockierungen auf, die verhindern, dass Verfahren zweiter Ordnung betrachtet und angewendet werden können.

Es erscheint häufig nicht klar, welche Konflikte vorrangig und vor allem wie sie zu bearbeiten sind. Die unauflösbaren Unsicherheiten und Mehrdeutigkeiten bauen selbst Konfliktpotenziale auf, ohne dass hier eine Arena entstehen würde, auf der agiert werden kann. Die vielen Ansätze, die sich mit der Deutung gesellschaftlicher Problemlagen beschäftigen und doch letztlich immer wieder aufs Neue hoch selektive und selten systematisch hinterfragte Schwerpunktsetzungen produzieren, was denn nun gesellschaftlich problemlösend angegangen werden soll, lassen sich als ein bislang hilfloser Versuch lesen, den Unterschied der Konflikte erster und zweiter Ordnung zu Gesicht zu bekommen.

Die Konflikte dritter Ordnung haben m. E. den Status eines blinden Fleckens – sie entziehen sich momentan den Beobachtungsversuchen der Gesellschaft.

Viele liebe Grüße – Jens

Überlegungen fern von Lektüre   25. Juni 1998

Lieber Jens,

heute ein paar Zeilen ganz ohne Lektüre und mit einem etwas anderen Bericht von kulturellen Unterschieden, Barrieren und Hoffnung auf Verständigung. Du erinnerst dich sicher an den Freund K., den ich über die Studienstiftung in St. Gallen kennen gelernt habe. K. hat, wie wir alle schon zu Studientagen vermuteten, nach Abschluss der Dissertation bei einer großen renommierten Unternehmensberatung angefangen. Das war im März. Vorgestern hat er mich angerufen und mir mitgeteilt, dass er die Welt der Beratung am Ende des Monats wieder verlassen wird. Zu schnelles Tempo, zu großes Maß an Fremdbestimmung, zu wenig persönliches Feedback ... Ich weiß noch nicht, was die genauen Gründe waren, die ihn zu diesem Schritt bewogen. Er wird sich jetzt ein paar Monate zurückziehen, so sagte er. Etwas Wundenlecken wird das sein. Und auch das Bemühen, den nächsten Schritt in die "richtige" Richtung zu setzen. Von Hochschule und eigenem Unternehmen sprach er ebenfalls.

Warum erzähle ich dieses Beispiel im Zusammenhang mit der Herausforderung der Verständigung von Kulturen? Eher intuitiv bin ich in einer vorangegangenen Betrachtung davon ausgegangen, Unternehmen bzw. Wirtschaftsphänomene könnten eine Art Beobachtungsbeispiel für Verständigungsprozesse über kulturelle Grenzen hinweg sein. K.s Entscheidung zeigt mir, dass auch innerhalb scheinbar einheitlicher kultureller Ordnungen von Verständigung über kulturelle Grenzen hinweg gesprochen werden kann. Sie, diese besondere Form der Kommunikation, ist – so viel wissen wir seit der Lektüre systemtheoretischer Überlegungen – unwahrscheinlich. Sehr unwahrscheinlich vielleicht sogar. Die Selektion, die diese Kommunikation gleichzeitig ermöglicht und begrenzt, ist – so scheint mir – kulturell tradiert. Hier liegt eine Art Rückkopplungseffekt in kultureller Verständigung. Nur eine Kultur, die Verständigung "im Repertoire" hat, kann verstehend kommunizieren.

Auf dieser sehr abstrakten Ebene wird deutlich, dass der konkret auf kulturelle Brüche hin untersuchte Gegenstand zweitrangig ist. Für Verständigung über kulturelle Grenzen hinweg ist (fast) jedes Alltagsbeispiel interessant.

Und noch eine kurze Idee: K. ist ein starker und aktiver Mensch. Er hatte sich eingelassen auf ein Spiel nach bestimmten Regeln. Die Summe dieser Regeln begreife ich als "Kultur der Beratung". Teil dieser Kultur zu sein, erfordert viel. Und nun hat er, vielleicht nicht ganz freiwillig, die Zugehörigkeit zu diesem Kreis "angewählt". Ein Teil der Entscheidung zum Ausstieg aus dem Spiel geht wohl auf die Brüche zurück, die die "interkulturelle" Kommunikation für K. mit sich gebracht hat. Er hat "so nicht wollen oder können".

Wie immer endet mein Denken in Fragen, Ratlosigkeiten und Befindlichkeiten: Was machen dann Gesellschaften, wenn sich die Interpretation "Verdrängungswettbewerb" der Kommunikation mit anderen Gesellschaften kaum noch leugnen lässt? Welche Menschen können in solchen Gesellschaften noch sein? Mit welchen Anteilen tragen Menschen solche Gesellschaften noch mit? Und welche Dynamiken treiben solche Gesellschaften? Denn wenn wir nichts über die Dynamiken aussagen können, bekommen wir den – günstigen und unwahrscheinlichen – Fall der "Verständigung" zwischen Gesellschaften, Kulturen, Völkern sicher nicht in den Blick.

Zum Abschluss noch eine Anmerkung zu deiner Ausführung über Kultur vom 11. Juni:

Ich glaube, dass deine Aufzählung der Kulturkreise, mit denen wir über Formen des Konsums in Kontakt kommen, nicht zufällig nur europäische Länder nennt. In der Begegnung mit diesem Anderen verstärken wir, so scheint mir, nur die Selbstbeobachtung über Drittes. Die "Auch-Eigenschaften" werden in dieser Form bewusst und treten als Alternative zum Sein dazu. Eine recht selbstzentrierte Form der Begegnung. Mit Blumenberg könnte man sich hier fragen, welche Form von (Lesbarkeit der) Wirklichkeit wir in dieser Form der Begegnung haben. Nichts "an" der anderen Kultur – dies scheint mir zunächst die plausible Antwort zu sein. Der Schritt zur Begegnung mit Kulturen größerer geografischer und entwicklungsgeschichtlicher Distanz ist weiter. Auch das Ergebnis ist nicht mehr so unkompliziert als "Selbstbeobachtung über Umwege" zu deuten, scheint mir. Die Erfahrung der Begegnung mit Fremdem im Gegensatz zur Begegnung mit dem Anderen ist verstörend. Während das Andere wohl noch mit Kriterien der eigenen Welt beschrieben und begriffen werden kann, wird das Fremde fremd gerade darin, sich nicht mehr unter Kategorien der eigenen Welt subsumieren zu lassen. Die Begegnung mit Fremdem folgt der Form der Verunsicherung und der Verstörung. Ob sie als positiv oder negativ erlebt wird, ob in folgenden Handlungen daran angeknüpft wird, ist zunächst offen. Was bleibt, sind Einsichten des Common Sense, wie unter Unsicherheit und Mehrdeutigkeit gehandelt werden kann und – moralisch geladen – vielleicht sogar gehandelt werden sollte. Ich grüße dich herzlich, hoffe dich wohl und freue mich auf unsere Begegnung im Juli, die, das weiß ich schon jetzt, natürlich zu kurz sein wird, Kollege! – Frank

3.5 Unverrückbarkeit kultureller Einbettung und Existenz

Zur Unterscheidung von erworbener und zugewiesener Inklusion – Der Mensch als Bestandteil einer kulturell definierten Handlungsgemeinschaft – Einsicht regelt wenige Dinge in der Welt – Die Tugenden einer interkulturellen Philosophie der Verständigung.

Kulturell tradierte Selektionsweisen   28. Juni 1998

Lieber Frank,

es folgen einige kurze Ausführungen, die an die Ausführungen zum Thema kulturelle Selektionsweisen anschließen. Selektionen sind nichts Unnatürliches. Sie sind keine Fehler, die abzustellen sind. Alles, was sinnhaft vorkommt, ist per se selektiv. Eine Auswahl aus dem Horizont des Möglichen. Komplexität als Problem: Es ist immer mehr und anderes möglich, als tatsächlich realisiert werden kann. Man ist als Mensch beschränkt(!), ebenso geht es sozialen Gebilden, und das mit Erfolg. Selektion ist notwendig und Selektion ist riskant, man kann falsch liegen. Wichtig ist mir an dieser Stelle, auf die Differenz von Aktualität und Potenzialität hinzuweisen. Diese Differenz als allgemeiner Ausdruck sinnhaften Agierens deutet an, dass man Festlegungen, die einmal getroffen wurden, zwar nicht mehr aus der Welt schaffen kann, aber man kann neu wählen, neu optieren. Geht dies auch in Fragen kulturell basierter Selektion? Hier scheint ein Problem eigener Art zu liegen. Der Einfluss von Kultur scheint konkrete Situationen überdauern zu können. Entstehen hierdurch kulturelle Brüche? Kulturell tradierte Selektionsweisen können anscheinend nicht so ohne weiteres neu optieren. Der Freiheitsgrad scheint beschränkt. Für mich bleibt zu fragen: Was heißt das? Was kann man tun? Könnte ein Weg darin bestehen, auf diese Problematik explizit hinzuweisen, denn wenn der Befund trägt, haben alle sozialen Gebilde die gleichen Schwierigkeiten. Kulturelle Barrieren und Brüche, die jeweils unterschiedlich ausgestaltet auftreten als Identitätsanker kommunikativer und personaler Unterschiede und Konflikte? Kaum zu glauben! – Jens

Zugehörigkeit zu philosophischen Kulturen   14. Juli 1998

Lieber Jens,

kurz vor dem nächsten Start in ein Meeting morgen will ich ein paar Zeilen der Antwort versuchen auf die Frage nach kultureller Zugehörigkeit als Zugehörigkeit zu einer Gemeinschaft 2. Ordnung. Die Idee dazu kam mir durch deinen Brief vom 25. Juni. Etwas verspätet antworte ich also.

Im Rückgriff auf die Bestimmung von Gemeinschaften als "communities of practice" durch Lave und Wenger (1995) möchte ich argumentieren, dass den Philosophiekreisen China und Indien eine jeweils eigene Art der Bestimmung von Inklusion und Exklusion innewohnt.

Teil einer Handlungsgemeinschaft zu sein, zeichnet Menschen aus. Dies sehen wir aus ihren Zugehörigkeiten zu Unternehmen, politischen Parteien oder Vereinen. Jeweils gibt es einen Satz von Spielregeln, der die Handlungsgemeinschaft charakterisieren hilft. Selten ist er explizit. Aber er kann, durch schmerzhaftes Mittun in Unkenntnis der Regeln, durch Teilnahme erschlossen werden. Eine Möglichkeit des Verstehens der Handlungsgemeinschaft ist also, wonach sie die Möglichkeit begrenzt, durch (laienhafte) Teilnahme die Regeln kennen zu lernen, die die Gemeinschaft in die Lage versetzen, als soziales System entscheidungsfähig zu sein. Die Eingliederung von "Neuen" oder "Fremden" markiert die Bestimmung der Grenzziehung Inklusion/Exklusion.

Im chinesischen Philosophiekreis wird die Zugehörigkeit zur Handlungsgemeinschaft über den utilitaristischen Horizont im Handeln selbst geregelt. Pragmatische Philosophie in diesem Sinne heißt, "geschickt und erfolgreich nach Spielregeln zu spielen". Im indischen Philosophiekreis überwiegt die Inklusion auf der Basis des Vertrauens der Zugehörigkeit zu einer transzendental-religiösen Gemeinschaft. Das mystische Element in dieser Bestimmung weist darauf hin, dass die Grenzziehung in einer Exklusion zu suchen ist, da die Zugehörigkeit als solche vorauszusetzen ist. Andererseits müsste aus einer chinesischen Sicht auf Zugehörigkeit davon gesprochen werden, dass Inklusion die Grenzziehung nach erfolgreicher Demonstration des individuellen Geschickes bezeichnet. Im Zeitablauf ist die Zugehörigkeit im pragmatischen System höher. Das "Bewiesene" kann auch temporär unerreicht bleiben, ohne zum Ausschluss zu führen. Der Bonus, der immer schon unfraglichen Zugehörigkeit kann hintergehbar sein. Allerdings fällt der Einzelne deshalb nicht aus der Gemeinschaft als solcher heraus. Sondern er wird zu einem gezeichneten Mitglied einer Gemeinschaft.

Transferieren wir die Unterscheidung von erworbener zu zugewiesener Inklusion auf eine globale Weltordnung, so ist zu erkennen, dass beide Philosophien für einen möglichen Dialog der Völker ihren positiven Beitrag leisten können. Vor-Vertrauen am Beginn eines Austausches und soziale Kohärenz auch bei Enttäuschung im Zeitablauf scheinen sehr gute Voraussetzungen für eine "funktionierende" interkulturelle Kommunikation zu sein.

Wie immer schließe ich mit ein paar Fragen:

(1) Was sind neben notwendigen Voraussetzungen von interkultureller Kommunikation die Merkmale "funktionierender" Kommunikation?

(2) Wie wichtig ist die transparente Kongruenz, mindestens aber Vereinbarkeit von Interaktionszielen für "gelingende" Kommunikation zwischen Kulturen?

(3) Welche Preise, im Sinne von Kompromissen, sind Kulturen bereit, in Kauf zu nehmen, um in einen Prozess interkultureller Kommunikation einzusteigen bzw. um ihn in Gang zu halten?

Ich grüße dich herzlich und hoffe, dass du eine gute und produktive Zeit ohne Vorlesungen im Sommer haben wirst. Auf bald! – Frank

Soziale Einbettung von Kultur   28. Juli 1998

Lieber Frank,

im Brief vom 14. Juli 1998 werden kulturelle Zugehörigkeiten an vorhandene Handlungsgemeinschaften gekoppelt. Erlernte Verhaltensweisen, die Menschen in ihrer primären und sekundären Sozialisation erhalten, lassen einen Zusammenhang der Entstehung gemeinschaftlicher Bezugsgrößen durch kommunikative Begleiteffekte in Form 'philosophischer', man könnte auch sagen weltanschaulicher Grundüberzeugungen oder Beobachtungs-, Betrachtungs- und Beschreibungsweisen vermuten. Auch scheint die individuelle Einbindung in soziale Lebensvollzüge von kulturell geprägten Effekten nicht unbeeindruckt. Zwei Sachverhalte gilt es weiter zu verfolgen:

Erstens scheint der sich andeutende Dualismus von Struktur und menschlicher Handlungsweise (Giddens) die Gefahr einer statischen Betrachtungsweise zu provozieren. Der Mensch wird zum festen Bestandteil einer Handlungsgemeinschaft, einer Organisation, einer Familie, einer Partei oder einer Religionsgemeinschaft, die Identifikation und Handlungsraum vorschreiben. Hierzu sind zwei Bemerkungen zu machen: (1) In der heutigen Zeit regelt sich Zugehörigkeit immer weniger durch Geburt oder durch die Zuweisung der Tradition. Zugang bzw. Ausschluss zu bzw. von "Systemen" (Wirtschaft, Konsum, Politik Organisationen, Wohlfahrt, Wasserversorgung usw.) bestimmen zunehmend in den jeweiligen Systemen immanent gesetzte Kriterien. (2) D.h., dass diese statisch erscheinenden Mitgliedschaften oder Teilhabemodalitäten immer ereignisbasiert waren und sind, es uns aber gerade in der "Moderne" auffällt, dass alles permanent vakant ist. Kommunikative Teilhabe der Menschen funktioniert unter den Bedingungen loser Kopplungen. Der Chef kann seine Mitarbeiter feuern oder, auf Neudeutsch, outsourcen. In der Familie (im sozialen Nahraum) sind Konflikte fast vorprogrammiert, zumal jeder Nahraum immer wieder selbst festlegen muss, was als akzeptabel erscheint, wie weit man gehen kann, was als Liebe erfahren wird, welche thematischen Bereiche des anderen zur Sprache gebracht werden können usw. Es hat sich eingebürgert, sich lieber zu trennen, vor allem weil es immer schwieriger wird, das Komplexität generierende Familienmanagement permanent betreiben und aushalten zu können oder zu dürfen. Oder eine religiös inspirierte Kommunikation (oder Religion) macht innerhalb und außerhalb ihrer Daseinsweise auf abweichendes Verhalten aufmerksam. Um inkludieren zu können (d.h. Grenzen markieren und ziehen zu können) bedarf es der Exklusion. Besonders schmerzlich ist, dass Teilhabe an unseren modernen Lebenszusammenhängen immer stärker durch Organisation geprägt wird. Die Gesellschaft öffnet sich in ihrer funktional differenzierten Grundstruktur erst einmal allen, die teilhaben wollen. Aber Teilhabe ist unter heutigen Bedingungen fast nur noch über Partizipation an organisierten Kommunikationsereignissen möglich. Und Organisationen lassen immer nur wenige Menschen an ihrer internen Kommunikation teilhaben. Vor allem, weil sich Kommunikation zunehmend an sozial konstruierte anschlussfähige Adressen hält. Ohne anschlussfähige Adresse kein Anschluss unter der Nummer moderner Kommunikation. Die Einzigen, die ständig auf der Suche nach weiteren Klienten sind, sind die politisch alimentierten Sozialhilfe- oder Entwicklungshilfeorganisationen. Selbst im bundesdeutschen Gesundheitswesen geht es mittlerweile darum, in der Leistungsrolle nicht mehr nur nach potenziellen Kranken (Krankheiten) zu suchen, sondern es werden zunehmend Krankheiten und damit Kranke abgewiesen, die unter gegenwärtigen Bedingungen (finanzielle) Risikopotenziale darstellen.

Unter den gegenwärtigen Bedingungen wird es für viele Menschen zum Problem, dass sie nicht mehr gefragt sind. An dieser Stelle ist insbesondere darauf hinzuweisen, dass es nicht nur um das System der Wirtschaft geht. Für sehr viele Menschen wird es schmerzlich, wenn sie erfahren müssen, dass kein Bedarf nach ihnen besteht, ob als Arbeitssuchende, Kranke, Orientierungslose usw. Die soziale Dynamik scheint die Unterschiede, die sonst noch bestehen, als marginal auszuweisen.

Und hier schließt sich mein zweites Argument an (Zweitens). Dadurch, dass die soziale Welt aus nur einer Gesellschaft besteht, deren Effekte für jeden Handlungsvollzug in fast allen Regionen der Welt nicht zu unterschätzen sind, kommt es umso mehr darauf an, auf die regional, lokal oder kulturkreisspezifisch sich bildenden Koalitionen von Kultur mit den jeweiligen Lebenszusammenhängen (Kunst, Erziehung, Sport, Wissenschaft, Politik, Wirtschaft usw.) hinzuweisen bzw. diese zu thematisieren.

Der Zusammenhang von Kultur, Gemeinschaft oder Philosophiekreis und der sozialen Einbettungsweise bzw. der sich hieraus ergebende Konfliktgehalt scheint mir durch zwei elementare Entwicklungsdimensionen charakterisiert:

(1) Personen-Personen-Beziehungen: Die Einbindungsweisen der Individuen in soziale Beziehungsgefüge sowie die in Frage kommenden Verhaltensweisen variieren je nach dem Kontext, in dem Personen mit anderen in Beziehung treten, d.h. in Beziehungen, die sie mit anderen Individuen eingehen. Erziehung findet in aller Regel in nur einem Elternhaus statt, auch wenn die Flexibilität der familiären Beziehungen anderes signalisieren. Auch der Schulaufenthalt führt eine begrenzte Zahl an Schülern für eine längere Zeit an einem festen Ort zusammen, selbst wenn die Zahl der Schulwechsel und Schulstufen, die Kinder durchlaufen, ansteigt. Kinder und Jugendliche wachsen folglich noch immer vor dem Hintergrund relativ fester sozialer Einbettungen in Elternhaus, Schule und Freundeskreis und lokalem Ambiente auf.

Von diesen persönlich gefärbten Beziehungen sind aber die unpersönlichen zu unterscheiden, d.h. hier nehmen Individuen an abstrakten Kommunikationen teil: Z.B. sie nehmen eine Zahlung vor (Aktie kaufen), oder sie nehmen an einer Wahlversammlung als Wähler und als Herr oder Frau X bzw. Y teil. Kulturelle oder weltanschauliche Einflussgrößen sind hier nur insofern relevant, als diese die Aktivitäten befördern oder behindern können, je nach Kenntnisstand und Taktgefühl der agierenden Personen. Aber an den von den Funktionssystemen vorgegebenen Prämissen (Codes, Programmen, Kommunikationsmedien, Organisationsgrenzen) ändern diese Randbedingungen nur wenig.

(2) Damit deutet sich eine zweite Entwicklungsdimension an: Die System-System-Verhältnisse. Und zwar die, die man zwischen den Systemen oder zwischen den unterschiedlichen Lebensordnungen ausmachen kann. Kultur verbündet sich mit Wirtschaft oder sieht sich als Feind derselben. Politik kann versuchen, Wirtschaft zu simulieren. Was dabei herauskommt, hat der Sozialismus anschaulich gezeigt. Erziehung kann sich an Gleichheit oder an der

eigenen Perfektionierung im Verändern von Menschen orientieren, häufig ohne die selbst produzierten Resultate überhaupt zur Kenntnis nehmen zu können usw. Die Liste ließe sich noch beträchtlich erweitern.

Ich schließe an dieser Stelle, wohl wissend, dass ich vieles nur anreißen konnte. In der nächsten Woche soll es um den Versuch gehen, die angerissenen Überlegungen am Verhältnis von Wirtschaft und Kultur etwas näher zu verdeutlichen. Zudem sind die drei "Kommunikationsfragen" (interkulturelles Funktionieren, transparente Kongruenz, Kompromissfähigkeit von Kulturkreisen) zu passender Zeit wieder aufzunehmen. Sei für heute herzlichst gegrüßt. Ich hoffe, ich habe nicht zu viel an Unklarem produziert. – Jens

Verständigung im gemeinsamen Handeln   08. August 1998

Lieber Jens!

Nach einer langen Schreibpause nun wieder einmal ein paar Zeilen zum Thema Verständigung, interkulturelle Philosophie und "Beitrag" der Versöhnung asiatischer Kulturangebote. Nach einiger Lektüre zur Geschichte der Veden, des Konfuzianismus, des Buddhismus und anderer philosophischer und religiöser Denkangebote asiatischen Ursprungs komme ich, vielleicht auch durch den Abstand zur akademischen Welt, einer Haltung näher, die sich durch die Verortung von vermittelnder Weisheit im Handeln auszeichnet.

Was soll das heißen und inwieweit passt das zu unserem Thema?

Einsicht regelt wenige Dinge in der Welt. Außerdem ist eine Einsicht noch keine Übersicht, die mir eine Voraussetzung für Verstehen zu sein scheint. Als Europäer können wir von asiatischen Philosophien lernen, dass Einsicht keine per se überlegene Form des Weltzugangs ist. Erfahren im Handeln steht analytischer Einsicht aus distanzierter Betrachtung nicht qualitativ nach. Konflikt aus Nichtverstehen kann nicht durch Einsicht auf einer Seite überwunden werden. Nur im tätigen Umgang mit der Situation kann Konflikt gehandhabt und gelöst werden. Nicht aus Verstandes-Einsicht heraus handeln Menschen, sondern aus einer diffusen Mischung von glauben, meinen, hoffen, tun, absichern, reden und bereden. Menschen stabilisieren Situationen des Verstehens in Begegnung und Kommunikation durch graduelles Handeln.

Ein Blick auf die Welt, die als die eine Welt immer unübersichtlicher und gleichzeitig immer eintöniger zu werden scheint, zeigt mir, dass viele Menschen sie nicht mehr verstehen. Genauer müsste ich vielleicht schreiben, dass immer mehr Menschen auch solche Teile dieser einen Welt nicht mehr verstehen (können), die sie eigentlich betreffen, etwas angehen; die nur gelöst und gehandelt werden können unter ihrer Beteiligung, ihrem Zutun. Menschen schließen sie, aus Angst und Unverständnis, bisweilen gar systematisch von "der einen Welt" aus.

Umgekehrt werden sie von der munter weiter operierenden Welt ihrerseits ausgeschlossen. Was ist zu tun? Menschen müssen Vertrauen haben können darin, dass ihr Handeln einen Unterschied macht. Jeder muss das Gefühl haben zu zählen, wichtig zu sein. Wir produzieren sehr viel Ohnmacht in dieser einen Welt und sehr viel Ausschluss. Aus einer interkulturellen ebenso wie aus einer asiatischen Philosophie lässt sich dann vor allem lernen, dass, da es keinen grundsätzlichen qualitativen Unterschied zwischen Bedeutungen und Ansprüchen außerhalb der sie Äußernden gibt, Integration ein Zustand ist, den wir nicht mühsam basteln müssten. Zulassen müssten wir ihn als eine Möglichkeit, die immer schon da war.

Zurückhaltung und Nicht-Gewalt sind dann Tugenden einer interkulturellen Philosophie der Verständigung, die dem Verstehen vorausgeht und so hilft, Konflikte zu handhaben, abzubauen oder im Dialog zu überwinden. Menschen teilhaben zu lassen, heißt dann, unabhängig von Herkunft oder Ziel Mitgestaltung zu ermöglichen. Die Resultate solchen Tuns sind selbst Anzeiger dafür, dass Verständigung möglich ist. Dieses Wissen ist analytisches Erkennen, das selbst nichts zur Verständigung beiträgt, denn es muss getan werden können. Ich will jetzt noch ein paar Zeilen schreiben zu deinen Gedanken des vorangegangenen Briefes: Viele Untertöne scheinen mir gemünzt zu sein auf die deutsche Situation. Zusammenbrechende Orientierung, Entwertung gewachsener Fähigkeiten und so weiter. Vielleicht sollten wir uns in Bezug auf Huntington und die Ausgangsfrage nach der Unausweichlichkeit von Konflikten aber noch einmal die Frage stellen, wer eigentlich alles in diesen Kreis der potenziell Konfligierenden hineingehört, wer Konflikt produziert und wer ihn wie austrägt. Wir werden, so glaube ich, Erschreckendes finden auf dieser Suche. Für heute sei mir herzlich gegrüßt – Frank

3.6 Konflikte und Weltgesellschaft

Moralisch aufgeladene Kommunikation - Phänomenologische Natur asiatischer Philosophien – Wachstum als sichere Strategie des Selbsterhalts – Motivfreie Exklusionseffekte – Sprache markiert die Grenze einer kulturellen Gemeinschaft.

Ethische Emphase und strenge Analytik   04. September 1998

Lieber Frank,

eine Unterscheidung, die die Thematisierung von Verständigung, Identität und Konflikt durchzieht, ist die von ethischer Emphase und strenger Analytik. Ich beziehe mich vor allem auf Beobachtungen, die andere Beobachter und

Beschreiber beim Unterscheiden analysieren. Ethisch oder gar normativ ansetzende philosophisch gefärbte Beschreibungen enthalten etwas Verführerisches. Normative Sinnangebote lassen sich nur schwerlich ablehnen, vor allem wenn sie gut klingen: Menschenrechte weltweit durchsetzen, Gleichheit herstellen, die Umwelt nicht schädigen usw. Ähnliche Schwierigkeiten treten auf, wenn Konsensanforderungen auf kulturelle Unterschiede treffen. Implizite Annahmen, die nicht nur in einigen auf "Multikultur" abstellenden öffentlichkeitswirksamen Statements zu finden sind, drücken aus, dass angesonnene Wertvorstellungen und kulturelle Bedeutungen nur verstanden werden müssten, dann würde alles gut. Eine Verständigung ermöglichende soziale Basiskultur sollte in der Welt geteilter Gefühle gesucht und gefunden werden.

Moralisch aufgeladene Kommunikation erzeugt auf den ersten Blick immer positive Konnotationen. Man unterscheidet Gutes von Schlechtem, gutes und schlechtes Benehmen, mit der witzigen Konstellation, sich selbst immer auf der guten Seite zu verorten.

Die Debatte über die Eigenheiten der West- bzw. Ostdeutschen liefert hierfür Beispiele, ohne dass ein Ende in Sicht wäre. Kommunikationstechnisch erzeugt die Verwendung des Moral-Schemas von gut/schlecht (sachliche Dimension) bzw. gut/böse (sachliche Dimension wird adressiert, d.h. die soziale Dimension tritt hinzu) den Effekt, dass die an der Kommunikation Beteiligten den jeweiligen Seiten der Unterscheidung zugeordnet werden. Moral bzw. Ethik als Kommunikation bewirkt, dass zwischenmenschliche und soziale Beziehungen unter dem Label Achtung und Missachtung ablaufen. Mit Achtung wird die Adresse bedacht, die auf der guten Seite des Schemas platziert wird (Verwender des Moral-Schemas bzw. die, die als zugehörig adressiert werden). Missachtung trifft dann den Adressatenkreis, der auf der ungünstigeren, d.h. bösen Seite eingeordnet wird (der Beobachtete und Beschriebene).

Jede in der Kommunikation bezeichnete Beziehung, sei es zwischen Personen, Gruppen, Nationen oder Zivilisationen, die mit moralischen Tönen kommuniziert, produziert Konditionierungen (Einschränkungen), die für weiteres Anschließen nicht mehr alles möglich erscheinen lassen.

Das Verhältnis zwischen "uns" und der "anderen Seite" (wir und die, bzw. die Eingeschlossenen und die Ausgeschlossenen) wird mit einer Zuordnung versehen, die Achtung und Missachtung verteilt: Achtung auf die eine Seite und Missachtung auf die andere Seite.

Was hat das nun mit unserem Thema zu tun? Philosophisch, religiös oder anderweitig (ökonomisch, militärisch) daherkommende regionale Universalismen (oder genauer Totalitarismen) spalten die bestehende Welt, die unter

Umständen nach völlig anderen Kriterien ihre Funktionsweise organisiert, in einen guten und einen schlechten Teil. Mit der Folge, dass der schlechte Teil moralisch herabgestuft wird bis hin zu der möglichen Aufforderung, ihn zu bekämpfen. Aus Achtung bzw. Missachtung von Handlungen, Personen oder Zivilisationen wird sehr schnell Ablehnung. Nicht nur einzelne Aspekte der Person oder bestimmte kulturell geprägte Verhaltensweisen werden kommunikativ herausgestellt, sondern die Gesamtheit einer Daseins- und Lebensweise wird in die positive wie negative Beurteilung einbezogen.

Es entsteht ein eigendynamischer Kreislauf, dessen Konflikthaftigkeit nur schwer zu durchbrechen ist, wie aktuelle Beispiele[17] immer wieder verdeutlichen. Die Kriterien, mit denen man die Richtigkeit von Handlungsweisen beurteilt, werden auf die Kontrahenten übertragen. Die Beziehungen bleiben davon nicht unbeeindruckt. Hinzu kommt noch ein Moment: Konflikte und Gewalt entstehen ja nicht nur dann, wenn man sich von anderen auf heftigste Weise differenziert und diese Differenz für alles Weitere, was folgt, handlungsleitend wird. Konflikte und Gewalt entstehen auch dann, wann man sich mit anderen identifiziert, wenn man sie kopiert bzw. anderes Verhalten imitiert, wenn man gemeinsame Ziele verfolgt. Imitation (R. Girard) kann Konkurrenz und Konflikte erzeugen, wenn aus der Nachahmung eine Situation entsteht, in der Nachahmer und Nachgeahmter um die gleiche Sache streiten, um knappe Güter konkurrieren. Sei dieses knappe Gut nun Geld, Macht, Information, Einfluss, Recht oder was auch immer. Und jetzt bin ich an einer Stelle, an der Überlegungen über die Entstehung von weltweit relevanten Konflikten mit den Entwicklungen der Teilsysteme der Gesellschaft verknüpft werden können (also bei meinem zweiten Argument): Den Zusammenhang von kulturellen Unterschieden, regionalen Universalien (Europa vs. Amerika, Amerika vs. arabische Welt usw.), gesellschaftlich eingerichteten Inklusionsregeln und den damit verbunden Inklusionschancen bzw. Exklusionsrisiken. Nicht zu übersehen ist, dass alle an das Prozedere gesellschaftlicher Kommunikation anschließen wollen. Unterschiede gibt es in der Art und Weise und in den Möglichkeiten, dies zu tun. Macht auszubauen, Geld zu vermehren, Einfluss auf das Verteilen massenmedial bereitgestellter Daten und das Liefern erster Interpretationsangebote zu gewinnen. All dies, so könnte man sagen, sind weltweit benutzbare Verhaltensoptionen, deren Grundlagen als geteilte Grundwerte der Weltgesellschaft aufzufassen wären. Aber Identität in den Wertvorstellungen heißt nicht auch Gemeinsamkeit in den

---

[17] Z.B. die Bombenattentate in einigen afrikanischen Städten und die darauf folgenden bombenden Antworten Amerikas zeigen: Die Abläufe, die in konfliktäre Zirkel führen, ähneln sich sehr stark. Man denke nur an Bosnien, an den Kosovo, an kriegerische Konflikte in Afrika, an die ewig währenden Spannungen zwischen Nordkorea und Südkorea, in die jetzt auch Japan hineingezogen wird.

Handlungen und Denkweisen. Das Handeln islamischer Führer, das evtl. mehr westliche Prägung aufweist als das vieler Personen, die als westliche Eliten beschrieben werden können, unterscheidet sich durch den Kontext sozialer Einbettung. Es geht nicht um eine einfache Differenz, die für Weltkonflikte verantwortlich ist. Eher sind es Kombinationen aus sehr unterschiedlichen, evtl. auch widersprüchlichen An- und Weltsichten. Westliche Werte und Handlungsweisen werden an vielen Stellen der Welt abgelehnt, um gleichzeitig nachgeahmt und übertroffen zu werden. Die fundamentalen Äußerungen islamischer Staatsfürsten werden nicht selten von totalitären Äußerungen westlicher Politiker übertroffen.

Es bleibt mehr als offen, ob von der westlichen, der fernöstlichen oder islamischen Welt oder von Zivilisationen an sich (ontologisch) gesprochen werden kann. Die Art und Weise, wie Kommunikation innerhalb der Gesellschaft betrieben wird, führt zu strukturellen Verengungen, zu Einteilungen der Welt, die nur schwer auszuheben sind. Und sobald es um knappe Ressourcen geht, werden eingespielte Zuschreibungsvarianten politischer Kommunikation, die sehr häufig moralisch unterfüttert sind, zum Problem. Eine nahe liegende Lösung könnte dann darin gesehen werden, die andere Seite erst einmal umstandslos anzuerkennen, um sich dann an einen Tisch setzen zu können. Aber wer sich setzt, muss auch damit rechnen, dass die eigenen Mitstreiter (oder andere Streiter), die nicht mit am Tisch zu sitzen kommen, anderer Meinung sind. Konsens kann evtl. an runden Tischen für eine kleine Runde und für eine kurze Zeit erzielt werden.

Die unbefriedigenden Ergebnisse, die auf dem politischen Parkett auf bilateraler Ebene noch als Erfolge verbucht werden können, verblassen vor dem Hintergrund politischer und öffentlicher Kommunikation innerhalb der beteiligten Länder (die Verhandlungsschleifen der Israelis mit den Palästinensern, deren Verhandlungsführern im eigenen Lager die größten Widersacher entgegenstehen, sind nur ein Beispiel unter vielen anderen). Nicht nur die sich verquer entwickelnden Differenzierungen zeigen potenzielle Konfliktlinien auf. Die in diesem Zusammenhang benutzten Verfahren und Institutionen zur Beziehungspflege und Konfliktpflege zwischen Nationen, Regionen und meinetwegen Kulturen bzw. Zivilisationen produzieren neue Problemlagen. Ich lasse es für heute erst einmal gut sein. Viele Grüße an dich – Jens

Einschluss und Einfluss 04. September 1998

Lieber Jens,

nachdem ich dir heute eine Nachricht geschickt habe, um zu klären wie es weitergehen könnte mit dem gemeinsamen Nachdenken über unser Thema, beantwortest du die längere Pause mit einem zweigeteilten Sturm.

Zunächst möchte ich auf dein Argument der Zweiteilung der Welt durch die Selbstgefälligkeit des Moralisierens eingehen. Im Hinblick auf die Beiträge einer ostasiatischen Philosophie zur Verständigung der Kulturen glaube ich nicht an ein eigentlich moralisches Argument. Im Gegensatz zu europäischen Philosophien, die immer auch die Zweiteilung der Ziel-/ Mittelwelt in gut und böse referiert haben, ist die Begegnung mit der Welt in asiatischen Philosophien eher phänomenologischer Natur: Welt wird als die entgegentretend Daseiende angenommen. Die Wertung der Zweck-/ Mittelverhältnisse in dieser Welt stellt sich nicht als ein ausschließend normatives Gerüst von Aussagen dar. Insbesondere wird von keinem einzelnen Strang von Aussagen Ausschließlichkeit beansprucht; ein buntes Nebeneinander wird angenommen. Hier scheint sich asiatische Philosophie durchaus in die von dir entworfene Richtung zu entwickeln.

Wichtiger noch scheint mir dein Argument der Macht im Zusammenhang mit dem Einschluss und Ausschluss von Spielergruppen und dem Bau von Institutionen zu sein. Macht strebt nicht nur nach Selbsterhalt, sondern auch nach Wachstum. Allein Wachstum ist eine sichere Strategie des Selbsterhalts. Und doch gibt es wesentliche Unterschiede in der Regulierung der Art des Begegnens, wenn man sich den Hintergrund des jeweiligen Machtspiels ansieht. Es ist eben nicht egal, ob es sich um rassistischen Machtanspruch der Dominanz und Verdrängung, religiösen Machtanspruch der Wahrheitsdefinition oder ökonomischen Machtanspruch der einschließenden Ausbeutung handelt. Die Ökonomie zeigt hier m. E. eine interessante Struktur: Sie ist darauf angewiesen, das, was sie zu dominieren trachtet, zunächst einzubeziehen. Andere Sphären können eine blockartige Konfrontation setzen. Ökonomie braucht das Mitspielen; gerade deshalb war Kommunismus in den ehemaligen Ostblockstaaten für westliche Industrien ein Problem: Weil sie ökonomisch nicht "mitspielten", konnte man sie nicht umgarnend zu Fall bringen. Erst mit der Interdependenz von Systemen werden sie "anfällig" für bestätigende wie kritisierende Kommunikation. Ich merke, dass mein Denken nach so langer Pause sehr wüst ist und will mich bemühen, über das Wochenende etwas zu lesen. Westöstliches zum Beispiel.

Nur eine Abschlussfrage noch: Kann Philosophie einen Beitrag dazu leisten, egoistische Motive der Strukturierung von Inklusion so transparent zu machen, dass Einfluss nicht zur Ausnutzung wird? Gruß – Frank

Strukturierung von Exklusion   05. September 1998

Lieber Frank,

auf deine gestellte Frage, ob Philosophie einen Beitrag dazu leisten kann, egoistische Motive der Strukturierung von Inklusion so transparent zu ma-

chen, dass Einfluss nicht zur Ausnutzung wird, habe ich keine Antwort gefunden. Was nicht heißen soll, es gäbe keine. Aber möglicherweise ist deine
Frage falsch gestellt. Zwei Verknüpfungen sind in deiner Frage enthalten, die
es erst einmal zu beleuchten gilt (evtl. liegt genau im Entwirren sprachlich
und kommunikativ genutzter Knoten ein Sinn unseres Arbeitens):

(1) Inklusionslagen stehen mit vorhandenen egoistischen Motivlagen in Verbindung, was einige Fragen provoziert. Können Motive überhaupt kausal
wirken? Sogar in uns selbst dürften Psychologen kaum stringente Kausalitäten
von Denkvorgängen, Wahrnehmen und Motivlagen finden. Es dürfte sich eher
um spezifische (mal lose, mal feste) Kopplungen handeln, die Einflusspoten-
ziale signalisieren. Unklar ist, welche Richtung dominiert: Von Wahrnehmung auf Motive, oder irritieren Motivlagen Denken und Wahrnehmen?

Motive sind ähnlich schwer zu fassen wie kulturelle Muster des Denkens und
Handelns. Selbst werden sie nicht sichtbar, sie wären höchstens an den für die
Beobachtung zugänglichen Stellen abzugreifen; durch Interpretation, die
selbst Prämissen sozialer bzw. kultureller Vorgaben folgt. Motive, so könnte
man formulieren, werden nicht im Kopf, sondern innerhalb sozialer Konstellationen, in der Kommunikation produziert, nämlich durch die gesellschaftsweit ausgeprägte Institutionalisierung von Nachfragen, etwa der Art: "Was
hast du gemacht und dir dabei gedacht?" (Berufswahl, Freundschaften, Entscheidungen, was immer). Die (mögliche) Konfrontation mit Situationen des
Nachfragens, des klärenden Gesprächs konditioniert unseren Erwartungsbe-
reich. Sozial relevante Motive sind selten im Handlungsvorfeld klar. Die in
der Soziologie an die Handlungstheorie herangetragene Frage "Was eine
Handlung, zu einer Handlung macht" kann nur die Kommunikation selbst entscheiden. Die soziologische Handlungstheorie muss folglich eine Antwort
schuldig bleiben. Darauf hat Niklas Luhmann immer wieder hingewiesen. Die
soziale Semantik des personenbezogenen, auf Intention abstellenden Nachfragens (Was hast du dir eigentlich gedacht?) verfolgt uns von Kindesbeinen an.
Die wirklich relevanten Inklusions- und vor allem Exklusionslagen sind alles
andere als durch Motive gesteuert. Die Gesellschaft, zumindest vom operativen Vollzug her, handelt motivfrei. Aber: Motive und Interessen können
kommunikativ thematisiert werden und dies unter Umständen sehr folgenreich
für uns Menschen wie auch für die Kommunikation. Würden Motive die Differenz von Inklusion und Exklusion regulieren, wäre auf die Absichten von
Personen, von Psychen abzustellen. Die Strukturen der Gesellschaft, die wir
als Menschen weder in aller Gänze produzieren noch beeinflussen können,
würden aus dem Blickfeld geraten. Ich rate hier zur Vorsicht.

(2) Der Appell an die Philosophie, Einfluss zu nehmen, so dass Einfluss nicht
mehr gesellschaftliche Lagen ausnutzend Exklusion befördert, halte ich unter
einer Bedingung für ausbaufähig. Appellation möchte ich verstehen als eine

kommunikative Variante, Funktionsweisen und Strukturierungen erschließend zu hinterfragen. Vorsicht ist geboten, Appelle als moralisierenden Zeigefinger einzusetzen. Moral schließt aus, sie exkludiert gewissermaßen, indem sie kommunikativ inkludiert. Philosophie fragt nach den erkenntnisrelevanten Grundlagen menschlichen und gesellschaftlichen Seins. Eine Aufgabe sehe ich in Hinweisen auf Zusammenhänge und auf Brüche, die sich im Zusammenspiel von Erkenntnis, Realitätsaufbau und kommunikativ hergestellten Sozialfigurationen ergeben. Erst mit der Korrektur deiner Frage scheint es mir möglich, Philosophie nach ihren Möglichkeiten dahingehend abzuklopfen, inwiefern Philosophie gesellschaftlich relevante Sachverhalte und Probleme überhaupt thematisiert bzw. thematisieren kann. – Jens

Zum Phänomen interkultureller Verständigung   08. September 1998

Lieber Jens,

ich will einen einsamen Abend nutzen und dir ein paar Zeilen schreiben. Es wird vielleicht ein Raunen im Gegensatz zum Proklamieren des Denkens der bisherigen Briefe werden, aber das liegt an der Lektüre der vergangenen Tage: *Lothar Baiers "Ostwestpassagen"* (1995) im Verlag Büchergilde Gutenberg. Dieses Buch hat eine literaturwissenschaftliche und doch zugleich auch eine ethnisch-geschichtliche Perspektive auf Kultur, Sprache und Kommunikation. Es vermischt Orte, oder besser noch: Die Schilderung von Orten mit der Geschichte von Volksgruppen und ihrer je eigenen Sprache. Ein Parlieren hebt an, das deutlich werden lässt, dass Sprache die Grenze einer kulturellen Gemeinschaft markiert.

Eine interessante Wendung wird damit möglich in Bezug auf das Phänomen interkultureller Kommunikation und Verständigung. Sprachen stoßen als je begrenzte aber äußerst wirklichkeitsmächtige Konstrukte aufeinander. Sie markieren Sprecher als zugehörig und auf ihrer Basis findet Verständigung statt. Im Moment der Begegnung oder gar Konfrontation mit anderen Kulturen entsteht ein Problem: Welche Sprache soll an dieser Schnittstelle mit dem Anderen gesprochen werden? Welches Verweissystem soll die Definitionsmacht besitzen und wie sollen die Regeln des Sprechens bzw. Verhandelns gestaltet sein? Ist in der Begegnung nicht die Notwendigkeit eines dritten Symbolsystems notwendig enthalten, da weder die eine noch die andere Sprache über Symbole verfügt, die über die Grenze des eigenen Verweissystems hinausgehen?

Zurück zum Fluss der Sprache: Durch Assimilation der Sprecher verwischen nicht nur die Eindeutigkeiten von kultureller Zugehörigkeit. Es lässt sich am Beispiel leicht begreifen, wie aus englischer und französischer Sprache, unter bestimmten Rahmenbedingungen des Zusammenlebens, die eigene Mischung des Kreolischen hat werden können. Weder in der einen noch in der anderen Sprache waren Verständigung oder echte Begegnung möglich. Dein Hinweis aus dem vorangegangenen Brief, dass es am Anfang nur um ein Annehmen der Unterschiede gehen kann, scheint mir bahnbrechend und gleichzeitig schier unmöglich zu sein: Wodurch sollten wir in der Lage sein, ohne Brechung "Vorhandenes" als "solches" anzunehmen, ohne es bereits einzusortieren in wertende Kategorien des eigenen Wahrnehmens und Denkens? Auch die Kategorie "voraussetzungslose Annahme des Vorgefundenen" ist ihrerseits gesetzt und wird abgeschmettert im Fall der Konfrontation mit der Kategorie "bedingungslose Unterwerfung aller Andersgläubigen".

Nach diesem Exkurs über den "Fluss der Sprache" kann ich mich den oben aufgeworfenen Fragen erneut stellen. Das benötigte Verweissystem ist eine Regelung der zweiten Ordnung; und hier kommt eine philosophisch abgewogene Regelung der Möglichkeit von Verständigung wieder ins Spiel. Im Sinne dieser Metakommunikation ist eine östliche Philosophie des phänomenologischen Zugangs sicher näher an dem, was du als "Annehmen des Gegebenen" bezeichnest, als eine rationalistische Philosophie der Aufklärung. Allerdings, und hier sollten wir den Kreis wohl erweitern, kann ein solcher Anknüpfungspunkt auch in den humanistischen Traditionen gefunden werden. Aus der Sicht eines Common Sense gar stellt sich die Frage, ob es den Umweg über die Philosophie überhaupt braucht. Ist nicht eine Mischung aus Zurückhaltung und Offenheit eine gute Basis für echte Begegnung und Verständigung?

Vielleicht doch noch eine philosophische Ergänzung: Verständigung benötigt die selten gewordene Fähigkeit zum "Seitenwechsel". Man muss gewillt und in der Lage sein, schon aus der eigenen Perspektive zwei Seiten an einem Gegenstand zu entdecken, um dann weitere Perspektiven als gleichberechtigt zulassen zu können. Solche Formen kommunikativer Differenzierung sind nicht eben dazu geeignet, im Strom der nach Entscheidungen und Eindeutigkeiten gierenden Gesellschaften im ausgehenden 20. Jahrhundert ausgezeichnet zu werden. Harte, spektrale Kommunikation dominiert die Sphären der Macht und Entscheidungsfindung. Wie will man da z.B. Wähler glauben machen, dass eine abwägende Haltung überhaupt zum Ziel führt?

Lieber Jens, ich ende mit vorstehender Frage. Etwas unsicher, ob wir in diesem unserem Briefwechsel überhaupt Antworten oder erste Anknüpfungspunkte formulieren können, verwirrt mich die Verknüpfung all dieser Gedanken. Aber es scheint auch nach mehrmaligem Hinsehen keinen eindeutigen Eingang ins Geschehen zu geben, von dem man sagen könnte, dass er das Phänomen zum Problem strukturiert und damit einen Ansatzpunkt nahe legen könnte. Die Differenzen sind – es geht nur mehr um die Form des Umgangs. Ich grüße dich herzlich – Frank

3.7 Zeitfragen

Im Spannungsfeld von Tradition und Moderne – Die Pluralität der Menschen – Errungenschaften und Dysfunktionen der modernen Gesellschaft – Merkmale einer modernen Gesellschaft – Von Kulturen als geschlossenen Einheiten – Zwei Differenzen der Moderne: funktionale Differenzierung sowie normativ und analytisch geleitete Betrachtungen von Welt – "Die Situation der überdrehten Arbeit an der Lösung unlösbarer Probleme" – Überlastung oder Entlastung von Politik.

Tradition, Moderne I und andere Grenzen   17. September 1998

Lieber Frank,

bevor ich einige Gedanken aus deinen letzten Überlegungen (11.9.) hervorhebe und zu verlängern versuche, sind Überlegungen aufzugreifen, die im Text von Sejjed Mohammad Chatami (FAZ, 1.8.98) angesprochen werden: Und zwar das Spannungsfeld von Tradition und Moderne betreffend.

Der von Chatami vorgetragene Text formuliert zwei Problemkreise. Einmal die fast schon unausweichlich gewordene Dynamik der westlichen Moderne, die alles abweichende, anders Kontexturierte nicht zu tolerieren scheint. Unpassendes wird entweder bekämpft oder assimiliert (absorbiert); in der Sprache der Science-Fiction-Serie "Star Trek" verfolgen die "Borg" ein ähnliches Prinzip: Fremde Kulturen oder Zivilisationen lassen sich entweder in das Kollektiv der "Borg" aufnehmen oder sie werden eliminiert, entsprechend dem Motto „Widerstand ist zwecklos". Die Parallelität dieser Serie als Realität suggerierende Fiktion (als Produkt der amerikanischen Kulturindustrie) mit der möglichen Funktionsweise der gesellschaftlichen Realität drängt sich auf. Das Image der Serie bettet diesen Konflikttyp aber geschickt ein. Die Helden sind immer auf der Suche nach Lösungen, die der ihnen vorgegeben Direktive und den daran sich orientierenden Wertesystemen folgen, wobei der handlungsleitende Orientierungskomplex mit "praktikablen" erfahrungsgesättigten Aktionen der Helden-Mannschaft angereichert ist. Die geschilderten Konflikte, die sehr häufig zwischen Agenten unterschiedlichster Herkunftsweisen ausgetragen werden, laufen nach einfachen, aber zumindest in dieser Serie sehr wirkungsvollen Mustern der Konfliktbe- und Verarbeitung ab. Man befragt zuallererst die sich an Bord befindliche Datenbank nach relevanten Informationen über die so genannte fremde Rasse oder Kultur, nach deren Besonderheiten und nach Regeln, die zu beachten sind, bevor man Kontakt aufnimmt. Man greift auf besondere Talente zurück (mir sind die Namen und Bezeichnungen entgangen), die telepathische oder besondere diplomatische Fähigkeiten entwickelt haben, auf die, die schon einmal im Kontakt mit fremden Kulturen standen oder die einfach jede Menge Erfahrungen mit fremden

Lebensgewohnheiten haben. An diesem Punkt bin ich dann auch schon bei einer von dir geäußerten Anregung, die, wie mir scheint, nicht neu (z.B. Umgang mit Takt) ist, die mir aber als eine Grundvoraussetzung für Zusammenleben erscheint: "Eine Mischung aus Zurückhaltung und Offenheit" als Basis für Begegnung und Verständigung. Welche Barrieren und Grenzziehungen vermindern die Erfolgswahrscheinlichkeit dieser anspruchsvollen Kommunikation?

Zwei Grenzen möchte ich kurz andiskutieren, und zwar (1) Sprachgrenzen und (2) das Spannungsfeld von Moderne und Tradition.

Zu den Grenzen sprachlich strukturierter Kulturgemeinschaften. Das Phänomen ist so nahe liegend, wie es kompliziert ist. Ist es nur die (Mutter-) Sprache, ob Deutsch, Englisch, Russisch oder Chinesisch, die Grenzen zieht? Ist es die dem Erlernen der Sprache vorausgehende kulturelle Einbettung, die Bedeutungshintergründe, die Interpretationsregeln mitliefert, die man beim Erlernen einer Fremdsprache nicht ohne weiteres mitlernen kann? Vokabeln und den Gebrauch grammatikalischer Regeln einer Fremdsprache kann man erlernen, wenn auch manche Sprachen unzugänglicher sind als andere. Aber kann man dann schon ohne weiteres Kommunikation in einer fremden Sprache verstehen bzw. richtig deuten? Steht dem nicht die Erkenntnis entgegen, dass Verstehen nur dann funktioniert, wenn man das Unterstellen, dass man verstanden hat, als Imagination in Wirklichkeit transformiert? Die Gedanken, die mein Gegenüber hegt, sind mir nicht zugänglich. Man kann versuchen, aus dem Zugänglichen das Unzugängliche (und das ist sehr viel) abzulesen bzw. abzuleiten. Informationsübertragung geht nicht, aber es funktioniert trotzdem, das gegenseitige Aufeinanderbeziehen und Aneinanderorientieren, indem wir uns an sichtbare (erwartungsstiftende Sinnkomplexe) Äußerungen halten (Laute, Gesten, Symbole, Körper, Medien usw.), wobei die Regeln und Interpretationsschemata wahrscheinlich selbst kulturell tradiert sind.

Ein generelles Problem sozialer Ordnung findet im interkulturellen Zusammenhang seine spezifischen Ausprägung. Grenzen entstehen nicht nur durch den Gebrauch von Sprache, obwohl Sprache und deren Einbettung in kulturelle Kontexte und die daran anschließenden Weltkonstruktionen eine sehr wichtige Komponente sozialer und personaler Differenzierung darstellen. Nicht jede Kommunikation läuft über Sprache. Erstens können auch Stumme kommunizieren. Sie verwenden nur andere Ausdrucksmittel und -formen. Viel wichtiger erscheinen mir im Folgenden (zweitens) Effekte, die gerade aus nichtsprachlicher Kommunikation herrühren. Wirtschaftliche oder politische Aktionen (die natürlich nicht von Sprache abgekoppelt verlaufen) des Zahlens bzw. des kollektiv verbindlichen Entscheidens üben enorme Effekte auf die Gesellschaft und deren Grenzziehungen aus. Sie laufen jedoch nicht generell über sprachlich gesteuerte Kommunikation. Oder Handlungen, die erst durch soziale Attribution zu dem werden, was sie sind. Wir müssen folglich mehrere Ebenen kommunikativen Gebrauchs unterscheiden. Auch Techniken oder die Technologien der Weitergabe, Verarbeitung und Verbreitung von Kommunikation wären hier zu nennen. Wir haben es also auch hier mit einem Fontane'schen "weiten Feld" zu tun.

Die zweite konstituierende Grenzziehung der Gesellschaft könnte durch das Spannungsfeld von Tradition und Moderne markiert werden. Unterschiedliche Zeitbezüge haben Folgen für soziale, kognitive, sachliche und somit natürlich auch für kulturelle Bezugnahmen. Ich möchte diesen Gesichtspunkt im Moment nicht weiter vertiefen. Auf ein Problem möchte ich noch kurz hinweisen. Auf die Differenz von Moderne und Tradition komme ich im Laufe unserer Diskussion noch einmal zu sprechen.

Ein Problem, welches ich als Anerkennungsproblem bezeichnen möchte, zielt auf basale Konditionierungen der Gesellschaft. Grundlage unserer jetzigen Lebensweise und Lebensverhältnisse sind viele Errungenschaften der Moderne. Mit dem Effekt, dass die sichtbaren Probleme in den so genannten modernen und eher traditional anmutenden Nationen nur unterschiedlich verarbeitet werden. Tradition wird einmal eher folkloristisch in moderne Kontexte überführt. Dagegen sehen sich der Traditionen stärker verhafteter Regionen (Islam, Asien) mit Auseinandersetzungen anderer Art konfrontiert. Austragungsort sind primär Differenzen der politischen und lebensweltlichen Gegebenheiten in den Ländern selbst. Die intern entstehenden heterogenen Spannungsfelder und Antwortmuster geraten dann mit inneren und äußeren Gegebenheiten in Konflikt, wenn die Antworten nicht kompatibel sind bzw. dysfunktionale Wirkungen in den Ländern selbst produzieren. Man sieht dann innen, dass es innen wie außen andere Antworten gibt, die funktionieren und die man weder negieren noch aus der Welt schaffen kann. Man sieht in der Gegenwart ein Gemisch aus Vergangenem der eigenen Kultur, wobei immer zu entscheiden ist, was als wertvoll und was als nicht bewahrenswert erscheint, und dem, was die Gegenwart bezeichnet, sowie dem, was die Zukunft erwarten lässt.

Nur die Gegenwart entscheidet über die Relevanz von Vergangenheit und Tradition sowie über die Formen des Umgangs mit diesem Verhältnis. In die Auseinandersetzungen mischen sich dann natürlich die schon angedeuteten Optionen der westlichen Moderne (nicht nur Coca Cola oder McDonalds). Prekär vor allem deshalb, weil es nicht nur um ein temporäres Problem geht. Das Mischungsverhältnis aus eigener Tradition und Zukunft aus gegenwärtiger Identität und dem Kopieren fremder Optionen stellt sich permanent (nicht nur in den Bereichen des Islam). Kollektiv verbindliche Entscheidungen, über politische Instanzen (Parlamente, Diktatoren), religiöse Führer (radikal oder liberal) oder über soziale Bewegungen hergestellt, sind ständig in Gefahr, von heute auf morgen umgestellt zu werden. Es gibt keine eindeutige Lösung mehr; keine, die eine allgemein verbindliche Rationalität und Funktionalität für sich in Anspruch nehmen könnte.

Auf ein semantisches Problem möchte ich noch zum Schluss hinweisen. Ich meine damit ein Selbstbeschreibungsproblem der Gesellschaft, welches ich in der Dominanz bestimmter Diskurse sehe. Redet oder schreibt man über "Interkulturalität", erfährt man in der Regel etwas über Konflikte, über negativ anmutende Szenarien, über Blockadehaltungen, etwas über Missverständnisse und über unüberwindbar erscheinende Selbstblockierungen. Die Chancen, das Positive, die Funktionalität von Heterogenität (gerade Menschen, die im Osten unter sozialistischen Verhältnissen aufgewachsen sind, müssten m. E. hier besonders sensibel sein) scheinen mir Aspekte, die eindeutig zu kurz kommen. Ausnahmen, wie eine Studie zu den möglichen kulturellen Synergieeffekten in international zusammengesetzten Teams in Unternehmen und deren Erfolgsfaktoren (siehe Managerseminare Nr. 31, April 1998) zeigt, bestätigen eher die Regel. Ereignisse auf der politischen Ebene bestätigen meine Überlegungen. Ich denke hier an die in dieser Woche getroffenen Vereinbarungen im Zusammenhang mit dem Schengener-Abkommen. Es geht in diesem speziellen Fall, der aber nicht nur für sich zu stehen scheint, nur darum, Einwanderung bzw. Migration zu begrenzen, und das heißt nichts anderes, als dass die Probleme nach Externalisierung rufen, d.h. die Probleme werden kleingearbeitet und mit (Schein-) Lösungen versehen, die wenig "Kosten" verursachen, zumindest kurzfristig. Grenzsicherung ist angesagt. Mit der Abschiebung von Menschen versucht man, die problematische Sachlage gleich mit abzuschieben. Alle wissen, dass es so auf Dauer nicht funktionieren kann; alle wissen, dass alle wissen, dass es alle wissen.

Meine Ausführungen tragen mich manchmal in unübersichtliche Gefilde. In der Hoffnung, einige Holzbalken im Ozean meiner Worte verloren zu haben, auf denen man im Sturm Zuflucht finden kann, möchte ich dich herzlichst grüßen. – Jens

Tradition und Moderne II   20. September 1998

Lieber Frank,

wenn wir Konflikte o.Ä. beobachten und beschreiben bzw. uns Beschreibungen ansehen, die Konflikte bearbeiten, so scheint es, als ob wir nur noch Differenzen zu sehen bekommen. Die Zeugen der Postmoderne haben ganze Arbeit geleistet. So hat es jedenfalls den Anschein. Jede Behauptung, jede Vermutung, fast, so könnte man meinen, jede Kommunikation führt uns die Produktion von Differenz vor. Dies scheint unser aller Schicksal. Aber die Frage, welche Trennungslinien uns in der Welt besonders zu schaffen machen, scheint durch radikal ausgeführte Abstraktion kaum beantwortbar: Sind es eher politische, religiöse oder wirtschaftliche Ursachen, die Unterschiede produzieren? Sind es Unterschiede im Sprachgebrauch, in den interpretativen oder grammatikalischen Besonderheiten verschiedener Lebenswelten?

Meine Frage ist eine fast auf Ontologie hinauslaufende Vermutung: Leben wir nicht alle in ein und derselben Weltgesellschaft (Gemeinsamkeit) und die Differenzierungen, mit denen wir es zu tun haben, sind prinzipiell erst einmal für alle gleich: Wir müssen mit den Beiträgen, Gedankenwelten und Besonderheiten der anderen 6 Mrd. menschlichen Psychen rechnen. Diese Pluralität der Menschen ist unaufhebbar, wir können zu den Gedankenwelten anderer Personen weder hindurchdringen, noch können wir sicher sein, dass das, was wir vom Äußeren der Personen abzulesen glauben, mit dem übereinstimmt, was in den Personen vonstatten geht. Ein zweites Phänomen betrifft uns alle ebenso. Wir alle leben gleichzeitig, gleichermaßen betroffen von den Errungenschaften und Dysfunktionen der modernen Gesellschaft. Beide Phänomene sollen von den daran anschließenden Ungleichheiten und Ungleichzeitigkeiten nicht ab-, sondern viel mehr auf diese hinlenken. Erst wenn wir verstehen, mit welch einer Gesellschaft (Welt) wir eigentlich zu rechnen haben, wenn wir halbwegs begreifen, welche strukturellen Effekte (Identitäten und Differenzen) und Dynamiken (positive wie negative) die gesellschaftliche Evolution vorantreiben, dann könnte einigermaßen klar werden, wo Trennungslinien verlaufen und wo Ansatzpunkte zum Handeln und Verändern zu suchen sind.

An dieser Stelle bietet sich an zu fragen, was eigentlich die Moderne auszeichnet. Wie unterscheidet sie sich von der Tradition?

Der Begriff "modern" verweist auf Gegenwärtiges, auf das "Neue" im Gegenwärtigen, auf das Aktuelle in Unterscheidung und Absetzung vom vergangenen Gestern. Die Moderne wird i.d.R. mit der Tradition, der Vergangenheit kontrastiert (Lepsius 1990: 212), um gerade die Spezifika der "Moderne" aufzeigen zu können. Der sozialwissenschaftlich gebrauchte Modernitätsbegriff bezeichnet aber nicht nur das aktuell Gegenwärtige als modern, welches ja sofort wieder vergeht – da es ständig von Veränderung betroffen und von ständig sich ablösenden Gegenwarten geprägt ist. Das Moderne im Jetzt ist im nachfolgenden Jetzt das, was wir als Vergangenheit, was wir unter Umständen auch als Tradition bezeichnen können. Gibt es überhaupt die Tradition oder die Moderne?

Vier allgemeine Dimensionen (Schäfers 1990: 282) scheinen das Bild moderner Gesellschaften oder – so ist zu fragen – der gesamten modernen Weltgesellschaft zu bestimmen:

(1) Die Entwicklung der Wirtschaft, wobei auf die Industrialisierung und auf das wachsende Pro-Kopf-Einkommen aufmerksam gemacht wird. So hat ge-

rade Afrika im Wachstum des Pro-Kopf-Einkommens in den letzten Jahren einen größeren Sprung gemacht als die reichen Nationen in den letzten 80 Jahren (prozentual). Ich weiß sehr wohl, dass mit diesen Vergleichszahlen nur Durchschnittswerte aufgeführt werden und dass die Ausgangsbasis jeweils eine andere ist. Die gravierenden Unterschiede liegen jedoch, und dies ist mir wichtig festzustellen, nicht zwischen Kontinenten oder Nationen, sondern vielmehr in den jeweiligen Regionen selbst (z.B. die durchschnittliche Lebenserwartung von Personen: Schwarzafrikaner werden im Durchschnitt älter als Personen schwarzer Hautfarbe in einigen Gettos amerikanischer Großstädte).

(2)   Die politische Entwicklung ging mit der Herausbildung von Staaten bzw. Nationen einher. Mittlerweile zeichnet sich eine Entwicklung ab, die Politik auf Weltebene stattfindend sieht. Politisch Entscheidbares (das heißt kollektiv Verbindliches) lässt sich kaum noch national herstellen. Die internationalen Verflechtungen auf fast allen Ebenen (Standards in Recht und Technik, militärische oder politische Sanktionen, Umweltschutzmaßnahmen usw.) nehmen zu statt ab. Die staatlich und international eingerichteten Institutionen und Organisationen hinken den vielen Entwicklungen mit der eigenen Veränderung jedoch massiv hinterher. Das Phänomen Weltpolitik und das Fehlen angemessener politischer Instanzen berührt uns alle, wenn auch mit durchaus unterschiedlichen Effekten.

(3)   Das Aufbrechen traditioneller Wert- und Sozialbindungen führt zu einem Aufbrechen der Sozialstruktur. Die soziale Platzierung wird zunehmend durch Leistungskriterien (natürlich sozial konstruiert und durch Beziehungsarbeit unterlegt) und weniger durch Geburt bestimmt. Die Inklusionsmodi der Gesellschaft, was Individuen, Gruppen oder sogar einzelne Regionen betrifft, verändern sich auf gravierende Weise. Integrationskonzepte und Konfliktbearbeitungsszenarien müssen umgeschrieben werden.

(4)   Der Prozess der kulturellen Entwicklung verweist besonders auf die Rationalisierungstendenzen sowie auf die Säkularisierung der Lebenswelten. Habermas würde von der Kolonialisierung der Lebenswelt(en) durch die Eigendynamik der funktionalen Subsysteme Politik und Wirtschaft (evtl. auch heute Technik mit einbeziehend) reden. Auch die Bedeutung der modernen Kommunikation in Organisationen müsste an dieser Stelle erwähnt werden. Die Weltgesellschaft stellt ihre Strukturen um, wobei die Frage sich stellt, was trennt und was verbindet uns Menschen und was die sozialen Gebilde in unserer Welt, in der wir gerade leben?

Ich hoffe, du hast eine gute Zeit. – Jens

Tradition und Moderne – Anmerkungen zu einem Projekt für die Zukunft   13. Oktober 1998

Lieber Jens,

ich will versuchen, den von dir begonnenen Ausführungen über Tradition und Moderne sowie die Merkmale einer modernen Gesellschaft ein paar eigene Gedanken anzuschließen. Zunächst will ich dazu "freihändig" Überlegungen zu meinem Verständnis von Moderne und Tradition anstellen, die uns, das ist meine Überzeugung, eine weitere Differenzierung der Diskussion schenken wird.

Für mich stellt Moderne eine Beschreibung gesellschaftlicher Struktur und Verfasstheit dar. Eine moderne Gesellschaft hat eine Reihe von Institutionen ausgebildet und verfährt in der Handhabung gesellschaftlicher Routinen ebenso wie bei der Lösung nicht ausbleibender Krisen nach Prinzipien, die sie im Vergleich zu anderen gesellschaftlichen Formen als modern ausweisen. Die Trennung von Staat und Kirche, die Anerkennung der Menschenrechte, die Ausbildung von quasi-autonomen Subsystemen einerseits ebenso wie konsensual-repräsentativ organisierte Mechanismen der Entscheidungsfindung fallen mir hier ein.

Vielleicht ist diese Liste nicht exklusiv, womöglich auch nicht glücklich in der Wahl ihrer Beispiele. Und doch kann man aus dieser Annäherung lernen, dass es um Strukturelemente geht, wenn wir auf Moderne abheben. Dem gegenüber scheint mir der Begriff der Tradition sehr viel mehr mit einem zeitlichen bzw. prozessualen Aspekt von Gesellschaft zusammenzuhängen. Dies wird einerseits durch die Referenzierung als vergangener bzw. in der Vergangenheit markierbar einsetzender Praxis deutlich. Eine Tradition ist m. E. in größerem Maße Bezeichnung einer gesellschaftlichen Praxis als Kennzeichnung ihrer Strukturmerkmale. Dem Aufbau der Moderne steht das Geschehen der Tradition gegenüber. Damit rückt die von mir anvisierte Differenzierung in den Blick.

Während die Identifikation von Institutionen und der Bau von Strukturen zur Referenz Moderne weitgehend abstrahieren kann, scheinen mir in der Tradition doch stets der oder die Handelnden mit angesprochen zu sein. In Tradition war Inklusion möglich, sonst könnten wir als solche weder wahrnehmen noch zustimmungsfähig markieren. Die Moderne kann der vorher Inkludierten entleert werden - ein interessanter Gedanke. Bei meiner Lektüre (Baier 1995: 47) fand ich einige Gedanken von Baudrillard: „Amerika ist die Originalausgabe der Moderne, wir sind die Zweitfassung oder die mit Untertiteln. Amerika treibt die Frage nach dem Ursprung aus, es beansprucht nicht Originalität oder mythische Authentizität, es hat keine Vergangenheit und keine Gründerwahrheit."

Nun zu deinen vier Merkmalen und einigen Kommentaren, die den Bezug zu asiatischer Philosophie wieder knüpfen wollen:

(1) Ich bin mir sicher, ohne dass ich Zahlenquellen nennen könnte, dass die Schere des frei verfügbaren Einkommens zwischen den Industrieländern und Afrika noch aufgeht, d.h., selbst wenn in Afrika das Einkommen steigt, so steigt nicht der Wohlstand. Das liegt unter anderem daran, dass Importe inländische Produktion verdrängen. Das ist die konkrete Form von Markteintrittsstrategien in Emerging Markets.

Der andere Aspekt, der der Sterblichkeit, scheint mir hingegen aussagekräftiger zu sein: Inklusion sagt etwas über Chancen aus. Ausgeschlossen zu sein heißt, nicht nur unmittelbaren Verlust von Chancen zu erleiden, sondern von ganzen Entwicklungspfaden abgeschnitten zu werden.

(2) Wieso kann man nicht die Dynamik der Wirtschaft nutzen, um über Rahmenbedingungen des Wirtschaftens zu einer Weltinnenpolitik in Abwesenheit von weltpolitischen Institutionen zu kommen? Ich denke, dass die Stimmen zur Regelung, nicht misszuverstehen als Reglementierung, stärker werden, selbst unter Marktgläubigen.

(3) Wesentliches Merkmal der Inklusion scheint mir nach wie vor die Teilhabe an Arbeit, Vermögen und sozialer Arbeit ohne Bezahlung zu sein. Wenn ich die in der Diskussion stehenden Konzepte zur Bürgerarbeit etc. richtig verstehe, geht es schlicht um eine Umbewertung und systematische Nutzung von Potenzialen sozialer Kohäsion fern von Erwerbsarbeit. Dies wirft Risiken auf; andererseits machen uns die Gründerunternehmer der Medienwelt auch vor, welches Potenzial im Risiko steckt - nicht nur in materieller Hinsicht, sondern auch in Bezug auf Inklusion in zukunftsgerichtete Arbeitswelten.

(4) Habermas mahnt aber andererseits im letzten Interview mit der "Zeit" auch erneut eine Weltinnenpolitik an, die Institutionen ausbilden soll. Hier wird erneut der Beitrag asiatischer Philosophie als einer abwartend schauenden Haltung zur Welt nutzbar. Es könnte auf ihrer Basis interkultureller Dialog möglich werden, der die Gemeinsamkeiten der Menschheit als in einem Boot sitzend begreifen lässt. Moderne in diesem Sinne wird wieder ein politisches Projekt, in dem die Gesellschaften aufgefordert sind, sich Spielregeln des Wirtschaftens und des Zusammenlebens zu geben, um nicht schon sehr kurzfristig ihren "Artbestand" zu gefährden. Dies ist kein postmodernes Projekt; vielmehr scheint mir eine humanistische Ethik wieder zu erstehen, die Beschränkung fordert und nicht nur an Machbarkeiten interessiert ist.

So viel für heute. Ich grüße dich herzlich – Frank

Weltgesellschaft, Gemeinschaft und Kultur   20. Oktober 1998

Lieber Frank,

im Moment scheint es mir angebracht zu fragen, wie es mit der Sprach- und Anschlussfähigkeit kultureller Entwürfe (also auch asiatischer Philosophien) bestellt ist. Ich finde keine befriedigende Antwort. Es ist eher eine Suche, die begonnen hat, mit der Folge, dass ich beginne, ausweichend zu antworten.

Folgende Fragen möchte ich stellen bzw. bearbeiten:

• Wie viel Gemeinsamkeit ist in unserer Welt möglich?

• Welche Unterschiede prägen unsere moderne Gesellschaft?

• Was können Beschreibungen heutzutage zum Verständnis sozialer Prozesse leisten?

Sind die von Huntington oder von anderen ins Gespräch gebrachten Kulturen (europäische, asiatische, arabische) in sich geschlossene Einheiten? Oder sind es eher kommunikative Ergebnisse eingenommener Perspektiven, die vorgeben, alles zu sehen, aber halt jeweils nur aus der eigenen Perspektive? Können unterschiedliche Brillen das Gleiche sehen? Welche Transfermöglichkeiten gibt es? Ich stelle mir mindestens zwei (bedeutsame) Vermittlungsanforderungen vor:

(1) Die Vermittlung laufender Kommunikationen zwischen Akteuren, die an Kommunikation unterschiedlichst partizipieren. Die Unterschiedlichkeit wird nicht von den Menschen direkt, sondern von den Verhältnissen sozialer Systeme geregelt. Partizipation meint nicht nur einfach Teilhabemodi, vielmehr ist hier das Problem zwischen den Anforderungen funktionierender sozialer Kommunikation und den Leistungen angesprochen, die von Personen oder Gruppen von Menschen zu erbringen sind, wollen sie an Kommunikation teilhaben. Eine entscheidende Frage wird sein, wie die laufenden Prozesse, die Differenzen, Ungleichzeitigkeiten und Ungleichheiten produzieren, zugleich dazu gebracht werden können, Austausch, Gemeinsamkeit und Verständigung über die produzierten Differenzen hinweg herzustellen.

Ein Beispiel: Die Weltgesellschaft wirft viele kulturelle Verhaltensmuster aus. Alle Antworten haben ihre Berechtigung oder berufen sich mindestens darauf (Anspruch auf Autonomie, Selbstbestimmung usw.). Selbst in der Artikulation und in der Ausarbeitung der Ansprüche, die universelle Geltung haben, dürfte kaum Konsens herzustellen sein. Die Menschenrechtsverletzungen, die der Westen aufgrund einiger Vorkommnisse in asiatischen oder islamischen Staaten (die jeweils gemeinsame kulturelle Wurzeln haben) beklagt, werden dort als arrogante Einmischung ohne Geltungsgrundlage abgelehnt. Selbstverständnisse des Westens treffen auf Selbstverständnisse des Ostens. Ein fast unlösbares Problem: Wer gibt nach? Wer hat Recht? Was sind die richtigen Fragen, was sind die richtigen Antworten? Entscheiden das die jeweiligen Kriterien, die je nach kulturellem Gebrauch variieren?

Im Entstehen ist jedenfalls eine Gemengelage von Diskursen, die u.a. dieses Problem bearbeiten, es letztlich aber nicht lösen bzw. sogar verschärfen könnten: Politische Fragen werden unter wirtschaftspolitische Prämissen gestellt, um doch politisch beantwortet zu werden. Gilt es wirtschaftliche Belange im Eigeninteresse zu berücksichtigen, bedient man maximal rhetorisch das Thema Menschenrechte. Staatsunabhängige Bewegungen (Amnesty) stellen scheinbar kulturunabhängige (d.h. auf alle Länder anwendbar) Kriterien auf. Die Kriterien legen u.a. fest, was als eine Menschenrechtsverletzung anzusehen ist, egal, wo sie begangen und öffentlich gemacht wird. Gesellschaftliche Akteure beobachten (beschreiben, sammeln und klagen an) staatliche oder substaatliche Aktivitäten hin auf Verletzungen dieser als universell gesetzten Kriterien. Institutionen des weltpolitischen Systems verfahren ähnlich, wenn auch unter anderen Bedingungen.

Zwei Differenzen der Moderne scheinen über alle kulturellen und sonstigen Unterschiede hinweg für alle gleichermaßen problematisch: Einmal die Trennung der Gesellschaft in unterschiedliche Funktionssysteme der Gesellschaft. Die entstandenen Perspektiven der Funktionssysteme haben die Eigenschaft, alles, was es gibt, nur durch die eigene Brille aufnehmen und bearbeiten zu können. Akteure der Wirtschaft betrachten zum Beispiel alles durch die Brille von Preisen und Kosten vor dem Hintergrund eigener oder fremder Zahlungsfähigkeit oder Zahlungsunfähigkeit. Sie fragen danach, was etwas kostet und ob es Sinn macht zu zahlen.

Der Vorwurf, der immer lauter zu werden droht, die Wirtschaft reduziere den Menschen auf einen Kostenfaktor, ist ein berechtigter, doch nur insoweit, als die Wirtschaft (an Wirtschaft orientiertes Verhalten) zurzeit gar nicht anders funktionieren kann, als Dinge, Phänomene nach wirtschaftsimmanenten Kriterien zu beobachten. Die im Sozialismus alternativ gepflegte Lösung, Wirtschaft politisch zu substituieren, hat sich leider als nicht gerade vorteilhaft herausgestellt. Das heißt aber nicht, dass man nicht mehr über Lösungen nachdenken darf. Eine Frage dürfte sein, wie die Leistungsfähigkeit der Wirtschaft beibehalten und evtl. verbessert werden kann und wie man gleichzeitig die Effekte, die aber kein Nebenprodukt der Wirtschaft, sondern deren Voraussetzung (Externalisierung wirtschaftsfremder Sachverhalte) sind, halbwegs in den Griff bekommt. Die Vorschläge von Beck und Giddens halte ich für durchaus noble Versuche (wir müssen sie bei Gelegenheit diskutieren).

Aber ob Zivilisierung von unten, also anerkannte Basisarbeit (bezahlte) der richtige Weg ist, ist zu bezweifeln. Eine andere Frage dürfte die sein, was man tun kann, um die unerwünschten Effekte der funktionalen Differenzierung so zu bearbeiten, dass deren Funktionsvoraussetzungen nicht beeinträchtigt werden. Die vielen Segnungen der modernen Gesellschaft führen ebenso viele negative Effekte mit, wobei m. E. einige uns in der nächsten Zeit enorme Kopfschmerzen bereiten werden. Ein nicht zu übersehendes problemerzeugendes Muster ist in der Diskrepanz zwischen mittlerweile hoch komplexen, dynamischen und zum Teil paradoxen sozialen Zuständen und den immer geringer werdenden Möglichkeiten, mit angemessenen Beobachtungen, Beschreibungen und Analysen zu reagieren, zu sehen. Ein in der modernen Unternehmung mehr als geläufiger Sachverhalt. Vom Management wird nicht gefordert, sorgfältigst geprüfte und absolut abgesicherte Entscheidungen zu treffen. Geschwindigkeit im Entscheiden ist gefragt. Lieber einige falsche und ggf. im Nachhinein korrigierte Entscheidungen, als eine zu spät getroffene. Wirtschaftsunternehmen kompensieren den Mangel, sich genügend Zeit für die ausreichende Abwägung richtigen Vorgehens zu nehmen, dadurch, dass sie auf Beratung zurückgreifen. Vor allem einige Beratungsunternehmen sind mittlerweile in der vorteilhaften Lage, auf schnellstem Wege enorme strukturelle und informationelle Komplexität aufzubauen und in Entscheidungsprozesse von Unternehmen einzuspielen.

Die Gesellschaft als das umfassendste Sozialsystem, kann leider nicht wie eine Wirtschaftsorganisation funktionieren, um auf das Auseinanderlaufen von gesellschaftlich aufgebauter Megakomplexität und einer zunehmend simpler werdenden Selbstbeschreibungs- und Diagnosekapazität, vor allem was das zeitliche, sachliche und soziale Zulassen von Reflexion in Entscheidungen angeht, angemessen reagieren zu können. Auf diese Diskrepanz gibt die Gesellschaft bisher nur sporadische Antworten. An dieser Stelle könnte u.a. geprüft werden, ob Ethik oder Religion greifen könnten.

Wenn die moderne Gesellschaft (und auch die in der Moderne gepflegten traditionellen Bestände) Differenzen auswirft, wenn diese Differenzen auf unterschiedliche Weise Individuen, Kulturen, Länder, aber auch Sichtweisen, Perspektiven, Weltbilder bzw. Beschreibungen inkludiert, d.h. auch exkludiert, gibt es dann Mechanismen oder soziale Errungenschaften, die an diesem Punkt helfend ansetzen? Könnte man Religion (oder eine reflexive Ethik) als einen exklusionsfreien Bereich begreifen, der die Inklusionschancen der Exkludierten erhöht? Gibt es Möglichkeiten, Beschränkung, langfristig angelegte Kalküle des Verhaltens zu etablieren? Muss man nicht vor dem Hintergrund unserer Erfahrungen gerade eine humanistische Ethik danach untersuchen, ob diese überhaupt für Probleme der Gegenwart als Lösung in Frage kommt?

Die zweite immer problematischer werdende Differenz der Moderne ist die Differenz von Gesellschaft und Organisation. Die Teilhabe an gesellschaftlich relevanter Kommunikation geht fast nur noch über Organisation. Organisationen sind die modernen Repräsentanten sozialer Ordnung. Was früher Fürsten, Könige, Eroberer waren, sind heute bürokratisch verfasste Organisationen. Auch diese werfen natürlich Personen aus, so als ob nur diese entscheiden und handeln könnten. Bei näherer Betrachtung ist gar nicht mehr so klar, wer warum entschieden hat und was entschieden worden ist. Es sind einfach zu viele beteiligt. Man muss vereinfachen. Vereinfacht wird die Gesellschaft schon allein durch die Existenz von Organisation. Man bündelt, wählt aus, man trennt nach selbst gesetzten Kriterien, was wichtig und was unwichtig ist. Gesellschaft wird auf die Sicht der Organisation reduziert. In der Organisation läuft es ähnlich. Wenn man ständig alle um ihre Meinung fragt, würde wohl nie entschieden werden. Also baut man Verfahren und Mechanismen ein (Hierarchie, Expertise, Erfahrung), die Entscheidungen möglich machen.

Wenn es um Probleme kultureller Unterschiede und Konflikte geht, geht es immer auch um die Handhabung der funktionalen Differenzierung der modernen Gesellschaft und um die Differenzierung von Gesellschaft und Organisation. Die Gesellschaft stellt den Rahmen, in dem kommuniziert wird. Akzeptiert man diese beiden sozialen Strukturmuster moderner Gesellschaft (gleichzeitig Lösung und Problem), muss man sich zuerst den Funktionsvoraussetzungen stellen (Wie funktioniert Gesellschaft? Wie soziale Ordnung? Was ist nötig? usw.).

Im zweiten Schritt ist zu fragen, wo Änderungen angezeigt sind und welche Vorschläge und Alternativen weiterhelfen können. Der von Habermas zitierte Aufbau einer institutionengestützten (Welt-)Innenpolitik ist mehr als trivial. Was heißt das? Was gibt es schon? Haben wir nicht längst eine Weltinnenpolitik? Aber: Sind wir mit dem, was und wie diese Innenpolitik produziert, zufrieden? Warum werden Resultate produziert, die nach einer (Neu-)Formierung der Weltpolitik verlangen?

An dieser Stelle ist zu hinterfragen, welche kulturellen Prämissen eigentlich in die Institutionen der Weltpolitik oder in die der internationalen Beziehungen eingeflossen sind? Hat man diese Frage schon einmal gestellt? Wenn, so meine These, diese Institutionen ein westlich dominiertes kulturelles Arrangement darstellen, kann es dann eigentlich leisten, was es leisten soll? Bisher, so scheint es, ging es fast immer um die Festlegungen von Standards, von Gemeinsamkeiten, an die sich alle zu halten haben (z.B. Menschenrechtscharta). Wenn ich von Rechten rede, die immer nur die anderen einzuräumen haben, wie steht es mit den Menschenpflichten? Wie steht es mit der Anerkennung von Unterschieden? Welchen Stellenwert haben die? Führt nicht erst unsere Sehnsucht nach Gemeinsamkeit, nach Konsens zu unüberwindlichen Differenzen, zu Konflikten?

(2) Das zweite große Vermittlungsproblem produzieren die Möglichkeiten normativer (Philosophie, Religion, Ethik, Wertempfehlungen) und analyti-

scher (Wissenschaft) Betrachtung von Welt. Wie vermittelt laufende Kommunikationen mit anders lautenden normativ oder analytisch gewonnenen Betrachtungsweisen?

Jede Kommunikation wirft, ob gewollt oder nicht, neben den angesprochenen, den sichtbaren Inhalten und den angesprochenen Adressaten immer auch Beschreibungen aus, die mitteilen, wie die Kommunikation fortgesetzt werden kann. Sie informiert auf doppelte Weise: über den Inhalt der Kommunikation und über sich selbst, den Status der Kommunikation sowie der beteiligten Kommunikationspartner. Aussagen werden u.a. über die Teilnehmer getroffen, wer gehört dazu und wer nicht, welche Rollen, Werte und Normen werden den Teilnehmern angesonnen, welche Themen und Beiträge können überhaupt als passend empfunden werden. Die unendliche Zahl der Möglichkeiten wird in Kommunikation reduziert, man kann nicht alles beitragen.

Soll das soziale Miteinander weitergehen, ist man genötigt, Passendes beizutragen. Und was passt, entscheidet wiederum die Kommunikation. Kommunikation beschreibt sich immer schon selbst. Sie liefert quasi nebenher Anhaltspunkte für die Teilnehmer, sich zu orientieren.

Eine gerade eingeschlagene Neuausrichtung, eine Neuinterpretation ist somit immer schon eine Zweitversion, die sich mit der Erstversion auseinander setzen muss. Die Erstversion (vielleicht ist hier Kultur zu suchen) setzt die Zeichen, die Bedeutungen und die Verwendungsweisen. Die Zweitversion kann versuchen, deren Blindstellen aufzuzeigen, kann evtl. die Erstversion zur Selbstreflexion anregen. Sie kann Nachfragen produzieren, vielleicht auch irritieren. Aber ersetzen kann sie die Erstversion nicht. Normative und auch analytische Betrachtungsweisen und Vorschläge sind gleichermaßen angehalten zu lernen, nur als Zweitversionen in der Welt vorkommen zu können. Beide Varianten müssen sich der Wirklichkeit stellen, d.h. eine Prüfungsinstanz einbauen, die es ermöglicht, die eigene Brauchbarkeit und Reichweite erspüren und erfahren zu können.

Zu viele Fragen, aber hoffentlich sind einige brauchbare dabei. Mit dieser Unsicherheit möchte ich in die nächsten Tage starten. Viele Grüße - Jens

Vom qualitativen Wachstum zum selektiven Wachstum 21. Oktober 1998

Lieber Jens,

anbei eine Statistik, die mir gestern in die Hände fiel. Du hattest Recht mit dem Aufholen (mancher) Entwicklungsländer. Aber Afrika geht es zunehmend schlechter. Auch halte ich die Prognose zum Teil für überholt.

Abbildung I: Wirtschaftliche Kennzahlen: Industrie- und Entwicklungsländer

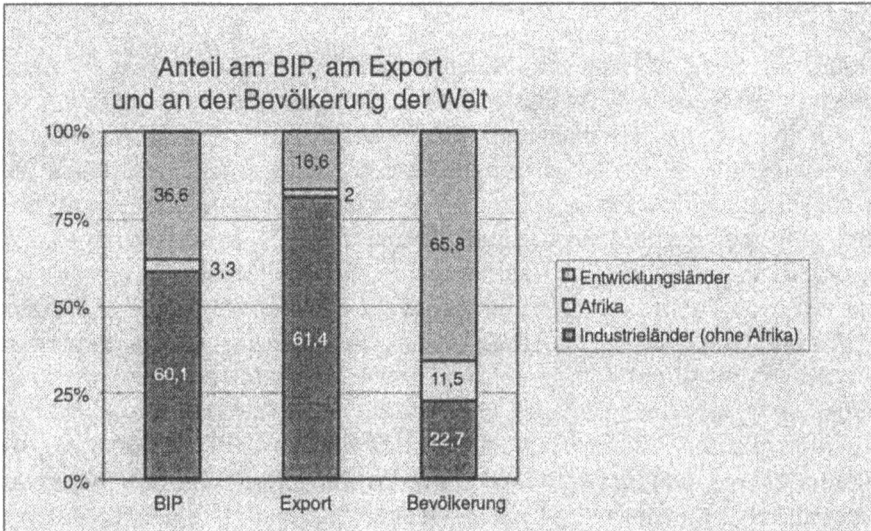

Anteil am BIP, am Export
und an der Bevölkerung der Welt

100%

75%

50%

25%

0%

BIP: 36,6 / 3,3 / 60,1
Export: 16,6 / 2 / 61,4
Bevölkerung: 65,8 / 11,5 / 22,7

□ Entwicklungsländer
□ Afrika
▣ Industrieländer (ohne Afrika)

BIP   Export   Bevölkerung

Quelle: FAZ, Dienstag, 20. Oktober 1998, Nr. 243, Seite 21

Abbildung II: Wirtschaftliche Kennzahlen: Industrie- und Entwicklungsländer

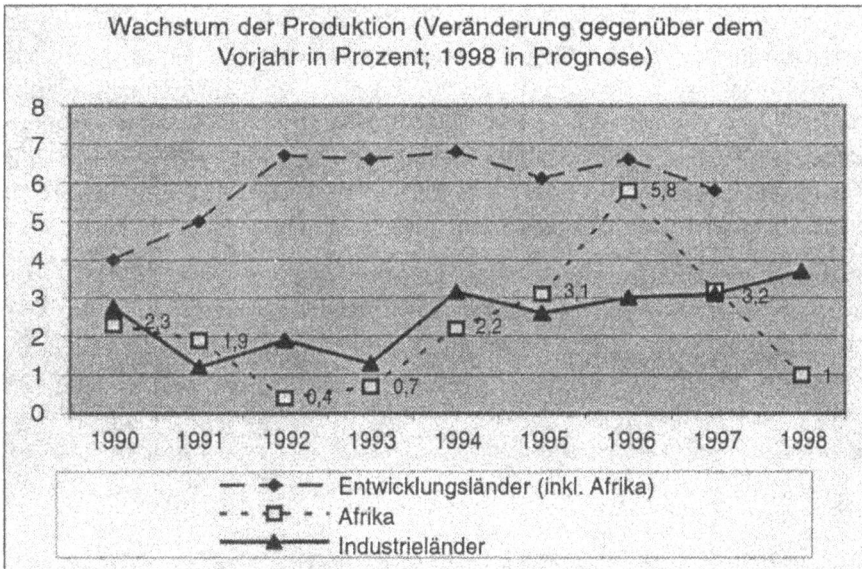

Wachstum der Produktion (Veränderung gegenüber dem
Vorjahr in Prozent; 1998 in Prognose)

8
7
6
5
4
3
2
1
0

1990 1991 1992 1993 1994 1995 1996 1997 1998

5,8
3,1
2,3
1,9
2,2
0,4
0,7
3,2
1

— ◆ — Entwicklungsländer (inkl. Afrika)
- - □ - - Afrika
——▲—— Industrieländer

Quelle: FAZ, Dienstag, 20. Oktober 1998, Nr. 243, Seite 21

Die Asienkrise und die Währungsturbulenzen sind da nicht enthalten. Eh bien
– Auf bald, Gruß – Frank

Probleme mit der Entwicklung   30. Oktober 1998

Lieber Frank,

die angemahnte neue Lage der Entwicklungsländer provoziert Fragen. Auch deshalb, weil in den meisten Statistiken die Daten sowieso retrospektiver Natur sind. Weiterhin ist festzuhalten: Es werden die Kriterien der Wohlfahrtsdatengewinnung und Volkswirtschaftsleistung der westlichen Nationen zugrunde gelegt. Wir wissen ja, dass die Verhältnisse afrikanischer Staaten (und deren Volkswirtschaften) nur bedingt mit denen Mitteleuropas oder Nordamerikas etwas gemein haben. Afrika hat gravierende Probleme, die so noch gar nicht auf den Monitoren der Aufmerksamkeit erscheinen. Kriege und Stammeskämpfe sind das eine. AIDS[18] und Schädigungen der ökologischen Umwelt – nicht nur auf dem Kontinent – sind etwas anderes. Hier lauern Katastrophen ungeahnten Ausmaßes. Offen bleibt im Moment, ob wir es hier mit Auswirkungen der Moderne zu tun haben. Frühindustrielle Effekte (u.a. Bevölkerungsexplosion) und Wirkungen der Hochmoderne (z.B. Entstehung von Megazentren) produzieren in vielen Regionen der Welt einen explosiven Schmelztiegel, der ein noch unbekanntes Gefahrenpotenzial aufbauen könnte.

Inzwischen sollte klarer geworden sein: Die Gesellschaft produziert höchst unterschiedliche Spalt- und Konfliktpotenziale (ist natürlich trivial), die jedoch, wenn man diese in ihren Grundlagen und Funktionsweisen nicht zu fassen bekommt, höchst gravierende Gefahrenpotenziale heraufbeschwören können. Vor allem, wenn man die im höchsten Maße unterschiedlich gelagerten Konflikte mit ein und denselben Instrumenten und Musterlösungen bearbeiten möchte. Die Bemühungen Huntingtons könnten als Versuch gelesen werden, uns mit der Betonung unterschiedlicher Kulturen auf diesen Punkt mit aufmerksam zu machen.

Möglicherweise ist Huntington Recht zu geben, wenn er darauf hinweist, dass Konflikte zwischen den großen kulturellen Lebenskonzepten unausweichlich sind. Nur seine vorgetragene Begründung ist anzuzweifeln, die auf die Differenzlosigkeit innerhalb der einzelnen Kulturen abhebt und nur die Konfliktlinien zwischen ihnen zu entdecken glaubt. Huntington provoziert – ohne dass er es reflektiert – vor allem die Politik wie auch die Politikwissenschaft.

---

[18] Die Krankheit AIDS, verstanden als eine Folge kultureller Handlungsmuster in Kombination mit einer modernen Seuche, die in manchen Regionen eine nicht unbeachtliche Anzahl von Kindern zu Vollwaisen macht bzw. erst noch machen wird. Neueste Zahlen machen erneut auf die heraufziehende Katastrophe aufmerksam. Der kürzlich veröffentlichte „Report zur globalen HIV/AIDS-Epidemie" des UN-Programms UNAIDS „liefert ein detailliertes Bild über die Lage Afrikas. In 16 Ländern ist mehr als ein Zehntel der Erwachsenen zwischen 15 und 49 Jahren infiziert. In sieben Ländern ist es sogar jeder fünfte." (Deutsche Apotheker Zeitung, 140. Jg, Nr. 28 vom 13.07.2000)

Zu einfach wird die vorgetragene politische Akteurssemantik dann, wenn sie den Erfolg fundamentalistischer Bewegungen auf das Geschick charismatischer Führer zurechnet (Strasser; Die Zeit 12.12.97, mit Bezug auf das Buch von Thomas Meyer), wenn sie den Erfolg auf den Missbrauch religiöser oder anderer Grundlagen für Machtzwecke in Kombination mit populistischer Propaganda zuschreibt. Konflikte und Gefahrenherde werden so und mit dem Ausblick heruntergerechnet, man müsse nur nach Institutionen und geeigneten politischen Wegen suchen und man werde damit ein friedliches Miteinander schon hinbekommen. Die Legitimität dieser (politikwissenschaftlichen) Überlegungen ist unbestritten. Doch allein mit normativen Postulaten ist es nicht getan, wenn man nicht vorher in Erfahrung bringt, mit welchen Verhältnissen gegenwärtig und zukünftig zu rechnen ist. Die Zukunft kann niemand kennen. Zumindest muss und kann man versuchen, die Gegenwart angemessen zu analysieren. Der Trend zu politischen Radikalismen und fundamentalistischen Bewegungen ist nicht zu übersehen. Auch wenn es mit dem Kosovo und dem Palästina-Israel-Konflikt möglicherweise "gut" ausgehen mag.

Hilfreich könnte an dieser Stelle eine Unterscheidung sein, die ich bei Niklas Luhmann (dem Soziologen, dem immer wieder Wirklichkeitsferne und Über-den-Wolken-Schweben vorgeworfen wird) gefunden habe: den Unterschied zwischen trivialen und nichttrivialen Konflikten[19]. Triviale Konflikte sind vor allem Interessenkonflikte. Man streitet um Zahlungsaufschübe und Schulden, über rechtliche Anerkennung und Standards, über Wohlfahrtsverteilung oder Stimmenanteile bei Abstimmungen. Interessenkonflikte sind triviale Konflikte, also prinzipiell auf irgendeinem Weg aushandelbar: etwa über Geldzahlungen, Machtandrohung oder Ähnlichem. Dagegen scheinen nichttriviale Konflikte ganz anderer Natur zu sein. Darunter fallen „ethnische Konflikte, religiöse Konflikte, Identitätskonflikte, Konflikte über nicht verhandlungsfähige Werte, Normen, Überzeugungen" (Luhmann 1998). Gerade für politisches Handeln wäre es höchst fatal, würde man nichttriviale Konflikte mit Interessenkonflikten verwechseln. Nötig erscheinen gänzlich andere politische Strategien, die zur Kenntnis nehmen müssen, dass zukünftig verstärkt Konflikte wie bürgerkriegsähnliche Zustände ohne klare Feindabgrenzungen und Täter-Opfer-Zuweisungen auf uns zukommen werden.

Luhmann betont einen weiteren probleminduzierenden Umstand, dass die politische Elite auf nationaler, wie auf Weltpolitikebene zunehmend an Glaubwürdigkeit einbüßt, weil sie unerfüllbare Erwartungen aufbaut (Ähnliches findet sich hinsichtlich der Diskussion über den Arbeitsmarkt und den

---

[19] Weiter oben haben wir über Konflikte erster und zweiter Ordnung gesprochen, was letztlich nur eine andere Bezeichnung für den Unterschied von trivialen und nichttrivialen Konflikten ist.

Wohlfahrtsstaat), die letztlich, und zumindest das kann man sehen, nicht erfüllbar sind. Man beschäftigt sich stattdessen mit den Alkoholproblemen Jelzins oder den sexuellen Phantasien prominenter Staatsanwälte in Nordamerika. Luhmann (1998: 372) spricht von einer "Situation der überdrehten Arbeit an der Lösung unlösbarer Probleme", die für die moderne Gesellschaft und damit für uns alle zum eigentlichen Problem werden könnte.

Für politisch bedeutsame Instanzen (erst einmal unwichtig, auf welcher Ebene sie anzusiedeln sind) kommt es primär darauf an, das Wort Verantwortung für regionale Ordnungen neu definieren und deklinieren zu lernen. Wenn wir es mit einer Konstellation der Weltgesellschaft wie der Weltpolitik zu tun haben, die kein Zentrum mehr hat, so müssen wir uns Gedanken darüber machen, was wir in (mit) einer polyzentrischen Gesellschaft anfangen können. Ein Führer, ein Großfürst oder eine Megainstitution versprechen nur wenig Hilfe. Was wir brauchen, ist die bessere Nutzung bereits bestehender und sich noch entwickelnder Kommunikationen zwischen Kulturen, Staaten, Organisationen und Professionen im Sinne einer weltweiten Vernetzung. Flankiert werden könnten diese heterarchischen Vernetzungsbemühungen durch die Institutionalisierung eines Weltstaates, was jedoch für das Prinzip Demokratie nicht ohne Konsequenzen wäre (Luhmann 1998: 376). Denn 1,3 Mrd. Chinesen wären kaum zu überstimmen; von Amerika und Europa schon gar nicht.

Wofür ich vor allem plädiere, ist die Beschränkung der Politik auf das, was sie auch zu leisten imstande ist. Sie ist in der Gesellschaft nicht mehr die Leitinstanz, sie ist nur ein Subsystem neben vielen anderen. Sie wäre hoffnungslos überfordert, würde sie den Versuch unternehmen, all die Probleme und Konflikte bearbeiten zu wollen, die in und zwischen den anderen Subsystemen der Weltgesellschaft entstehen. Die Folgen wären (sind es eigentlich schon) u.a.: Expansion der spezifischen und individuellen Ansprüche, Radikalisierungsbemühungen, die Aufmerksamkeit herstellen sollen, Verlust der Übersicht über die Frage Relevanz/Irrelevanz von Problemen und Zuständen. Sei lieb gegrüßt - Jens

Gemeinschaftsinteressen und Interessengemeinschaft   28. Oktober 1998

Lieber Jens,

die Frage nach dem Wie und dem Wie viel von Gemeinsamkeit in der Welt stellt sich ein Ökonom "natürlich" als Befriedigung von Interessen vor. Allerdings ist da noch zu unterscheiden zwischen gemeinsamer Befriedigung individueller Interessen und Befriedigung gemeinsamer Interessen. Vielleicht darf ich kurz auf meine Beratertätigkeit eingehen, um mich zu erklären: Im Zuge eines Projektes hantieren wir oft mit der Selektion gerade noch gemeinsam zu erfüllender partieller Wünsche. Die stecken den Ausgangsrahmen des

Projektes ab und werden dann daraufhin überprüft, wie sie ein größeres Ganzes befördern. Selten ist der Entwurf des großen Neuen der Startpunkt. Der große Wurf wird häufig als "radikal" bezeichnet; so macht man sich ans Handwerkliche zuerst. Im Projekt werden "quick wins" definiert. Die Frage ist: Welche Maßnahmen versprechen einen schnellen und sichtbaren ersten Erfolg. Das motiviert und mobilisiert. In Bezug auf die Völkergemeinschaft scheint das Prinzip des "quick wins" durchaus tauglich (Krisenbeendigung, Hunger bekämpfen etc.), um vom lokalen Gemeinsamen ausgehend ein großes Ganzes zu erkennen. Ich hoffe – Gruß aus Rom – Frank

Weltentwürfe und Kultur   01. November 1998

Lieber Frank,

die Zeit großer Entwürfe mit dem Ziel, soziale Gebilde radikal oder revolutionär umzugestalten, dürfte vorbei sein. Ob die Wege des "kurzen Glücks" jedoch erfolgversprechender sind, mag ich bezweifeln. In Beratungssituationen, wo die Beratung als interaktiv stattfindende Kommunikation läuft, muss der Berater natürlich recht schnell den Erwartungen des Beratenen irgendwie nachkommen. Dass der Berater etwas im Sinne des Unternehmens tut, kann er nur bedingt durch sein Tun (Analysen erstellen o.ä.) mitteilen. Man braucht schon die kommunikative Verpackung schneller Erfolge, sonst gerät das System "Beratung" an den Rand der Auflösung: Beratung als die Notwendigkeit, Erfolge zu kommunizieren, muss nicht immer auch Erfolge produzieren.

Um zu unserem Thema zurückzukehren, nochmals zu den großen Entwürfen. Ich habe behauptet, die Zeit radikal ansetzender Weltentwürfe sei vorbei. Zumindest lässt sich fragen, ob Kulturen in der Lage sind, soziale Gebilde in Größe und Zeit erfolgreich zu prägen. Dominiert der Faktor Kultur immer noch den Aufbau und die Entwicklung von sozialen Orientierungen (Gruppen, Unternehmen, Bewegungen, Nationen, Regionen) in Raum und Zeit? Ist Kultur in diesem Sinne grenzenlos? Kann Kultur folglich andere Grenzziehungen einflussreich überschreiten, um gleichzeitig neue Grenzen zu ziehen? Gibt es möglicherweise zur dominanten funktionalen Strukturierung der Weltgesellschaft querliegende Grenzen? Welche Rolle nehmen "Großkulturen" in diesem Zusammenhang ein? Jens

Triviale und nicht triviale Konflikte   03. November 1998

Lieber Jens,

unsere Diskussion in Briefform gewinnt an Prägnanz und so will ich an einigen Fragen eines vorangegangenen Briefes ansetzen. Die Unterscheidung von trivialen und nicht trivialen Konflikten erscheint mir sehr mächtig. Beim Blick auf die Lösung trivialer Probleme, ich greife als Ökonom nur zu gern dein Beispiel der Geldzahlung auf, fällt auf, dass immer kompliziertere Lösungen entwickelt werden, die um Allokation von Ressourcen, also vor allem Zeit und Aufmerksamkeit, konkurrieren. Konnte ich früher eine Geldzahlung nur in Form von Bargeld oder Wechseln regeln, stehen heute Schecks, Kreditkarten, Online-Überweisungen und andere Formen zur Auswahl. Das Problem Geldzahlung hat sich nicht verändert – aber wir handhaben es immer differenzierter. Mit anderen Worten: Wir konzentrieren einen Teil unserer Kreativität auf die immer differenziertere Lösung trivialer Probleme. Die meisten ökonomischen Probleme scheinen mir unter die Kategorie trivial subsumierbar, selbst wenn sie als Einzelfragen, insbesondere für Laien, kompliziert sind. Anders, und auch in diesem Punkt gebe ich dir völlig Recht, ist es mit nicht trivialen Problemen. Auch hier erscheint mir die Liste der Beispiele Luhmanns (ethnische Konflikte, Identität, Werte und Normen) sehr erhellend. Als psychologistisch begreifendem Menschen stellen sich mir diese Probleme als Konflikte zwischen unterschiedlichen Weltsichten dar. Identität, insbesondere soziale Identitäten, Werte und Normen erfahren in jedweder Interaktion individuelle Brechungen und können doch sozial prägend bis hin zur Dominanz sein, was dann zu kollektiven Konflikten führen kann. Offensichtlich lässt sich ein nicht triviales Problem nicht durch Routinen der technischen Perfektionierung aus der Welt schaffen. Es lässt sich überhaupt nicht "auflösen" – gerade deshalb ist es nicht trivial. Lösungen nicht trivialer Probleme sind Angebote auf Zeit. Sie lösen nicht, sondern sie führen nicht triviale Probleme einer für alle beteiligten Parteien akzeptablen oder aber gar überlegen erscheinenden Handhabung zu. Von der Lösung von Problemen findet ein Übergang zur Behandlung von Konfliktpotenzialen und sozialen Brüchen statt.

Welche Mechanismen stehen uns aber zur Handhabung solcher Brüche zur Verfügung? Im Gegensatz zu deiner Beschreibung von Politik als "nur ein Subsystem unter vielen" bin ich der Meinung, dass Politik eben doch als zentrale Aufgabe die Setzung gesellschaftlicher Rahmenbedingungen zur Aufgabe hat, was ihr prinzipiell die Möglichkeit der Gestaltung eröffnet, auch über ihre unmittelbaren Grenzen hinaus. Denkt man dieses Potenzial der Politik der Gestaltung auf der zwischenstaatlichen Ebene weiter, so wird die Haltung einer offenen, an anderen Kulturen interessierten Gesellschaft Raum machen für einen Dialog zwischen Gesellschaften oder auch zwischen Subsystemen. Mir scheint, dass nur ein solcher Dialog zur Handhabung nicht trivialer Probleme führen kann. Grundlage eines solchen Dialoges ist die Akzeptanz aller Ausgangspositionen. Mit dieser eingangs nicht analytisch bewertenden, sondern phänomenlogisch herantretenden Haltung kommt asiatische Philosophie wieder ins Spiel. Institutionen im klassischen Sinn des Wortes werden von

Menschen entworfen, geformt und gelebt. Philosophie ist ein Weg, auf dem Menschen zu grundlegenden Überzeugungen und Werten gelangen. Mit mehr gelassenen Menschen an den Schalthebeln weltumspannender Institutionen wäre eine Handhabung nicht trivialer Probleme wahrscheinlicher, wenn auch nicht gleich sicherer. Nur eines ist der Menschheit also zu wünschen: Einsicht in die stets nur vorläufige Lösung ihrer nicht trivialen Probleme, und die Gelassenheit, dass solche vorläufigen Lösungen nicht in einem Tag zu haben sind und nicht zu haben sein müssen. Ich grüße dich herzlich – Frank

Probleme mit Verborgenem   18. November 1998

Lieber Frank,

eine wichtige Unterscheidung ist in den Londoner Zeilen vom 03.11.98 angedeutet. Unterschiedliche Weltsichten kondensieren das, was wir mit Wertvorstellungen, Normen und Identitätsvorstellungen unterlegen. Ich greife an dieser Stelle zwar lieber auf den Begriff Weltbild zurück, denke aber, Weltsicht meint etwas Ähnliches.

Gerade an konfliktträchtigen Auseinandersetzungen lässt sich (wenn auch häufig nur im Nachhinein) zeigen, welch heterogene und – so könnte man sagen – antagonistische Bilder Konflikte unterlegen und damit folgenreich beeinflussen. Sie, die Bilder, die dem Denken, Handeln und Wissen zugrunde liegen oder – besser formuliert – es anleiten, sind an der Oberfläche häufig nicht zu entdecken. Soziologen sprechen gern von Latenz und Psychoanalytiker würden den Bereich des Unbewussten als Erklärungshilfe vorschlagen. Wenn etwas gesagt wird, wenn kommuniziert wird, wenn Beziehungen gleich welcher Art an Gestalt gewinnen, bekommt man eine Oberfläche geboten, die sichtbar und hörbar, jedenfalls aber eine, die erschließbar ist. Nebenher laufen aber Beschreibungen und Sichtweisen mit, die man als indirekte Formen bezeichnen kann, quasi unsichtbar, aber wirkungsvoll.

Hier, in den verborgenen Sphären sozialer und psychischer Aktivitäten dürften einige (die?) Gründe für Missverständnisse, Anlässe für Probleme, für Konfliktpotenziale liegen. Man verletzt, ohne es zu wissen, häufig auch, ohne es zu wollen. Nicht selten kommt es in der Kommunikation auf Gewolltes oder Nichtgewolltes überhaupt nicht mehr an. Eine Erklärung für das Entstehen sozialer Probleme wäre die, dass immer zwei ungleiche Systeme in der Interaktion oder Kommunikation vorausgesetzt sind und letztlich doch nicht zusammenkommen können. Und diese Systeme (Psychen der Menschen) sind auf besondere Weise different. Sie sind füreinander völlig intransparent. Sie sind füreinander Umwelt. Die Systemtheorie betont ja unermüdlich die System-Umwelt-Differenz, d.h. neben vielem anderen, dass Systeme nicht mit der Umwelt kommunizieren können. Die Verbindung, die letztlich doch keine ist, muss durch die Bildung eines neuen Systems der Kommunikation entstehen. Kommunikation setzt zwei getrennte Systeme als Adressaten voraus, die jeweils als Systeme in ihrer je eigenen Umwelt behandelt werden müssen. Wichtig ist: Die beiden Umwelten der an Kommunikation beteiligten Systeme sind nicht identisch. Nicht nur die Systeme unterscheiden sich, sondern auch die jeweiligen Umwelten sind unterschiedlich.

Was heißt das? Personen können nicht in andere hineinschauen. Wenn ich an dieser Stelle Personen meine, soll das nicht heißen, es bliebe auf diese beschränkt. Denn gerade in Beratungssituationen, die auf Organisationsveränderung zielen, wiederholt sich das gleiche Spiel, wenn auch unter anderen Vorzeichen. Man muss sich Hilfskonstruktionen bauen, die eine Interpretation des Unsichtbaren anhand des Sichtbaren ermöglichen. Philosophie könnte hier möglicherweise weiterhelfen. Christof Baitsch hat die Unterscheidung sichtbar/unsichtbar am Beispiel des Kompetenzbegriffes anzuwenden versucht. Woher weiß ich, welche Kompetenzen ein Mensch hat? Die menschliche Kompetenz selbst kann ich nicht sehen. Ich brauche systematisch erzeugte Zusatzinformationen bzw. Beobachtungstechniken, die Beobachtetes als (In-)Kompetenz erscheinen lassen. Ich schaue mir (mit welchen Instrumenten und Heuristiken sei jetzt dahingestellt) die Performanz, also die sichtbaren Äußerungen einer Person an und versuche, anhand des mir im Moment Zugänglichen auf die mir bedeutsamen Kompetenzen zu schließen. Ich muss vereinfachen. Ich werde dem Gegenüber so natürlich nicht gerecht, kann ich gar nicht. Und in einer Welt, die Zeit als knappes Gut ausweist, bleibt mir häufig noch nicht einmal die Möglichkeit, verschiedene Beobachtungen vorzunehmen, um ggf. in einem zweiten Schritt mit dem Gegenüber gemeinsame Erfahrungen zu machen, die mir in einem dritten Schritt, dem des Entscheidens, genügend Informationen zur Verfügung stellen.

Bleibt uns in unserer schnelllebigen und hoch komplexen Gesellschaft überhaupt Zeit und Raum, um Institutionen und Verfahren auszubilden, die die von uns angesprochenen nicht trivialen Konflikte zumindest bearbeitbar und evtl. sogar handelbar machen können?

Man müsste ja, wenn man nicht nur Oberflächenphänomene und –konflikte bearbeiten möchte, in die Tiefenstrukturen vordringen. Und gerade Versuche, das zu unternehmen, bringen neue Gefahren mit sich. Dringt man in Bereiche vor, die besser verborgen blieben, können fatale Effekte die Folge sein. Konfrontiert man Personen mit der These, sie seien einer Lebenslüge aufgesessen, provoziert man unvorhersehbare Folgewirkungen. Kommunikation unter diesen Bedingungen ist ein Hochseilakt ohne Netz, man schwankt zwischen Verstehen wollen und der Gefahr, Bereiche zu problematisieren, die die Selbstachtung oder, mit Goffman gesprochen, den Konstitutionsvorbehalt, die Konstitution des Selbst eines Menschen beschneiden würden. Die Theorie

gibt hier Handlungsanleitung! Suche nach Bereichen, die besser nicht angesprochen werden sollten. Stellen der Inkommunikabilität, so heißt das fach-
chinesische Wort dafür, werden auf riskante Weise traktiert. Ein Vorschlag
für konkretes Verhalten heißt: „Behandle deinen Gesprächspartner mit Takt."
Zerstöre nicht absichtlich oder unabsichtlich die Möglichkeiten des anderen
zur Selbstdarstellung. Damit ist nicht eine überheblich vorgetragene Schau-
spielerei gemeint. In unseren alltäglichen Beziehungen versuchen wir als
Person, ein für uns akzeptables Bild unseres Selbst zu kommunizieren. Un-
liebsames wird kaschiert. Man hebt die eigenen Stärken lieber hervor, als dass
man mit seinen Schwächen prahlt, obwohl mittlerweile auch Schwächen als
Stärken kommunikabel erscheinen. Goffman (1973: 30) nennt ein Vorgehen
Präsentationsvorbehalt, d.h. der „einzelne nimmt normalerweise an, dass ihm
eine gewisse Kontrolle darüber zusteht, in welcher Gestalt er vor anderen
erscheinen will (...) kurz, der einzelne braucht eine Art >>Identitäts-
Ausrüstung<< zur Aufrechterhaltung seiner persönlichen Fassade". Dringt
man in die Bereiche der Vorbehalte zur Selbstdarstellung ein, kann sich ein
Gefühl ausbreiten, das mit dem Verlust an persönlicher (bei Gruppen der gemeinsam akzeptierten) Sicherheit bezahlt wird. Im Normalfall(!) schützen uns
institutionalisierte Regelbündel (z.B. Takt, d.h. ich vermeide zum Beispiel
Äußerungen, die die Geltung einer Person in der Kommunikation vermindern
könnte) davor, diese Grenzen zu verletzten. Doch was passiert, wenn Kommunikation so schnell und so weitgehend sich vernetzt, dass man gar nicht
mehr die Möglichkeit hat, alle wichtigen Regeln zu lernen bzw. zur Anwendung zu bringen? Nicht umsonst finden viele Bemühungen statt, die sich mit
der Frage der interkulturellen Kommunikation auseinander setzen. Könnte
man hier von wirtschaftlichen Aktivitäten lernen und profitieren(!). Will ich
in China Produkte verkaufen, reicht es nicht aus, preisgünstige, qualitativ
hochwertige und dort hoch geschätzte Produkte anzubieten? Notwendig ist die
Kenntnisnahme der Verkaufs-, der Markt- und Wirtschaftskultur. Wirtschaftlicher Erfolg setzt Kenntnis der dort wichtigen Praktiken voraus. Politik
scheint mir an dieser Stelle vollständig überfordert. Was kann sie tun? Auf-
klären?

In dieser Sache entwickelt sich zwischen uns anscheinend ein Dissens. Eine
Meinungsverschiedenheit, die mir aber fruchtbar zu sein scheint: Du gehst
davon aus, dass Politik mehr als nur ein Subsystem neben vielen anderen sei.
Politik müsse Rahmenbedingungen für das Funktionieren der Gesellschaft
entwickeln und durchsetzen, so als stehe Politik nach wie vor außerhalb oder
gar über der Gesellschaft. Aus meiner Sicht dürfte Politik mittlerweile mit der
Rolle als Zentralinstanz der Gesellschaft hoffnungslos überfordert sein. Sie
kann Gesetze erlassen, Politikprogramme formulieren und festschreiben, kollektiv verbindliche Entscheidungen treffen. Dies alles passiert aber eben nur
im Bereich des Politischen und des der Politik nahe stehenden Rechtssystems.

Zwei Möglichkeiten eröffnen sich: Einmal könnte man einwenden, alles sei politisierbar und damit politisch relevant. Das ist sicher richtig. Aber gerade deshalb ist Politik auch schnell überfordert. Sie muss Probleme lösen, für die sie gar nichts kann, auf die sie gar nicht direkt zugreifen kann. So wird in der Debatte um das Problem der Arbeitslosigkeit immer die Forderung laut, der Staat müsse mehr tun, müsse gar Regelungen ergreifen, die die Unternehmer zwingen, Leute einzustellen. Diese nicht aus der Welt zu bekommende Forderung übersieht gleichzeitig mehrere Differenzen der Gesellschaft, u.a. die der unterschiedlichen Funktionssysteme und die von Organisation und Gesellschaft. Arbeit(-splätze) können nur Unternehmen/Unternehmer bereitstellen und nur dann, wenn andere bereit sind, für die angefallene Arbeit zu zahlen. Die Politik könnte überlegen, ob sie Unternehmer oder Arbeitssuchende alimentieren soll. Beides läuft auf Dauer auf eine Überforderung hinaus. Was heißt das?

Eine Konsequenz, die ich sehe, und jetzt komme ich zur zweiten Möglichkeit, ist die Frage, ob man die Erfordernisse und Problemlagen, die man üblicherweise von der Politik bearbeitet sehen möchte, nicht erst einmal selektiv behandeln sollte. Und zwar kann man entscheiden, welche Fragen politisch bearbeitungsfähig sind und welche anderen Verarbeitungsinstanzen zugeordnet werden können und sollen. Einen Gewinn sehe ich auf jeden Fall. Die immer deutlicher zu Tage tretenden und mit fatalen Folgen verbundenen Konsequenzen, die aus einer Überforderung der Politik abgelesen werden können, können durch Versuche, Selektionsbarrieren zu installieren, zumindest minimiert werden. Zu hohe Erwartungen bzw. Erwartungen, die bei recht genauer Kenntnis der Wirkungsmöglichkeiten anders ausfallen würden, müssten nicht fatale Enttäuschungen auf beiden Seiten (Politik und Wähler) hervorrufen. Vor allem könnte mit einer Strategie der Enttäuschungsvorsorge die überhand nehmende Enttäuschungsnachsorge verhindert werden. Politik müsste nicht ständig nach Wegen suchen, wie überschraubte Erwartungshaltungen (häufig gerade erst durch Politik hervorgerufen) einigermaßen befriedigt oder besänftigt werden können. Das Argument läuft auf die These hinaus, dass nach differenzierteren Be- und Verarbeitungsmustern zu suchen ist, die nicht nur in dem Feld der Politik ihre Heimat finden sollten und können. Fragen müssten demnach zuerst an die einzelnen Funktionszusammenhänge gestellt werden: D.h., welche Antworten und Verfahren kann die Wirtschaft selbst geben, damit wirtschaftliche Austauschprozesse nicht zu einer Zunahme von Exklusion von Menschen führt? Oder ist die Frage gar nicht von der Wirtschaft zu bearbeiten? Wenn nicht, von wem dann?

Welche Möglichkeiten hat das Rechtssystem sicherzustellen, dass Menschenrechte und –pflichten einigermaßen weltweit beachtet werden? Wie weit kann die Setzung von Recht gehen und was kann sie leisten? Welche rechtlichen Grenzen sind vom Recht selbst und neuerdings von der Politik zu setzen? Die in unzähligen Beobachtungen konstatierte Politikunfähigkeit wird nicht nur durch Effekte des Wohlfahrtsstaates hervorgerufen. Der Politik werden zunehmend durch Ergebnisse eigener früherer Entscheidungen die Hände gebunden. Nicht umsonst werden Stimmen lauter, Gesetze mit einem Verfallsdatum auszustatten.

Ein zweiter Fragenkomplex schließt das Thema um Probleme sozialer Interdependenzen oder strukturelle Kopplungen zwischen den einzelnen Subsystemen der Gesellschaft auf. Welche Einflussmöglichkeiten haben z.B. Erziehung, Wertvermittlung oder Gesetze auf wirtschaftliche Entwicklungen. Was kann die Politik beitragen, um negativ bewertete Effekte wirtschaftsbezogenen Handelns auf andere Bereiche abzufedern? An dieser Stelle treffen wir uns in einem Argument, vor allem in der Frage, welche Voraussetzungen für Dialogfähigkeit eigentlich gegeben sein müssen. Gegenseitige Akzeptanz setzt m. E. zweierlei voraus. Erstens die Kenntnis der eigenen, aber auch der fremden (!) Grundüberzeugungen, Werte und Vorstellungen, die sich zu einem Weltbild formieren.

Zweitens braucht es eine ganze Portion von Gelassenheit für ein wechselseitig kommuniziertes (nicht unbedingt auch in allen Punkten akzeptiertes) Verständnis der anderen Seite. Ein Weg könnte dadurch aufgemacht werden, nach Überschneidungen, nach ähnlichen Wurzeln in den zugrunde liegenden (kulturell verbürgten) Annahmen der jeweiligen Weltperspektiven zu suchen, ohne dabei die Differenzen aus dem Auge zu verlieren. Ein Allheilmittel ist das nicht. Aber evtl. könnte die Einsicht in die Vorläufigkeit aller Antworten, die wir auf Fragen und Probleme anwenden, zu etwas mehr Gelassenheit und Toleranz im gemeinsamen Umgang miteinander führen.

Vor allzu optimistischen Anschlüssen sei aber gewarnt. Gerade der ‚Einigungsprozess‘ der beiden deutschen Staaten zeigt, dass einmal kommunizierte Differenzen dazu führen, dass jede weitere Kommunikation, egal in welcher Absicht praktiziert, die Differenzen von Ossis und Wessis nicht mehr aus der Welt bringen kann. Man verstrickt sich häufig noch stärker in die Ausgangsunterscheidung. Auch dann, wenn man sie eigentlich kommunikativ umgehen oder gar bekämpfen möchte. Kommunikation wird zum Selbstläufer. Differenzen oder Konflikte lassen sich nicht unbedingt mit der in der therapeutischen Psychologie oder der kritischen Theorie kolportierten Parole, man müsse die Probleme nur ansprechen oder thematisieren und aus der Welt reden. Kommunikation kann, wie auch das Reden über Kommunikation, auf vertrackte Arrangements hinauslaufen. Was nötig wäre, sind deeskalierende Strategien. Im Moment fallen mir zwei Beispiele ein, die eine Suche nach Lösungsmustern für unser Problem anleiten können. Ich stelle mir also die Frage, was aus den nun folgenden Strategien der Konfliktbewältigung zu lernen ist?

Ein mittlerweile mehr und mehr zum Einsatz gelangendes Verfahren kommunikativer Konfliktbearbeitung ist das der Mediation. Diese Vorgehensweise (evtl. auch geschickte Kommunikationstechnik) wird verstärkt bei konfliktwahrscheinlich erscheinenden Entscheidungsfindungsprozessen eingesetzt, in denen es z.b. um Standortfragen von Mülldeponien, Verbrennungsanlagen oder Anstalten geht, in denen für die umliegenden Bewohner potenziell als gefährlich eingeschätzte Menschen untergebracht sind. Eine Erkenntnis, soweit ich richtig erinnere, lautet, dass ein erfolgreicher Prozess das Einverständnis auf fast allen Seiten als Start-, d.h. Verhandlungsbedingung voraussetzt (also bei politischen Repräsentanten, Bürgergruppen, Verbänden usw.). Das soll nicht heißen, man ist sich schon vorher darüber einig, wo letztlich das ungeliebte Objekt hingebaut werden soll. Nein: Man verständigt sich auf einen Prozess, der von einem neutralen Mediator moderiert wird. Diese Verständigung beinhaltet weiterhin, dass im Verfahren Kriterien ausgearbeitet werden, anhand derer das Verfahren dann bearbeitet und entschieden werden kann. Das heißt in letzter Konsequenz: Mit der Einigung über das Prozedere wird die Basis geschaffen, dass die gefundene Entscheidung (die für eine Seite immer nachteilige Konsequenzen beinhaltet) auch von allen Seiten akzeptiert und getragen wird. Eine zweite Deeskalationsstrategie wird bisher vorwiegend theoretisch diskutiert und nur in Ansätzen praktiziert. Und zwar geht es um den Funktionswandel des Staates (bzw. die Forderung danach): Der Wohlfahrtsstaat, der eine legitime Adresse für Ansprüche aller Art darstellt, hat sich nicht nur finanziell übernommen. Er ist nicht nur an Grenzen des Machbaren gestoßen. Mittlerweile setzt sich die Erkenntnis durch, dass staatliches Handeln generell verstärkt nicht mehr nur als Lösungsinstanz, sondern eher als eine (neben anderen, wenn auch als hoch bedeutsame) Vermittlungsinstanz fungieren soll. Der Staat als Moderator, ein Staat, der nicht für alle Probleme der Welt zuständig ist, der sie durch Prozesse öffentlicher Politisierung und staatlicher Entscheidungen absorbiert. Willke (1992) nennt einen solchen Staat einen ironischen Staat. Er kann sich selbst beschränken, zurückhalten, er moderiert, er macht Fehler und er lernt aus diesen Fehlern. Was für ein Wunsch(-traum). Für heute möchte ich es erst einmal dabei belassen. Viele Grüße aus Chemnitz - Jens

Die Trennung von Vergangenheit und Zukunft   20. November 1998

Lieber Jens,

in der "ZEIT" der vergangenen Woche las ich von einem Aufruf, einen Essay zum Thema: Was die Vergangenheit und die Zukunft ohne einander wären, zu verfassen. Lettres Internationales und die Kulturhauptstadt Europas 1999, Weimar, haben den Preis ausgeschrieben. Eine einleitende Passage und das Schlusswort möchte ich mit dir teilen, als meinen Brief dieser Woche:

Zeit entflechten?

Was Zukunft ohne Vergangenheit sei und umgekehrt, bin ich aufgefordert zu beschreiben. Ohne dieser Aufgabe ausweichen zu wollen, stellen sich doch zwei Folgefragen: Wer hätte ein Interesse daran, Zeiten zu entflechten? In Bezug worauf sollen Zeiten entflochten werden? Als Betriebswirt kann man zwar nur über Unternehmen und Wirtschaft sprechen, aber im Zeitalter der Globalisierung, die interessanterweise nur in die Zukunft gerichtet zu sein scheint, den jeweils vergangenen Moment abschneidet und Vergangenheit für weitere Entscheidungen und Handlungen für irrelevant erklärt, ist mit dem System Wirtschaft bereits ein wichtiger Gesellschaftsbereich angesprochen. Unternehmen können als soziale Systeme verstanden werden, die Anschauungsunterricht für gesamtgesellschaftliche Entwicklungen bieten.

Für Unternehmen kommt Zeit eigentlich nur als Ressource in den Blick. Zu wenig Zeit für Meetings zwischen Entscheidungsträgern oder zu wenig "Mann-Monate" zur Entwicklung eines neuen Produktes werden dann beklagt. In vielen Situationen, in denen Zeit in Unternehmen ein Thema wird, geht es um Innovation. Entscheidungen zur Veränderung der Organisation sollen getroffen werden, oder eine neue Dienstleistung soll auf den Markt kommen. Innovationen, so könnte man leichthin meinen, seien vorweggenommene Teile der Zukunft und insofern ein sehr gutes Beispiel für die Entflechtung und Trennbarkeit der Zeit. Ich möchte versuchen zu zeigen, dass Innovationen sich aus Vergangenheit wie Zukunft gleichermaßen speisen. Ein Modell soll vorgeschlagen werden, wie der Zusammenhang von Zeiten und Innovation gefasst werden kann. Die Verflechtung der Zeiten wird durch dieses Modell als so wichtig herausgearbeitet, dass die Rede von der Trennung von Vergangenheit und Zukunft in Bezug auf Unternehmen ebenso wie Gesellschaften absurd erscheinen muss.

Zeitverflechtungen nutzen, nicht bedauern

Innovationen ereignen sich nicht voraussetzungslos. Im Umfeld ihres Erscheinens sind Symbolisierungen von Erfahrungen der Vergangenheit eng mit Symbolisierungen von Erwartungen an die Zukunft verknüpft. Wenn wir davon sprechen, dass Unternehmen innovative Produkte brauchen, dass Gesellschaften ohne Innovationen nicht fortbestehen können, dass Veränderung die einzige Konstante unserer Gegenwart sei, dass Veränderung aber auch konstitutives Merkmal des Lebendigen ist, dann können wir auch sagen, dass die Rede von der Trennung von Vergangenheit und Zukunft absurd ist. Ebenso absurd ist die Frage, was sie unabhängig voneinander seien, denn sie sind durch einander ganz selbstverständlich so, wie sie nicht gleichzeitig sind. Hinter der Frage nach dem alleinigen Wert einer solchen zeitlichen Perspektive könnte ein Bedauern stehen, dass die Verwobenheit immer wieder deutlich hervortritt. Machen wir doch etwas aus den Möglichkeiten der Verknüpfung von Vergangenheiten und Zukünften. Vergangenheiten sind keine abgeschlossenen Geschichten unter Buchdeckeln. Wir können die Bücher aufschlagen und im Lesen die Vergangenheit neu schreiben in unserer Gegenwart für eine unserer möglichen Zukünfte. Lesen wir also aufmerksam und erlauben wir uns ein gelassenes Spiel mit der Fülle unserer Möglichkeiten.

Bis bald, lieber Jens, und Gruß an deine Familie – Frank

3.8 Auf der Suche nach den Grenzen (in) der Welt

Von Kulturkreisen zu einer Landkarte der Kulturen – Die Suche nach den richtigen Einteilungsprinzipien, eine Landkarte der Freiheit, Exklusion – An welchen Grenzen entstehen Konflikte und welche Möglichkeiten haben Gesellschaft, Organisation und Menschen, mit diesen Konfliktpotenzialen umzugehen?

Grenzen und nochmals Grenzen   06. Dezember 1998

Lieber Frank,

ich möchte zum Abschluss unseres Briefwechsels nochmals das Thema Grenzen bzw. Grenzziehungen sowie deren Folgewirkungen aufgreifen. Dabei werde ich weniger auf Vollständigkeit oder prinzipielle Richtigkeit und Genauigkeit achten. Vielmehr geht es um die Suche nach Anschlussfragen für unser weiteres gemeinsames Projekt. Wir ziehen ja selbst eine Grenze: vom essayistisch angelegten Briefwechsel zum gemeinsamen Schreiben eines wissenschaftlich angelegten Textes. Neue Anforderungen werden sich stellen, zeitliche, inhaltliche und vor allem solche der wechselseitigen Abstimmung gemeinsam verfasster Gedanken. Der bisher entstandene Text scheint Identität des Gemeinten zu signalisieren (d.h., es kann unterstellt werden, dass wir Erleben und Denken gleichermaßen teilen). Und doch wird es beides sein: Differenz und Identität. Unsere jeweiligen Bezüge sind höchst unterschiedlich, ob nun Wahrnehmungen, Gedanken, Erfahrungen in Beruf, Alltag oder Familie. Und doch signalisiert der Gebrauch der Worte, Gedanken und Argumente Gemeinsamkeit bzw. Identität des Gesprochenen, des Gemeinten: im Briefwechsel durch wechselseitige Anregungen und im wissenschaftlichen Teil durch gemeinsames Feilen an sprachlichen oder inhaltlichen Details.

Ganz allgemein verbindet man mit dem Verweis auf Grenzen räumlich markierte, symbolisch augenfällig gemachte Trennungen. Die Geografie bietet genügend Anschauungsmaterial in Form bunt ausstaffierter Landkarten. Betrachtet man die Einteilung der Welt hinsichtlich entstandener Staaten bzw. Länder, so erhält Frankreich eine blaue Farbe, um sich vom grünen Italien oder vom roten Belgien zu unterscheiden. Südafrika bekommt ein helleres Gelb als Angola. China ist durch die blaue Färbung leicht von der Mongolei oder von Indien zu unterscheiden. Für Japan oder für Sizilien werden Farbgebungen kaum benötigt. Man kann sie recht schnell auf dem Globus ausmachen (natürlich als Modell, denn nur wenige haben die Gelegenheit, die Erde aus dem Weltraum betrachten zu können).

Wählt man andere Indikatoren oder Einteilungskriterien (z.B. Farbgebungen je nach Bevölkerungsdichte, Bruttosozialprodukt, Einkommen je nach Einwohner, Säuglingssterblichkeit, Bodenschätze oder Gebirgserhebungen), erhält man höchst unterschiedliche Landkarten. Man kann diese groben Einteilungen auch für soziale Phänomene vornehmen. Z.B. wäre es möglich, die Welt nach politischen (sozialdemokratisch/republikanisch regiert); nach religiösen (islamisch, hinduistisch, protestantisch), nach rechtlichen (Menschenrechte/Folter), wirtschaftlichen (reich/arm) Gesichtspunkten aufzuteilen, nach dem Zugang zu bedeutsamen Informationen oder Entscheidungsverfahren einzuteilen, um sich ein Bild, einen Überblick zu verschaffen.

Mich interessiert im Moment die Frage, welche bedeutsamen Vorschläge die Kommunikation über Grenzziehung im Allgemeinen (Gesellschaft) und die akademischen bzw. intellektuellen Beobachter der Gesellschaft im Besonderen vorlegen.

Noch einmal ist Huntington zu bemühen. Sein Einteilungsprinzip basiert auf kulturell definierten Gruppierungen von Menschen. Grundlage bildet eine gemeinsame Identität. Lebens- und Orientierungszusammenhang einer Vielzahl von Menschen bildet nun nicht ein einzelnes Merkmal. Es sind Einstellungs- und Beziehungsmuster (Sprache, Geschichte, Religion, Sitten usw.), die nicht für sich allein stehen. Sie sind mit politischen, wirtschaftlichen und demographischen Besonderheiten verbunden. Die Kombinatorik von sinnhaften Orientierungen und strukturellen Verarbeitungsmustern macht nach Huntington eine Zivilisation oder eine Kultur aus. Dem ist natürlich auf dieser Ebene nicht zu widersprechen. Alle Konflikte dieser Welt können damit erklärt werden, denn Unterschiede sind ja nicht zu leugnen. Eher müsste man fragen, warum es nicht ständig knallt. Also ist noch einmal die Frage zu stellen, ob die Erklärungen von Huntington wirklich etwas taugen. Von homogenisierten Weltblöcken zu sprechen, ist doch sehr gewagt – früher der kommunistische Osten und der kapitalistische Westen; heute der moderne Westen und der traditionell besetzte Osten. Die genannten Konfliktparteien sind intern genauso heterogen und homogen wie sie es untereinander sind. Was macht dann aber noch das Argument von Huntington stark? Greifen seine Kriterien? Eine Antwort müssen wir noch geben.

Unterstützung könnte Huntington in einer empirischen Studie finden. Eine Welt-Wertewandel-Studie, die von 1995 bis 1997 durchgeführt wurde, zeichnet eine Landkarte der Kulturen der Welt. Die zwei zentralen Achsen der Einteilung werden durch die Modernisierungsdimension (von religiös-traditional bis säkular-rational) und durch die Postmodernisierungsdimension (von Sicherung der Grundbedürfnisse bis zu Suche nach subjektiv definierter Lebensqualität) repräsentiert. Ein gefundener Zusammenhang sei erwähnt: Auf beiden Dimensionen lassen sich Zusammenhänge hinsichtlich wirtschaftlicher Entwicklung feststellen. D.h. Menschen in wirtschaftlich entwickelten Teilen der Gesellschaft tendieren stark zur säkular-rationalen Wertausprägungsseite sowie auf individueller Ebene zur schwerpunktmäßigen Suche nach Lebensqualität.

Die einzelnen Kombinationen der kulturellen Wertorientierungen produzieren kulturelle Cluster, in die die einzelnen Länder und Staaten sich in Sprachräume (englischer Sprachraum), Kontinente (Lateinamerika), religiös fundierte Räume (protestantisches Europa, konfuzianisch) eintragen.

Abbildung III: Kulturelle Grenzen der Weltgesellschaft

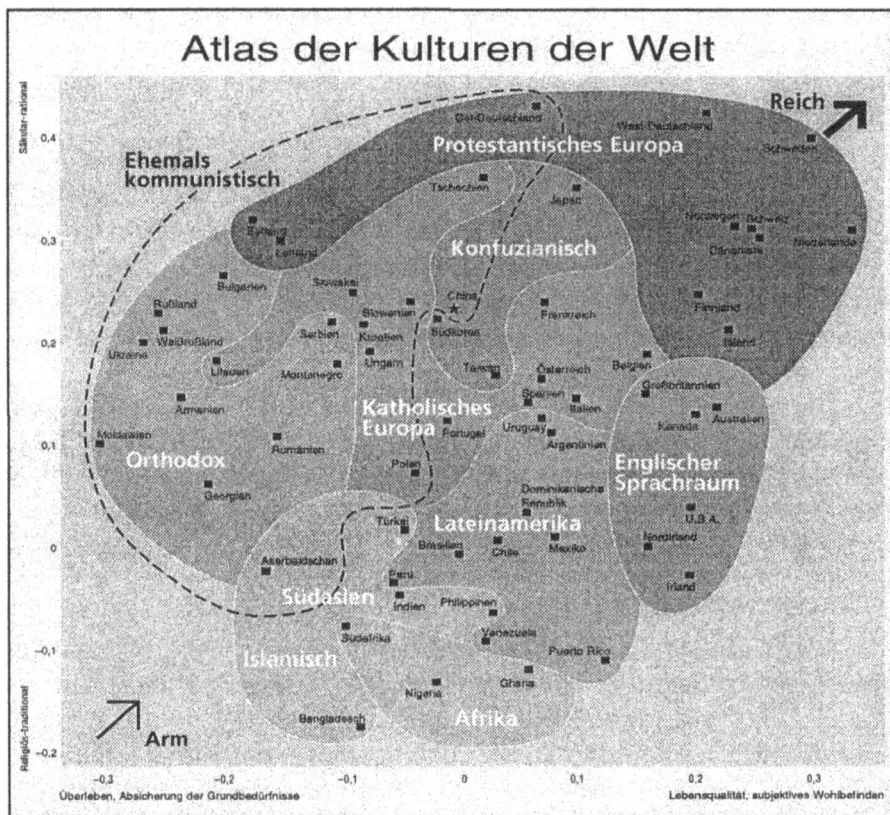

Quelle: WZB Mitteilungen, Heft 81, 1998: 7.

Unklar bleibt u.a., wieso Japan näher an Deutschland zu liegen kommt als Frankreich oder Österreich. Welche Aussagekraft aus diesem Bild gezogen werden kann, bleibt mir verborgen. Möglicherweise kommt es gar nicht darauf an zu erfahren, was es mit dem Versuch auf sich hat, Länder in die kulturelle Landkarte einzutragen. Vielmehr lässt sich an dem Versuch, Unzugängliches über Kommunikation zugänglich und handhabbar zu machen, ein Vorgehen entdecken, wie es der Gesellschaft gelingt, trotz der zunehmenden Vielgestaltigkeit und Unübersichtlichkeit Orientierung bereitzustellen mittels Kommunikation. Natürlich bleibt die Frage nach der eingenommenen Beobachtungsweise nicht unberücksichtigt. Die Wahl der Kriterien entscheidet über die dann zu treffende Interpretation der Grenzen.

Für uns sollten diese vielen Einteilungsversuche Hinweis genug sein, genauer zu schauen. Vor allem vor dem Hintergrund, dass ständig neue Einteilungen eingeführt bzw. vorhandene neu aufgewärmt werden. In der "ZEIT" vom 26. November fand ich einen beunruhigenden Artikel, der die Möglichkeit genetisch identifizierender Biowaffen thematisierte. Biowaffen sind ja an sich nichts Neues. Auf genetische Unterschiede abhebende "Reinigungsversuche", welcher Art auch immer, wurden und werden immer wieder einmal als Ziel politischer, medizinischer oder militärischer Bemühungen herhalten (Holocaust, Bosnien, Humangenetik). Es bestehen mittlerweile Möglichkeiten, wie unvorstellbar auch immer, die aber anscheinend nicht mehr in weiter Ferne liegen, einen genetischen Weltatlas zu kreieren. Natürlich möchte man positive Ergebnisse erzielen. Die Menschen könnten lernen, woher sie kommen, wie bestimmte genetische Defekte heilbar wären usw. Das kommunikative Transportschema, mit dem schlechte Nachrichten verkauft werden, ist nicht neu. Wie immer handelt man sich auch negative Seiten ein, ob nun angezielt oder eher als Nebenfolge. Die biologische Konstitution unseres Seins scheint wieder einmal sozial relevant zu werden. Jedenfalls dürfte Missbrauch, der Missbrauchsverdacht zumindest aus unserer Sicht heraus geäußert, höchst wahrscheinlich sein. Ethnische Säuberung durch Anwendung von Genmarkern, die beim Einsatz von Waffen nur bestimmte Menschenpopulationen ausradieren und andere verschonen (auf saubere Weise, so könnte man eines Tages wieder sagen), ist eine weitere Option, neue Grenzen zu ziehen. Mehr Wissen produziert zugleich konstruktive und destruktive Möglichkeiten. Die Gesellschaft kommt nicht umhin, sich Gedanken über das selbst angefertigte Wissen und Können zu machen. Ethik und Wissenschaft, ebenso wie regulierend eingreifende Politik, sind potentiell ansprechbare Adressen, um Gefahren erkennen und bannen können. Ich vermute nur, dass auf uns Probleme zukommen, die eine verzweifelte Suche nach neuen Bearbeitungsmustern auslösen werden. Beginnen wir mit der Suche nach brauchbaren Beschreibungen besser schon jetzt.

Einen weiteren Vorschlag der Einteilung bietet eine Grafik, als Landkarte der Freiheit bezeichnet, die "freie Staaten" von "nichtfreien Staaten" unterscheidet (Freedom House 1996; Link 1998). Dem demokratischen Herrschaftsmodell stehen andere Modelle gegenüber (islamistische bzw. asiatischautoritäre), die alle unter demokratieferne Staatsformen subsumiert werden. Ich bin mir gar nicht sicher, ob das Problem (ich übersehe an dieser Stelle natürlich die viel zu einfache Einteilung) nicht eher in der zugrunde liegenden Begrifflichkeit (Demokratie) steckt. Eine Frage, die m. E. beantwortet werden müsste, lautet: Sind die Konflikte und Problemkomplexe der modernen Gesellschaft überhaupt noch ausreichend mit diesem Kategorisierungsvorschlag begreifbar und vor allem bearbeitbar? Eine Antwort habe ich im Moment nicht. Eher eine Vermutung, dass das Beharren auf ideologischen oder ethischen Prämissen eher Schwierigkeiten bringt, als dass sie sie beseitigen mögen.

Eventuell eine letzte Grenze als Angebot: die Grenze von Beobachter und Gesellschaft. Bisher finden wir Grenzziehungen, die von Beobachtern der Gesellschaft vorgeschlagen wurden, die sich als Beobachter von außen beschreiben würden. Die zugrunde gelegten Kriterien wurden anhand empirischer, begrifflicher oder konzeptioneller Überlegungen gewonnen. Ob die Einteilungen günstig gewählt wurden, kann nicht so ohne weiteres entschieden werden. Die Gesellschaft selbst muss entscheiden, sie ist der Richter. Stimmen die wissenschaftlich beobachteten Grenzen mit denen der Gesellschaft überein? Oder zieht die Gesellschaft andere, für sie bedeutsamere Differenzen, als es die Beobachter der Kulturdifferenzen erahnen können? Wie kann man der Gesellschaft ihre Grenzen, ihre Einteilungen ablauschen? Kann Theorie an dieser Stelle weiterhelfen? Aber welche Theorie ist den Verhältnissen angemessen? In unserem Analyseteil müssen wir darauf zurückkommen.

Zusammenfassend ist zu sagen, dass Grenzen ganz allgemein gezogen werden durch kommunikativ erzeugte Erwartungsstrukturen, die wir nach relevant/irrelevant sortieren. Etwas wird als bedeutsam angesehen, wobei gleichzeitig anderes, möglicherweise auch Wichtiges ausgeblendet wird. Erwartungen leiten Orientierung und damit die Möglichkeitsspielräume von Handlungen an. Von Interesse sind dann die Strukturen der Erwartungen, der Erwartungsbildung und der Veränderung von Erwartungen.

Du unterbreitest einen interessanten Vorschlag, evtl. sogar ohne ihn zu ahnen. Du fragst nach einem Zusammenhang von Innovation und Zeit als Differenz von Vergangenheit und Gegenwart. Dabei sind zugleich zwei Probleme tangiert. Einmal haben wir damit umzugehen, dass die größeren Probleme der Weltgesellschaft nach bearbeitbaren Formen verlangen; Exklusion von immer mehr Menschen sowie der ökologischen Umwelt mit Folgen ungeheuren Aus-

Ausmaßes, eine sich beschleunigende Dynamik von Wirtschaft, Technologie und Wissenschaft ohne zu wissen, wohin uns das führt. Was ein Zusammenbruch des weltweit vernetzten Börsensystems für die Akzeptanz von Zahlungen bringen könnte oder massive Einschränkungen und Turbulenzen im Energiesektor, übersteigt noch unser Vorstellungsvermögen. Große Energieengpässe oder fehlendes Vertrauen in die Währungen der Wirtschaft könnten u.a. dazu führen, dass zukünftig ein Großteil der Weltbevölkerung nach vorindustriellen Mustern ihr Auskommen sichern müsste. Wir brauchen an dieser Stelle wirklich Innovationen und zwar andere als die, die in der Wirtschaft unter diesem Titel geführt werden. Innovation mit wirtschaftlichem Akzent meint eine Neuerung für ein Unternehmen. Es findet Akzeptanz außerhalb seiner selbst. Für die Ebene, auf der wir uns thematisch bewegen, heißt Innovation aber mehr. Innovativ kann nur dann eine Veränderung sein, wenn sie strukturelle Folgen für ein umfassenderes System beinhaltet. Es reicht nicht, wie z.B. beim Verkehr, Optimierungen durch Verkehrsleitsysteme oder durch sparsamere Motoren vorzunehmen. Von spürbaren Veränderungen im Gesamtsystem (erst dann möchte ich von Innovation reden) ist erst dann zu sprechen, wenn die bisher gültige Funktionsweise eines Systems (in diesem Fall individuelle Mobilität mit den Folgekosten an Luftverunreinigung und vielen Tausenden Verkehrsopfern) umgestellt wird. Krise, d.h. radikale Umstellung bisherigen Funktionierens. Aber: Welche Ordnung haben wir und wie wahrscheinlich sind gravierendere Umstellungen? Es gelingen ja noch nicht einmal Mini-Reformen, wenn man an die Rechtschreibreform, Steuerreform, Universitätsreform oder andere politische Projekte denkt, ohne dass selbst ernannte ''Bürgerinitiativen'', ''Interessenvertreter'' oder ''Betroffene'' ihre Stimme als die Stimme des Volkes gegen relativ unbedeutende Veränderungen erheben. Polemisch formuliert laborieren wir diskutierend an Oberflächenproblemen. Diese Form von Oberflächenkommunikation bindet Teile der Gesellschaft mittlerweile derart, dass schon der Hinweis, dass etwas Reformerisches in Planung ist, zu riesigen Aufregungen der Betroffenheitskultur führt.

Das Zweite, was aufgefallen ist, ist der Hinweis auf die eigentümliche Verbindung von Vergangenheit und Zukunft. Der Streit um die Walser-Rede legt ein deutliches Zeugnis ab. Eine mögliche Leistung könnte dann darin bestehen, dass unterschiedliche kulturelle Ansätze zu einer Gegenwartsbeschreibung auf ihre besondere Weise beitragen. In der Gegenwart, d.h. immer im momentanen Jetzt, wäre es dann möglich, unterschiedliche Gegenwarten, Vergangenheiten und Zukunftsbilder miteinander ins Gespräch zu bringen. Möglicherweise eröffnen sich gerade aus den zu erwartenden Differenzen, die von alltäglichen Interessenkonflikten und Lebenslagen entbunden sind, neue Möglichkeiten, Informationen zu generieren, vor allem dann, wenn man (sich auf Bateson stützend) Information als Überraschungswert, als generell neuwertig ansieht. Informationen sind Differenzen, sie sind Unterschiede, die einen Unterschied machen, und Kommunikation ist nichts anderes als die Produktion und Weitergabe von Unterschieden, ohne dass die Differenzen nach der Kommunikation verschwinden würden. Sie verschieben sich, sie werden kanalisiert, reinterpretiert usw.

Innovation ist dann einmal eine zeitlich zu sehende Verbindung von Vergangenheit und Zukunft, in dem Sinne, als neue Lagen auf die Funktionsweise eines umfassenden Systems (z.B. Weltpolitik) einwirken, und zweitens ist Innovation die Möglichkeit, Gesellschaft in der Gegenwart mit Information und Anschlussmöglichkeiten dahingehend auszustatten, dass soziale und sachliche Divergenzen bearbeitet, d.h. in kommunikative Zusammenhänge überführt werden können.

Lieber Frank, die Zeit dieses Briefwechsels ist zu Ende. Interessant neben vielen anderem ist, dass der Briefwechsel die Möglichkeit bot, an mir selbst zu lernen. Wir hatten eine Form installiert, die es ermöglichte, neue Wege des Denkens und Arbeitens zu gehen. Dafür vielen Dank. Wünschen wir uns, dass es der Gesellschaft und den Kulturen gelingt, Strukturen, Formen oder Institutionen zu etablieren, die den Problemen der Gegenwart gerecht werden. Viele Grüße diesmal aus Halle und alles Gute für dich – Jens

Lieber Jens,   09. Dezember 1998

ich danke dir für die Zeilen zum Ende unseres Briefwechsels, die nochmals wichtige Punkte aus unseren geronnenen Konversationen haben Revue passieren lassen. Und mehr noch: Der Fokus auf Grenzziehungen lässt sich zusammen mit den ausgewählten Themen für unseren Aufsatz – Globalisierung, Organisation, Arbeit, Moderne, Weltgesellschaft und philosophische Möglichkeiten zur Einsicht in "Welt" – als Programm verstehen. Ich gebe dir Recht, wenn du schreibst, dass wir vom losen Austausch und Anknüpfen an einzelne Argumente nun übergehen müssen zu einer strukturierten und stringent argumentierenden Betrachtung. Das wird ein anderes Schreiben und ein anderes gemeinsames Denken. Diese Andersartigkeit des schreibenden Denkens und eine Generalperspektive auf das Thema "Der Kampf der Kulturen" sollen die Gegenstände meines Abschlussbriefes sein, der aus der Beratungswelt eine vorläufige Fermate des schlendernden Philosophierens setzt.

Ich stimme zu, wenn du anmerkst, dass ein Briefwechsel Gedanken organisiert und mehr noch, dass die Form des Schreibens im Brief eine in hohem Maße selbst organisierende Form der Kommunikation ist. Meines Erachtens ist diese Form gekennzeichnet (1) durch das Warten des Adressaten, eine besondere Mischung aus Zähigkeit des Formulierens ob der Freiheitsgrade im Brief – wie viel leichter ist da das Erfüllen eines Zeitschriftenstandards unter

Wissenschaftlern –, (2) durch die Flüchtigkeit der niemals ganz ausgereizten Möglichkeiten eines jeden verwendeten Arguments durch den fehlenden Widerspruch des Gegenübers in eben dem Moment der Verwendung und schließlich (3) durch die so offensichtliche Nachgängigkeit des Schreibens hinter dem Denken. Briefe, so scheint mir jedenfalls, organisieren sich selbst im Schreiben vorwärts, ohne dabei einer strengen Hierarchie der Ideen zu folgen. Vielmehr entsteht ein Fluss. Der Verfasser des Briefes tritt, bisweilen womöglich erstaunt, in Dialog mit seinen eine Zeile weiter oben geäußerten Ideen. Was das Briefeschreiben dem strengen wissenschaftlichen Formulieren aus meiner Sicht voraus hat, ist der unvoreingenommene Umgang mit eigenen Ideen. Sie *dürfen* auftauchen, denn sie müssen nicht zwingend eingebaut und weiterentwickelt werden. Der Leser entscheidet, was mit ihnen passiert, was fortgesponnen wird und was liegen bleibt. In diesem Fortspinnen und Auslassen ist Briefeschreiben als Form des geronnenen Denkens dem Sprechen, dem Dialog zwischen Menschen sehr viel näher als das vereinzelte Drechseln an Texten in Türmen von Academia.

Wir haben über sechs Monate lang schreibend miteinander über ein Thema nachgedacht, das sowohl für unsere beiden Disziplinen, Soziologie und Betriebswirtschaft, als auch für die eine Gesellschaft, in der wir unmittelbar leben, und auch für die Welt, in der wir uns zusehends (mit-)bewegen, ohne dies so wahrzunehmen, zentraler nicht sein könnte: An welchen Grenzen, vielleicht auch durch welche Formen der Grenzziehung entstehen Konflikte und welche Möglichkeiten haben Gesellschaften, Organisationen, Menschen, mit diesen Konfliktpotenzialen umzugehen? Wie lösen unterschiedlichste Systeme Konfliktpotenziale auf, welche Routinen haben Systeme ausgebildet, um Konflikte auszutragen und wie können latente Konfliktpotenziale konstruktiv abgearbeitet werden, ohne zum "clash of civilizations" zu werden?

Zum Überblick über das Thema "Kampf der Kulturen" möchte ich zwei Thesen ins Gespräch bringen:

(1) Konflikte entstehen entlang der Grenzen von Kulturen bzw. Zivilisationen durch die Grenzziehung, die aus den latenten Konfliktpotenzialen Konflikte zwischen unterschiedlichen Kulturen macht, d.h., ein Kampf der Kulturen existiert nicht als solcher, sondern wird zu einem solchen durch die getroffenen Zuschreibungen.

(2) Die Zuschreibung auf Kulturen wird deshalb vorgenommen, weil das europäische und nordamerikanische Geschichtsverstehen mit einem Denken in Kulturentwicklungen und Kulturkreisen leichter daran anschließt. Die Grenzziehung wird so vorgenommen, dass die Menschen, die sich an ihr orientieren, leichter zu Aktion bzw. Intervention bewegt werden können. Das Selbstinteresse der Beschreibung von Konflikten als "Kampf von Kulturen" wäre dann politische, wirtschaftliche oder militärische Intervention einer Kul-

tur oder Kulturgemeinschaft gegen andere. Durch die Art der Grenzziehung wird das Problem so gelagert, dass nur noch eine begrenzte Auswahl an Instrumenten zu seiner Bearbeitung zur Verfügung steht. Möglicherweise erzeugt damit die Beschreibung und Einordnung von Konflikten als interkulturell gerade die Problemlagen, für die keine angemessenen Routinen der Abarbeitung bzw. konstruktiven Verarbeitung bestehen.

Natürlich kann diesen beiden Thesen eine Position entgegengehalten werden, die von einer objektiven Existenz von Kulturen und damit auch interkulturellen Konflikten ausgeht. Im Denken der objektiven Existenz von Kultur scheinen mir zwei Argumente versteckt zu sein, die latente Konflikte begründen und nicht nur erklären.

Zunächst geht die Vorstellung einer Objektivierbarkeit von Kultur von einer internen Homogenität aus. Alles, was sich substanziell unterscheidet, liegt diesem Verständnis nach außerhalb der betrachteten Kultur. In dieser monolithischen Form müssen Unterschiede zwischen Kulturen automatisch zu Konflikten führen, denn als ein konstitutives Merkmal von monolithischen Kulturen darf ein Anspruch auf Wahrhaftigkeit und Deutungsmacht angenommen werden. Der Anspruch auf Deutungsmacht ist ein elementarer Baustein einer monolithischen Identität. Betrachtet man ein solches Verständnis von Kultur mit etwas Distanz, wird deutlich, dass das Weltgeschehen nur noch denkbar ist als ein Wettlauf um Deutungsmacht und Ressourcenverfügbarkeit unter den Kulturen. In diesem Sinne ist (Wett-)Kampf der einzig mögliche Modus Operandi von Kulturen überhaupt. Ihr Ziel ist es, den Bereich ihrer Weltdeutung auszudehnen.

Das zweite Argument liegt darin, dass die Existenz von Praktiken, Riten, Mythen und Werten außerhalb von Kultur(en) undenkbar wird, weil alles Existente auf eine und, seinem Wesen nach, genau eine Kultur zugeschrieben werden können muss. Das Prinzip der Eineindeutigkeit der Zuschreibungen bedeutet in Konsequenz, dass Menschen sich nicht zwischen Kulturen bewegen können, sondern in jedem Moment nur in der einen oder der anderen Kultur stehen. Möglicherweise bedeutet dies auch, dass es neben Menschen mit festen Zugehörigkeiten zu Kulturen solche gibt, die zur Kultur der "Seitenwechsler" gehören.

Demgegenüber ist Kultur auch vorstellbar als eine sinnstiftende Klammer, mit deren Hilfe Verschiedenes, das aber noch als zueinander gehörend, aufeinander beziehbar erlebt wird. Kultur im Alltag lässt sich meines Erachtens am Erleben der Menschen und nicht an einem intellektuellen Entwurf festmachen. Kultur wird damit etwas hoch Fluides, das im Inneren sehr heterogen ist und seine Außengrenzen in jeder Situation neu definiert. Huntington muss an dieser Stelle stark vereinfachen. Ihn interessieren Kriterien, nach denen zeitstabil segmentiert werden kann und die eine Einteilung in "Freund und Feind" erlauben. Aus diesem Interesse bei der Bestimmung der unterschiedlichen Kulturen treten "folgerichtig" solche Grenzen auf, die latent konfliktgeladen sind. Huntington erzeugt Konfliktlinien durch seine Form der Grenzziehung.

Die Frage stellt sich, ob die Grenzen in Bezug auf Konfliktpotenziale richtig bestimmt sind. Liegen an dieser Stelle überhaupt Routinen zur Bearbeitung von Konflikten vor? Können solche Routinen hier aufgebaut werden? Und mehr noch: Liegt in der Grenzziehung nicht vielleicht eine vorschnelle Antwort an einer Stelle, an der die "richtige" Frage noch gar nicht gestellt worden ist? Ohnehin liegt meines Erachtens eine Stärke interkultureller Perspektiven im Stellen neuer oder mindestens doch anders gelagerter Fragen. Daran sollten wir im Folgenden denken: Fragen stellen und nicht etwa leichte, bisweilen womöglich billige Antworten zu geben versuchen. Mit diesem Appell an uns als Autoren eines sich selbst fortspinnenden Textes schließe ich meinerseits diesen Briefwechsel ab. Frage schlägt Antwort! – Frank

4. Weltgesellschaft und die Einbettung kultureller Differenzen

Beschreibungen bleiben nicht folgenlos. Schon gar nicht, wenn der beschriebene Gegenstand die Gesellschaft selbst ist und die Gesellschaft mit den Beschreibungsresultaten konfrontiert wird. Die Wahl der Perspektive, mit der die soziale Welt betrachtet wird, entscheidet u.a. darüber, welche Probleme man zu sehen bekommt, welche Konfliktherde man für bedeutsam hält, welche ursächlichen Konstellationen man diesen zugrunde gelegt und welche Handlungsmöglichkeiten man als verfügbar unterstellen kann. Die Wahl der Orientierung - häufig macht man sich nicht klar, dass man durchaus wählen kann bzw. eine Auswahl trifft - bestimmt, was zu tun oder zu lassen ist. Die sozialen Wirkungen der bereitgestellten und damit jedermann zugänglich gemachten Orientierungsangebote können kaum unterschätzt werden.

Es geht an dieser Stelle nicht um eine pauschale Kritik prominenter Inhalte öffentlicher und wissenschaftlicher Diskurse. Ebenso wenig behandeln wir verborgene Mechanismen öffentlich wirksamer Kommunikation. Es geht vielmehr um den Hinweis, dass es sich lohnen könnte, ein differenziertes Brennglas auszuprobieren, ein Brennglas, das verschiedene Glasstärken und Brechungsmöglichkeiten bereithält. Zwei Facetten der im Folgenden einzunehmenden Perspektive sollen kurz vermerkt werden: *Erstens* wird die Einbettung kultureller Sachverhalte in gesellschaftliche Zusammenhänge auf der Grundlage zweier theoretisch verschieden angelegter Analytiken vorgenommen: (1) eine soziologisch inspirierte Systemtheorie und (2) eine wirtschaftsnah argumentierende verhaltenswissenschaftliche Theorie. *Zweitens* entstammen die Autoren des vorliegenden Textes unterschiedlichsten Sozialisationshintergründen: West- und Ostdeutschland. Hinzu kommt noch die Unterschiedlichkeit der Handlungskontexte, aus denen gegenwärtig heraus beschrieben und analysiert wird. Zum einen eine international ausgerichtete wirtschafts- und unternehmensbezogene Beratungspraxis, zum Teil faszinierend in Größe und Geschwindigkeit und mit ihren eigenen Restriktionen ausgestattet. Zum anderen eine teilweise "abgehobene Wissenschaft", die ihre Freiheit nutzend, versucht, eine den beobachtbaren Verhältnissen angemessene Analytik aufzulegen. Dem Leser wird es nicht immer leicht fallen, den komplex angelegten Beobachtungen und Analysen zu folgen. Die Autoren sind aber der festen Überzeugung, dass es lohnen könnte, sich auf den nun folgenden Diskurs über Gesellschaft, soziale Grenzen, Moderne und mögliche Problempotenziale einzulassen. Es ist nicht auszuschließen, dass bisherige Sehgewohnheiten gebrochen und neue Perspektiven des Beobachtens erschlossen werden, kurz, dass es dem Leser ähnlich wie den beiden Autoren gehen mag, an der Auseinandersetzung mit dem Text und den Texten anderer zu lernen, die Welt mit anderen als den bisher gewohnten Augen lesend zu betrachten.

4.1 Weltgesellschaft, Grenzbildung und Inklusion

Beschreibungen, Perspektiven und Interpretationsangebote helfen, sich in der Welt zurechtzufinden. Die zunehmende Bedeutung einer der Realität nahe kommenden Beschreibung ist schon allein daran abzulesen, dass die Zahl der angebotenen Sinnofferten gerade am Ausgang unseres Jahrtausends eher zu- als abnimmt. Und was ist nicht alles im Angebot: Horrorszenarien, wie z.B. der zum Jahr 2000 prophezeite Zusammenbruch der Energieversorgung und der Verkehrssysteme, ausgelöst durch die Programmierversäumnisse der Computer- und Softwarehersteller und -anwender; oder die Fortschrittsmythen mit ihren Verheißungen der Informations- und Wissensgesellschaft teilen uns mit, ohne es selbst zu sehen, dass nicht klar ist, was wir an unserer Gesellschaft eigentlich haben. Betrachtet und beschrieben wird Auffälliges, was einen Neuigkeitswert bereithält, oder das, was evident und jedermann sofort einsichtig ist.

So überraschte es vor allem im Jahr 1999[20] nicht, dass Einschätzungen über die Bedeutung des ausgehenden Jahrhunderts und Prognosen über das neue Jahrtausend inflationäre Ausmaße annehmen. Die Antwort auf die Frage, was das neue Jahrhundert bzw. Jahrtausend bringen wird, ändert sich je nach dem, wie die Gegenwart beschrieben und analysiert wird. Gestritten wird um die Frage, welche Strukturen und Prozesse unsere Gegenwart prägen. Welche Extrapolationen lassen sich aus getroffenen Einschätzungen ableiten? Eines ist sicher: Die Zukunft ist offen, auch wenn damit wenig gesagt wird und niemandem geholfen ist.

Wir leben in einem Zeitalter, das durch eine merkwürdige Diskrepanz gekennzeichnet ist. Merkwürdig deshalb, weil die Menschheit wahrscheinlich noch nie über so viel Information und Wissen verfügte, wie es gegenwärtig der Fall ist. Zugleich ist zu beobachten, dass noch zu keiner Zeit Menschen mit einer derartigen Orientierungsunsicherheit leben mussten, wie in der gegenwärtigen Epoche. Der Selektionsdruck ist gewaltig. Die Zahl riskanter Entscheidungen[21] wächst exponentiell. Die Welt scheint aus den Fugen zu

---

[20] Zu erkennen ist die Bedeutsamkeit von Beschreibungen auch daran, dass es überhaupt keine Rolle zu spielen scheint, dass das neue Jahrtausend ein Jahr später beginnt, als dies in der Öffentlichkeit postuliert wird. Beschreibung produziert folgenreich Faktizität.

[21] Um nur ein Beispiel anzudeuten: Je mehr wir über die jeweiligen Zustände von Leben und Tod in Erfahrung bringen, desto unbestimmbarer erscheint uns die Trennungslinie zwischen Leben und Tod, sowohl was noch nicht geborenes Lebens, als auch was den Prozess des Sterbens anbelangt.

geraten. Das liegt nicht nur daran, dass mit dem Zusammenbruch des Sozialismus zentrale Schismen[22] der Weltordnung nicht mehr tragen. Der Wegfall der klaren Welteinteilung, in der es zwei Machtblöcke (Ost und West) gab, die sich ideologisch, wirtschaftlich, militärisch, technologisch und machtpolitisch antagonistisch gegenüberstanden, ist nicht – wie durch Huntington (1999) erst jüngst wieder unterstellt – Auslöser einer neuen unübersichtlichen Weltordnung. So einfach war es nicht, auch wenn die Jahre des kalten Krieges es vielleicht nahe legten. Längst hat die Menschheit mit Problemen zu kämpfen, die mit den alten Gegensätzen von Sozialismus und Kapitalismus, von Arbeit und Kapital, von Gemeinschaft und Gesellschaft nicht mehr zu begreifen und – noch schlimmer – nicht zu bearbeiten sind.

Sucht man nach markanten Formeln, die den Zustand der Welt oder der Gesellschaft beschreiben, fallen dem aufmerksamen Beobachter in der Öffentlichkeit gehandelte Begriffe ein: Zuerst natürlich die provokante These von Huntington (1996) über den Kampf der Kulturen, Risikogesellschaft (Beck 1986) wäre ein weiterer würdiger Kandidat und auch das Bild der Welt als globales Dorf (McLuhan 1995) kommt in den Sinn. Kontingenz und Komplexität (Bauman 1995; Parsons 1964b, Luhmann 1990; 1993b) sind schon eher abstrakte Formeln, die zurzeit noch für wissenschaftliche Debatten reserviert scheinen. Intellektuellendiskurse empfinden unsere Gegenwart als postmodern (Lyotard 1986). Anscheinend gibt es hiernach keine zufrieden stellende Weltbeschreibung mehr: "Anything goes". Informations- und Wissensgesellschaft beglücken uns mit verheißungsvollen Aussichten. Nicht mehr Kapital oder Besitz prägen unseren Alltag und Beruf, sondern der Umgang mit Lernen, Information und Wissensverarbeitung. Soziale Kompetenz und Teamfähigkeit sind die primären Leitformeln einer modernen Wirtschaftssemantik. Kulturelle Bindungen transformieren sich zu idiosynkratischen Besonderheiten, die individuelle Karriereerwartungen zwar nicht verhindern, aber auch nicht fordern oder gar fördern. Wir werden sehen, dass die Bedeutsamkeit von Entscheidungen längst nicht mehr davon abhängt, ob sie innerhalb ethnischer, kultureller oder wertbezogener Sozialgruppierungen getroffen werden. Vielmehr kommt es darauf an, Organisationen für sich handeln und sprechen zu lassen. Der Segen und Fluch unserer Moderne – vielleicht anders, als Max Weber dies gesehen haben mag – liegt in unserer Fähigkeit, Organisationen bilden zu können. Allerdings entziehen sich eben diese Organisationen dem steuernden Eingreifen der Menschen, wenn sie einmal ins Laufen geraten sind.

---

[22] „Die heutige >>Weltordnung<< (...) bezieht sich daher nicht auf die Situationen der Welt nach dem Ende des großen Schismas und der politischen Routine der Machtblöcke. Sie gibt vielmehr unsere plötzliche Erkenntnis wieder, dass die Dinge durch und durch elementar und kontingent sind." (Bauman 1997: 315)

Unsere Zuwendung gilt zunächst einmal einer an Prominenz zunehmenden Diskussion. In den letzten beiden Jahren beherrscht ein Wort die wissenschaftliche, jedoch noch mehr die öffentliche Diskussion. Gestritten wird über den Zustand der Welt, über die uns besonders betreffenden Veränderungen sowie die damit verbundenen neuen Herausforderungen: Globalisierung[23]. Veränderungen in Raum und Zeit führen lokale und globale Faktoreinwirkungen in jedem einzelnen Ereignis zusammen. Neu ist, dass alles, was geschieht, von der Differenz "Globalität und Lokalität" beeinflusst wird. Es handelt sich scheinbar um zwei Seiten der einen Medaille, die wir Welt nennen. Was immer auch ausgedrückt wird, eines scheint sicher: Es dürfte sich hierbei nicht nur um einen einzelnen Vorgang, sondern um einen heterogen zusammengesetzten Komplex von Vorgängen handeln. Zudem, so die Überlegung, ist dieser Komplex zeitlich und zugleich in allgemeinere strukturelle Zusammenhänge eingebettet. Handelt es sich um rein wirtschaftliche Interdependenzen und Vernetzungen im Zuge neuer Aktivitäten der so genannten Global Player? Oder führt uns die politisch motivierte Intensivierung internationaler Beziehungen zu einem Weltstaat? Dominiert Wirtschaft oder Politik die Welt[24]? Haben wir mit neuen Konflikten und Problemen zu rechnen? Nicht zu übersehen ist, dass die Globalisierungsdebatte[25] auf zwei dominante Dimensi-

---

[23] Schon an dieser Stelle soll darauf verwiesen werden, dass spätestens seit dem World Economic Forum 1999 in Davos klar sein dürfte, dass das Wort Globalisierung viel zu kurz greift. Es geht folglich nicht nur um einen Komplex verschiedener Prozesse, der auf eine Verweltlichung sozialer Ereignisse hinausläuft. Der Öffentlichkeit dürfte spätestens seit Anfang 1999 bekannt sein, dass die soziale Weltordnung schon längst als Weltgesellschaft behandelt werden muss, daher: Globalität statt Globalisierung! Bei aller Einsicht des Davoser Programms in Fragen von weltweiter Brisanz war nicht zu übersehen, dass man nur einige wenige Dimensionen (Finanzarchitektur oder politische Probleme) der Weltgesellschaft in Augenschein nahm.

[24] Spätestens seitdem Huntington sein Konzept – von einer Theorie kann wohl nicht die Rede sein - vom Kampf der Kulturen entfaltete, dürfte neben der politischen und der wirtschaftlichen die kulturelle Dimension in der öffentlich wirksamen Bedeutungsskala zulegen. Doch alle drei Dimensionen, ob getrennt oder gemeinsam verhandelt, werden der Realität der Weltgesellschaft nur bedingt gerecht. An dieser Stelle sei noch kurz auf eine Funktion der Reduktion von Komplexität in der Praxis hingewiesen: Vereinseitigung und Verkürzung der komplexen Wirklichkeit gesellschaftlicher Prozesse dürften neben praktischen auch strategische Beweggründe beinhalten. Konkrete Politik benötigt plausible Beschreibungen und Einschätzungen der Lage. Die Gefahr, Wirklichkeit zu stark zu reduzieren, lässt sich im Prinzip nicht umgehen. Die Erkenntnis, dass in jeder Beschreibung Selektivität wirksam wird, entbindet aber nicht davon, die differenzierte Beschreibung nicht erst zu versuchen. Einfachheit korrespondiert nicht unbedingt mit Erklärungskraft.

[25] Man könnte die Globalisierungsdebatte auch als disziplingebundene Veranstaltung lesen: Ökonomen reden über die internationale Ausweitung wirtschaftlicher Marktverhältnisse und Politikwissenschaftler von der Intensivierung internationaler Beziehungen, die die globale Entwicklung der Welt vorantreiben, während Kulturanthropologen von der Gefahr einer weltweit umgreifenden kulturellen Vereinheitlichung im Sinne einer >>Coca-Colonisierung<< oder einer Kultur des Postkolonialismus reden (vgl. Pieterse 1998: 87f.).

onen reduziert wird (Nassehi 1998: 152). Eine neue politische Weltordnung wird eingefordert, um u.a. die chaotisch anmutenden Turbulenzen auf den Finanzmärkten zu beherrschen. Oder richtet sich das Interesse politischer Regulierungen nur auf die Gestaltung zwischenstaatlicher Aspekte? Die Nationalstaaten sind an den Grenzen ihrer Möglichkeiten angelangt und sie müssen erkennen, dass nur ein verändertes politisches Gefüge der internationalen Beziehungen weiterhilft, um den globalen Effekten lokalen Handelns angemessen begegnen zu können. Die neue Weltformel – so scheint es – bezieht sich auf den Zusammenhang zwischen lokalen Ereignissen und den durch sie ausgelösten globalen Effekten. In der Wirtschaft reicht das Spektrum möglicher Wirkungen von transnationalen Verflechtungen von Unternehmen, Handel und Geldwirtschaft bis hin zum Zusammenbruch ganzer Märkte. Der Abbau begrenzt vorhandener Ressourcen sowie die Verunreinigung der Umwelt sind bedrohliche Begleiterscheinungen der modernen Wirtschaft und des Konsums. Reaktionen auf die Ökofrage finden weltweite Beachtung (z.B. Umweltgipfel in Rio), wenn auch nicht mit dem erwünschten Erfolg (Scheitern der Rio-/Kyotovereinbarungen). Militärische Problemfälle und Krisen, ob nun im Süden Europas, in Sudan oder Somalia, werden durch international anerkannte Institutionen, UNO bzw. NATO, bearbeitet.

Globalisierung tritt als Rettungsanker einer an der Nationalgesellschaft festhaltenden Politik auf, die, in ihren engen Horizonten gefangen, neue Probleme mit tradierten Rezepten bearbeiten möchte. Globalisierung läuft im Bereich der Politik als Intensivierung und Neugestaltung der internationalen Beziehungen: Globalisierung durch Dominanz der Politik. Eine zweite Dimension der Globalisierung scheint von einer ausufernden kapitalistischen Weltwirtschaft bestimmt. Märkte sind international; Unternehmen kümmern sich nicht mehr um staatliche oder regionale Grenzen. Sie agieren längst global, indem sie weltweit auf Märkten ihre Produkte und Leistungen vertreiben; wohl wissend, dass weltweiter Vertrieb eine Differenzierung des Produkt- und Vertriebsspektrums nach regionalen und kulturellen Gegebenheiten beinhaltet. Unternehmen treten als neue Agenten globaler Entwicklung auf und nicht nur in der Wirtschaft: Globalisierung durch die Dominanz der Wirtschaft.

Beide Sichtweisen, entweder Dominanz durch Politik und/oder durch Wirtschaft, gehen zum einen von einer nationalstaatlich definierten Gesellschaft aus. Die Tragfähigkeit dieser Vorstellung wird später noch geprüft. Zum zweiten wird Gesellschaft mit Politik identisch gesetzt. In dieser Perspektive ist Politik nach wie vor Zentrum der sozialen Ordnung schlechthin. Sie kann ungeachtet aller Schwierigkeiten die Gesellschaft lenken, steuern und integrieren. Sehr ähnlich, wenn auch unter anderen Vorzeichen, argumentiert die wirtschaftsbezogene Sichtweise. Gesellschaft und Wirtschaft sind zwar nicht identisch, aber die Wirtschaft ist das zentrale System der Gesellschaft. Die

Wirtschaft hat die Funktion des Leitsystems gesellschaftlicher Veränderung inne.

Beide Sichtweisen reduzieren Gesellschaft auf nur eine sozial bedeutsame Dimension. Wir werden später sehen, dass es in der Debatte über die Gefahren kultureller Brüche und Konflikte sehr ähnlich zugeht. Die Komplexität sozialer Verhältnisse wird ausschließlich auf einen als besonders bedeutsam herausgestellten Bereich (Wirtschaft oder Politik oder Kultur) bezogen, was u. E. die tatsächlichen Verhältnisse unzureichend verkürzt. Globalisierung ist ein vieldimensionaler Vorgang, in dem gravierende Veränderungen in sehr vielen sozialen Lebensbereichen[26] vor sich gehen: Globalisierung ist Globalisierung im Plural (Pieterse 1998: 88) und nicht im Singular der funktionalen Subsysteme der Weltgesellschaft. Unsere These lautet deshalb, dass auf der Ebene der (Welt-)Gesellschaft höchst unterschiedliche Grenzen und damit Problemkonstellationen entstanden sind. Für eine angemessene Würdigung gegenwärtiger Probleme ist es unerlässlich, sich mit der Kombinatorik gesellschaftlicher Strukturbildung zu beschäftigen. Erst im zweiten Schritt, wenn man der Komplexität gesellschaftlicher Prozesse analytisch näher kommen konnte, sollte u. E. nach möglichen (zentralen) Problem- und Konfliktkonstellation in der modernen Gesellschaft gefragt werden.

Unbestritten ist, dass beide Dominanzthesen in der Realität genügend plausible Anhaltspunkte finden. Und doch können beide Varianten der Beschreibung von Welt die komplizierten sozialen Verhältnisse der Neuzeit nur schwerlich erfassen. Einer der Gründe für die Defizienz prominenter Semantiken, die entweder auf Politik oder auf Wirtschaft setzen, könnte darin bestehen, dass es ihnen bisher nicht gelungen ist, eine den Realitäten halbwegs gewachsene Theorie (Beschreibung) der modernen Gesellschaft vorzunehmen (Ausnahme Niklas Luhmann 1997). Beschreibungsversuche vermeiden die explizite Auseinandersetzung mit dem Phänomen Gesellschaft, und zwar nicht nur, wenn von Globalisierung die Rede ist (Stichweh 1995: 32; 1999). Was aber heißt eigentlich Globalisierung? Die Klärung dieser Frage müsste im gleichen Atemzug erklären, welche Systemreferenz Kontext der behandelten Vorgänge ist. Im Folgenden wird die Frage zurückgestellt, worum es sich bei dem Prozess der Globalisierung handelt. Wir kümmern uns vielmehr um die Frage nach den primären Strukturbedingungen der modernen Gesellschaft. Wir werden später (Kapitel 4.4 und 4.5) auf die Einordnung einzelner Globalisierungsprozesse zurückkommen.

Eine Leistung der Diskussion über das Thema Globalisierung besteht darin, auf die Zunahmen der weltweiten Interdependenzen hingewiesen zu haben.

---

[26] Betroffen sind auch die Bereiche der ökologischen Probleme, der Hochtechnologie und der Agrartechnologie (Pieterse 1998: 88).

Globalisierung unterstellt, dass der Prozess auf einen Zustand hinauslaufen kann, in dem eine Weltgesellschaft entsteht oder erst entstehen könnte. Es geht um einen Vorgang, der vorwiegend Regionen, Kulturen und Nationen miteinander in einen interaktiven Bezug setzt und weltweit integriert. Uns geht diese Beschreibung nicht weit genug. Sie sieht u. E. an den Verhältnissen vorbei. Zu fragen ist stattdessen, ob nicht schon längst eine Weltgesellschaft entstanden ist, deren Folgewirkungen und Komplexität bisher durch eine unzureichende analytische Tiefe der Beschreibungen übersehen wurde. Vor allem setzt die Intensivierung weltweiter sozialer Beziehungen die Möglichkeit der Existenz dieser Beziehungen voraus, was letztlich heißt, dass wir es bereits mit einer bestehenden Globalität zu tun haben (Pieterse 1998: 92). Die gegenwärtigen Veränderungen, die unter dem Label Globalisierung laufen, möchten wir einordnen in eine schon bestehende weltweit verknüpfende Weltgesellschaft. Um das Thema Globalisierung angemessen würdigen zu können, erscheint eine Klärung der strukturellen Besonderheit von Gesellschaft notwendig. Dabei werden die Aspekte Weltgesellschaft, deren interne Grenzziehungen sowie die sich neu stellende Thematik Inklusion/Exklusion von Personen, sozialen Gruppierungen und Regionen in das Zentrum der Beschreibung und Analyse gerückt.

Im Folgenden wollen wir uns zwei Sachverhalten zuwenden, die für einen Einstieg, Gesellschaft zu verstehen, nötig sind:

(1) Gibt es in der Gesellschaft Bedingungen und Entwicklungen, die für das Handeln und Erleben aller Individuen gleichermaßen prägend sind, gibt es eine Weltgesellschaft? und

(2) Welche relevanten, gesellschaftsstrukturell bedeutsamen Unterschiede können ermittelt werden? Welche sozialen Grenzen, Probleme und Konflikte stehen auf der Tagesordnung der modernen Gesellschaft?

4.1.1 Versionen sozialer Welt- und Gesellschaftsvorstellungen

Weltgesellschaft ist Faktizität (Beck 1998: 9). Aber was heißt das? Worauf macht uns dann die gegenwärtig so forcierte Debatte um Globalisierung aufmerksam, wenn die Ereignisse in der Welt schon als weltweit vernetzt zu deuten sind? Auf welche Grenzen, Probleme und Turbulenzen wird mit dem Ruf nach einer neuen Weltordnung Bezug genommen? Inwiefern kann auf laufende Prozesse überhaupt noch lenkend Einfluss genommen werden? Gibt es in der Welt zentrale Instanzen, die regulierend eingreifen können, oder sind wir schon so weit, alles einer offenen Zukunft überlassen zu müssen? Wie sieht unsere heutige Welt aus? Was können wir überhaupt tun?

Chancen und Gefährdungspotenziale wachsen exponentiell, wenn man an die chaotischen Schwankungen in der Wirtschaftswelt denkt ·oder sich mit den möglichen Auswirkungen der beiden Kerntechnologien (Atom und Gen) beschäftigt. Müssen wir uns in der modernen Weltgesellschaft von dem uns wohl vertrauten Verständnis von Gesellschaft, Nation, Staat, Freiheit und Gerechtigkeit trennen? Wie weit reichen unsere bewährten Kategorien in Alltag oder Wissenschaft? Verschaffen wir uns einen Überblick, wie die Welt, in der wir leben und denken, aussieht.

Wir möchten im Folgenden fünf unterschiedliche Weltentwürfe kurz vorstellen. Skizziert werden nur die wichtigen strukturellen Argumente und Aspekte. Vor allem interessiert uns, welche Probleme und Krisenherde jeweils aufgeworfen werden.

(1) Die Weltgesellschaft als ”Summe von in sich homogenen Einzelgesellschaften“ (Beck 1998: 8). Die Idee der Homogenität lässt sich auf unterschiedliche Weise gewinnen. Bezug genommen wird auf nationale Identität, auf das erfolgreiche Zusammenspiel religiöser und wirtschaftlicher Momente (z. B. Japan) bzw. kultureller oder ethnischer Besonderheiten. Für die reproduzierende Stabilisierung homogen wirkender Beschreibungsmuster eignen sich Schismen unterschiedlichster Art. Eine Variante ist die aus Gruppenprozessen bekannte Unterscheidung von drinnen/draußen bzw. ”wir und die anderen“, die sich auf Landes- oder nationaler Ebene in der Entgegensetzung von Einheimischen und Fremden äußern kann. Einzuordnen ist hier das Konzept der internationalen Beziehungen zwischen Nationen, wobei Nation oder Nationalstaat mit Gesellschaft gleichgesetzt wird. Konfliktpotenziale ergeben sich nicht nur zwischen heterogenen Sphären politischer Willensbildung, also zwischen Demokratien und autoritär bzw. diktatorisch beherrschten Ländern. Ungefährlicher dürften auch Konflikte zwischen demokratisch legitimierten Nationen nicht sein (vgl. Link 1998). Die Ebene, auf der die Probleme zwischen den sozialen Einheiten abgehandelt wird, ist das System der internationalen Beziehungen.

(2) Die Weltgesellschaft als Oberbegriff für die Disparität und Divergenz sozialer und territorialer Sphären. Weltgesellschaft kann auch als *“Ubiquität (ungebunden an einen Standort) kultureller, religiöser, politischer und ökonomischer Unterschiede und Weltprobleme”* verstanden werden (Beck 1998: 8). Soziale Grenzbildungen gehen unabhängig von territorialen oder regionalen Barrieren eigene Wege. Geografisch geschnittene Räume werden redefiniert oder sie verlieren ihre Prägekraft für die Kanäle, auf denen kommunikative Akte sich einzeichnen. Noch unübersichtlicher und damit auch problematischer wird es, was Orientierung und Handhabung anbelangt, wenn die These zutrifft, dass Grenzen, die das Soziale im Sozialen zieht, unterschiedlichen und dabei nicht kompatiblen Kalkülen folgen. Politische Einflussmöglichkeiten prallen an die unsichtbaren Wände wirtschaftlicher Rationalität (Rentabilitätsgesichtspunkte favorisieren Kostensenkung und Gewinnsteigerung über Arbeitsplatzgarantien) oder an religiös-traditional hergestellte

Weltperspektiven (die Ereignisse in Afghanistan legen ein beredtes Zeugnis ab). Thematisierung und Bearbeitung der je anders gelagerten Konflikt- und Problemherde könnten den Eindruck erwecken, die Vielzahl der Widersprüche würde sich zu einer Einheit der Weltprobleme summieren. Kulturelle Konflikte sind dann eine Gefahr neben anderen. Sie können verstärkende oder auslösende Effekte auf laufende bzw. potenzielle Krisenherde ausüben.

(3) Das Weltsystem als kapitalistische Wirtschaftsordnung. Das einflussreiche Welt-System-Konzept (u.a. Wallerstein 1989; Amin 1997) betont bedeutsame Entwicklungen und Veränderungen wirtschaftlicher Vergesellschaftung. Das Welt-System kann letztlich mit den Wirkungen des sich global ausbreitenden Kapitalismus[27] identifiziert werden. Das Wirtschaftssystem ist weltweit ausgedehnt und rückt alle anderen sozialen Bereiche in den Hintergrund. Politik erscheint als Überbau, der letztlich nur die manifesten Entäußerungen der omnipotenten Ökonomie in sich trägt. Das Welt-System-Konzept betont, dass die Dominanz der Ökonomie zur letztlich einzig "wahren Krise" des Weltsystems führen wird (Wallerstein 1986: 41). Die Differenzierung des Weltsystems erfolgt primär durch übernationale Prozesse der Arbeitsteilung. Neben den klassischen Lagen des Bourgeois und Proletariers entstehen sekundäre Differenzierungen in Form von kulturellen und/oder nationalen Subsystemen (Wallerstein 1983). Das moderne Weltsystem ist letztlich das Ergebnis der etablierten kapitalistischen Weltwirtschaft. Von Weltsystem ist deshalb die Rede, weil dem ökonomischen Rentabilitätsprinzip universelle Geltung beizumessen ist. Das heißt auch, dass alle Regionen und kulturellen Zonen, so verschiedenartig sie auch sind, in die weltgesellschaftliche Arbeitsteilung integriert sind (Wallerstein 1986: 43). Die Krise des Gesamtsystems äußert sich zum einen in intra-ökonomischen Konkurrenzkonstellationen. Wirtschaftlich ausgelöste Ungleichheiten spiegeln sich in politischen Konfliktlagen wider. Der krisenschürende Klassenkonflikt bricht sich folglich an verschiedenen staatlichen oder kulturellen Attributen. Das besondere an der ökonomisch ausgelösten Krisensituation des Weltsystems ist, dass die entstehenden Probleme nicht mit den "bewährten" Mechanismen und Institutionen bearbeitet werden können. Nötig erscheint die Auflösung der "inneren Widersprüche". Langfristig gesehen führt das dazu, dass die wirtschaftsimmanente Expansionsmacht an ihre Grenzen stößt[28]. Es stehen

---

[27] Sehr ähnlich, wenn auch vor einem anderen Hintergrund, argumentiert die sich vor allem auf Entwicklungsländer beziehende *Dependenztheorie*. Für die Unterentwicklung der Entwicklungsländer sind vor allem exogene Faktoren verantwortlich, die letztlich dem kapitalistischen Globalsystem und dessen bedeutsamsten Zentren zuzuschreiben sind.

[28] Nicht von ungefähr prophezeit die primär auf Wirtschaft abstellende "Gesellschaftstheorie" seit Marx immer wieder Untergangs- oder einschneidende Krisenszenarien, denen sich die Gesellschaft als komplexes und heterogenes Gebilde nicht so recht fügen mag. Wallerstein sah 1986 die Welt wieder einmal vor ihrem inhärent gegebenen Untergang (Wallerstein 1986: 45).

keine Arenen zur Verfügung, in die hinein der kapitalistische Unternehmergeist "ausweichen" kann. Zudem könnten neue politische Konstellationen dazu führen, dass die Gewinnspannen zumindest langfristig bedroht werden. Es entstehen letztlich Ungleichheiten nicht nur zwischen Individuen, sondern auch zwischen Regionen und Staaten, die sich dann in zentrale Kerngebiete, periphere Lagen und semiperiphere Lagen aufteilen (vgl. auch Kreckel 1992: 39ff.). Konkrete Konflikte bzw. mögliche Konfliktszenarien lesen sich vor diesem Hintergrund als Folgen antagonistischer Widersprüche eines vom Kapitalismus dominierten Weltsystems.

(4) Die Weltordnung als Differenzierung vier globaler Sphären. Dass gesellschaftliche Entwicklung auf nur einer einzigen Dimension beruhe, kann heute wohl niemand mehr unterstellen. Gesellschaft lässt sich nicht nur allein auf Wirtschaft, auf Politik, auf Wissenschaft, auf Religion oder jedes andere Subsystem reduzieren. Will man den realen Verhältnissen gerecht werden, bleibt nichts anderes übrig, als danach zu fragen, welche Dimensionen es gibt, und in welchen Wirkungszusammenhängen sie stehen. Zudem ist zu fragen, wo sich möglicherweise zentrale und dezentrale Wirkungsfelder ausmachen lassen. Giddens (1995: 93) unterscheidet vier globale Sphären. Die globalisierte Moderne findet seiner Meinung nach ihren Niederschlag nicht nur in einem ökonomisch determinierten Weltsystem. Vielmehr sind es vier Systeme, die als gleichrangig für die Entwicklung der Moderne heranzuziehen sind: die kapitalistische Weltwirtschaft, das System der Nationalstaaten, die internationale Arbeitsteilung und die militärische Weltordnung. Uns interessiert zusätzlich noch eine weitere Sphäre, die nur zum Teil thematisiert wird: der Einfluss der global wirkenden Massenmedien (Giddens 1995: 100 f.). Gerade die Bedeutung weltweit wirksamer Kommunikation über die Medien der Öffentlichkeit sowie in zunehmendem Maße über das Internet ist kaum zu überschätzen. Weltweit kann Wissen in Form zugänglicher Informationen bzw. Nachrichten präsent gemacht werden. Letztlich können alle Ereignisse beobachtet und kommentiert werden. Welche Auswirkungen die rasante Entwicklung der kommunikativen Verbreitungstechniken haben wird, liegt noch im Bereich der Spekulation. Aber schon jetzt ist zu sehen, dass sozial bestimmte informationsverarbeitende Vorgänge nahezu an jeden Ort gelangen und dort abgerufen werden können. Weltweit verbreitete Daten und Nachrichten lassen sich zeit- und raumneutral in Informationen transformieren. Zwei Effekte der kulturellen Globalisierung sind zu nennen. *Erstens* begleitet und beeinflusst die massenmediale Kommunikation die globalen Prozesse in den vier Sphären der Moderne. Dabei lassen sich neue Diskontinuitäten und Brüche ausmachen. Die eingetretenen Veränderungen lassen den Unterschied von Tradition und Moderne deutlich hervortreten (Giddens 1995: 13). Abzulesen sind die Veränderungen an der Geschwindigkeit (z. B. technologische Entwicklung) und vor allem an der Reichweite des Wandels. *Zweitens* ist zu konstatieren, dass die Veränderungen selbst Thema der Kommunikation werden. Hinzutretende Thematisierung bedeutet zugleich auch Veränderung laufender Prozesse. Deutlich wird der Einfluss der Begleitkommunikation vor allem durch das Aufkommen von Risikosemantiken. Soziale Bewegungen beschäftigen sich mit der "Skandalisierung" von bestimmten Ereignissen. Entwicklung und Effekte der Moderne werden in diesem Sinne selbstbezüglich oder reflexiv[29].

(5) Die Weltgesellschaft als primär funktional differenziertes Sozialsystem. Zwei Aussagen stehen im Zentrum: 1. Die moderne Gesellschaft ist zugleich Weltgesellschaft (Burton 1972; Luhmann 1975, 1997; Stichweh 1995). Kommunikation kann jedermann an allen Orten der Welt erreichen. Und die Synchronisation der Weltzeit bedeutet, dass Ereignisse zeitgleich ablaufen. 2. Die Weltgesellschaft ist funktional strukturiert. Die soziale Welt besteht aus global ausdifferenzierten Teilsystemen. Die Theorie funktionaler Differenzierung geht davon aus, dass die sozialen Grenzziehungen der modernen Gesellschaft nicht mit territorialen Grenzen zusammenfallen. Auch die grenzbildende Dominanz einzelner Subsysteme, ob nun Politik oder Wirtschaft, wird bestritten. Soziale Kommunikation macht weder an staatlichen noch an regional gezogenen Grenzen Halt. Gesellschaft ist das Gesamtsystem aller füreinander erreichbarer Kommunikationen. Kommunikation zieht eigenständig soziale Grenzen.

In der modernen Weltgesellschaft haben sich folgende Teilsysteme ausdifferenziert: Wirtschaft, Politik, Recht, Erziehung, Wissenschaft, Sport, Medizin, Massenmedien, Familie, soziale Hilfe, Kunst. All diese Systeme sind global ausgreifende Systeme (u.a. Weltwirtschaft, Weltpolitik, Weltrecht, Weltwissenschaft, Weltkunst), d.h. an jedem Ort der Welt koppelt sich Kommunikation an eine Leitstruktur der Funktionssysteme. Es wird gezahlt, politisch gewählt und entschieden, Kunstwerke entstehen, Liebesbeziehungen werden geknüpft, Recht wird gesprochen oder bei sportlichen Wettkämpfen um Sieg und Niederlage gerungen. Wenn auch regionale bzw. lokale Anwendungskriterien variieren, so finden die Leitorientierungen, systemtheoretisch als Codes bezeichnet, weltweite Verbreitung. Gesellschaft ist immer zugleich Weltgesellschaft.

---

[29] Die "Skandalisierung" potenziell gefährlicher Ereignisse (Castortransporte, BrentSpar) macht auf riskante Nebeneffekte moderner Technologie und Wirtschaft aufmerksam. Ingenieure, Manager und Politiker sehen sich dann mit Folgeproblemen eigenen Handelns konfrontiert, wobei nicht klar ist, welche Reaktionsweisen sich durchsetzen lassen bzw. überhaupt Erfolg haben werden, weil an der Definition, was Erfolg sei, unterschiedlichste Rationalitätskalküle (politisch, wirtschaftlich effizient, moralisch, technologisch etc.) beteiligt sind.

An die primäre Form sozialer Differenzierung schließen sich sekundäre Formen, vor allem als segmentäre Differenzierung, an. Im politischen System ziehen Nationen bzw. Staaten segmentäre Grenzen. Organisationen als Errungenschaften der modernen Gesellschaft klinken sich in die funktional getrennten Kommunikationen ein (so u.a. Unternehmen in der Wirtschaft, Staaten, Nationen oder Parteien in der Politik, Gerichte im Rechtssystem, Schulen im Erziehungssystem). In der funktional differenzierten Gesellschaft gibt es keine Zentralinstanz (mehr), die in der Lage wäre, die gesamte Sozialordnung zu übergreifen oder gar zu integrieren. Die Politik, die am ehesten hierfür in Frage käme, ist nur ein Teilsystem neben anderen. Sie hat letztlich ihre dominante Steuerungsfunktion eingebüßt. Es ist gerade aus diesem Grund nötig, sich nach anderen Mechanismen umzusehen, die in der Lage sind, Vermittlungsfunktionen wahrzunehmen. Darüber hinaus wird das Verhältnis Gesellschaft und Individuum neu gestaltet. Personen gehören nicht mehr nur zu einem System, wie das z.B. in stratifizierten Gesellschaften noch durch Stände oder soziale Klassen gewährleistet wurde. Funktionale Differenzierung erfordert eine multifunktionale Inklusion der Individuen, die letztlich mit den unterschiedlichen Systembezügen und Erfordernissen der Teilsysteme (Erziehung, Recht, Wirtschaft) zurechtkommen müssen. Die moderne Gesellschaft konfrontiert uns mit einem neuen Problem: der Exklusion großer Bevölkerungsteile aus den Zusammenhängen gesellschaftlicher Kommunikation.

4.1.2 Fragen an eine Weltgesellschaft

Nehmen die kommunikativen Verknüpfungen zu, so dass von einer entstehenden Weltgesellschaft gesprochen werden kann? Ist das Internet etwa das technische Weltmedium moderner Kommunikation? Überziehen uns die in der Freizeitindustrie dominanter werdenden Einflüsse global agierender Marken wie Coca Cola, McDonalds oder Hollywood[30] derart, dass die heterogenen Kulturen zu einer homogenen, möglicherweise mittelmäßigen Einheitskultur[31] verschmolzen werden? Oder sitzen wir normativen Prämissen auf, die nach weltweit abgesicherten Rahmenbedingungen für Politik, Recht, Militär

---

[30] Großinstanzen moderner Kulturproduktion gibt es nicht nur in Nordamerika. Andere Regionen haben ähnliche Instanzen, wie die riesige Filmindustrie Indiens eindrucksvoll aufzeigt. Es ist natürlich nicht zu übersehen, dass Hollywood und die indische Filmszene für unterschiedliche Adressaten produzieren. Die Filme aus Amerika finden auch in anderen Ländern und Regionen der Welt massenhaften Anklang. Der indischen Filmbranche gelingt dies im Prinzip nur im eigenen Land. Aber bei einer Bevölkerungszahl von fast 1 Mrd. Menschen dürfte der Einflusscharakter von ebenso großer Bedeutung sein.

[31] So ähnlich lautet ein Sinnspruch von Miklós Janczó (ungarischer Filmregisseur): „Es gibt eine globale Filmwelt. Sie ist wie das bolschewistische System. Sie erdrückt alles und lässt keine Freiheit."

oder Finanzwirtschaft rufen, weil die negativen Effekte[32] der modernen Lebensweise auf der Ebene von nationalen Regierungssystemen nicht mehr angemessen zu bearbeiten sind? Ist die Weltgesellschaft Ergebnis einer sich gegenwärtig ausbildenden Globalität oder weisen umgekehrt die zu beobachtenden Aktivitäten in der Weltgesellschaft auf eine Zunahme an Interdependenz, Verdichtung und Anhäufung von Aktivitäten hin, die letztlich die Strukturen der Weltgesellschaft benutzen, um diese zu verändern?

Mit anderen Worten: Haben wir die Weltgesellschaft als Faktum zu akzeptieren oder entwickeln sich einige Prozesse in eine Richtung, die globale Folgewirkungen erst nach sich ziehen werden? Von welcher Gesellschaft ist eigentlich die Rede? Wie können wir das soziale Gebilde "Gesellschaft" begreifen und vor allem angemessen beschreiben? Wenn die These von der funktional differenzierten Weltgesellschaft zuträfe, was hieße das für das Kultur-Konzept von Huntington, welches ja von der primären Differenzlinie kulturell getrennter Zivilisationen ausgeht?

Drei Verwendungsweisen[33], den Gesellschaftsbegriff zu verankern, lassen sich unterscheiden. *Erstens* wird Gesellschaft als kulturell bedingtes Gebilde verstanden. Die Pluralität der Kulturen zieht eine Pluralität von Gesellschaften nach sich. Gesellschaft und Kultur fallen in einem Gesellschaftsbegriff zusammen. Doch dürfte unter diesen Umständen eine Behandlung kulturinterner Differenzen sowie der Aufbau einer Identifikation auf personaler und sozialer Ebene kaum gelingen. Identifikation bemüht noch andere außer der kulturellen Komponente.

Eine *zweite Möglichkeit*, Gesellschaft zu bezeichnen, ist die Identifizierung mit einem staatlichen, also politischen Gebilde. Ein räumlich begrenztes Territorium mit einer beschränkten Anzahl von Menschen ordnet sich in einen herrschaftlich regulierten Bereich staatlich verfasster Gesellschaft ein. Politik (Staat) und Gesellschaft sind letztlich identische Kategorien sozialer Ordnungsbildung, wobei diese Ansicht spätestens seit Hegel[34] (1981: 197 ff.)

---

[32] U.a. ökologische Schäden, Gefahren der Genmanipulation, Zusammenbrüche von riesigen Finanzmärkten oder unbearbeitbar gewordene politische und militärische Konflikte.

[33] Eine vierte, eher implizit vorgetragene Möglichkeit, Gesellschaft zu denken, bemüht das Kriterium der Einheitlichkeit der Lebensverhältnisse. Dass man mit dieser Wahl nicht wirklich fündig wird, liegt auf der Hand. Soziale Ungleichheiten sowie andere bedeutsame Unterschiede sind letztlich interne Differenzierungen der Gesellschaft (siehe hierzu Stichweh 1995; Heintz 1982; Luhmann 1997).

[34] „Die bürgerliche Gesellschaft ist die Differenz, welche zwischen die Familie und den Staat tritt, wenn auch die Ausbildung derselben später als die des Staates erfolgt; denn als die Differenz setzt sie den Staat voraus, den sie als Selbständiges vor sich haben muss, um zu bestehen." (Hegel 1981: 220)

überholt sein dürfte, der bürgerliche Gesellschaft, Familie und Staat unter-scheidet, obwohl er die Verhältnisse anders geregelt sah, als wir es sehen würden.

Eine *dritte Möglichkeit*, die erst in den letzten Jahren erörtert wird, geht von dem Faktum nur einer, der Weltgesellschaft aus. Jede in der Welt stattfinden-de Kommunikation ist Vollzug von Gesellschaft. Und die Möglichkeit, dass Kommunikation andere Kommunikationen beeinflussen bzw. erreichen kann, stiftet die Einheit des Sozialen in der Weltgesellschaft. Rechnet man alle sozi-alen Prozesse und Strukturen der emergenten Ordnung "Weltgesellschaft" zu, so müssen sich sozialtheoretische wie praktische Entscheidungen und Be-schreibungen daraufhin befragen lassen, inwiefern sie "das strukturelle Faktum der Weltgesellschaft berücksichtigen" (Stichweh 1995: 33).

Wenden wir uns somit den internen Differenzierungen, die zugleich Grenzset-zungen(!) sind, der Weltgesellschaft zu. Mit Luhmann lassen sich zwei grund-legend verschiedene Differenzierungsweisen der modernen Gesellschaft unterscheiden. Die horizontale Strukturierung der Gesellschaft ist durch den Primat der funktionalen Differenzierung gekennzeichnet. Auf der Vertikalen wird bisher[35] von einer Trennung dreier Ebenen ausgegangen: Gesellschaft, Organisation und Interaktion.

4.1.3 Weltgesellschaft und Organisation

Welche strukturellen Merkmale und Entwicklungen prägen die moderne Ge-sellschaft? Einige Beispiele fallen sofort ins Auge, wie z. B. weltweit organi-sierte Sportereignisse. Auf die amerikanische Filmindustrie haben wir bereits hingewiesen. Sie erzählt nicht nur Filmgeschichten, sondern findet auch in den Produktionen anderer Länder und Weltregionen ihren Niederschlag. Wei-tere Phänomene einer sich entwickelnden Weltkultur werden sichtbar, etwa die mittlerweile weltweit und massenmedial inszenierten Pop- und Rockgrup-pen oder weltweit abrufbare Angebote, abgedruckt in den Prospekten der Reiseveranstalter oder Ehevermittlungsinstitute.

Etwas abstrakter gefasst zeigen sich Strukturmuster, die soziales Handeln und Kommunikation prägen, die Selektionsspielräume und Anschlussoptionen bereitstellen. Einige Bereiche sollen kurz angedeutet werden: Weltweit über

---

[35] Wir möchten nur darauf verweisen, dass diese Dreiteilung in Gesellschaft, Organisation und Interaktion durch weitere soziale Phänomene zu ergänzen wäre. Wir denken u.a. an soziale Gruppen, Netzwerke und soziale Bewegungen.

Geldzahlungen laufende Wirtschaft, eine staatlich organisierte Politik, die verstärkt besonders im Rahmen der internationalen Beziehungen überstaatliches Format annimmt, eine auf Änderung bisherigen Wissens abzielende Forschung, eine selbst im entferntesten Winkel der Welt anzutreffende Kommunikation über Massenmedien, positives Recht, Erziehung in Schulklassen oder weltweit anschlussfähiger Freizeitkonsum. Auffällig ist, dass globale Bedingungen anscheinend immer mehr und lokale Gegebenheiten immer weniger die Lebensführung in der Moderne bestimmen. So klar diese Sachverhalte scheinen, so undeutlich bleiben häufig die hierfür heranzuziehenden Gründe. Diagnosen über gesellschaftliche Trends gibt es genügend. Man denke nur an die Diskussionen über Industriegesellschaft, postindustrielle Gesellschaft, Erlebnisgesellschaft oder Informationsgesellschaft. Im Folgenden geht es um den Versuch, gesellschaftstheoretische Fragen an den Problemkomplex "Weltlage" mit den als akut kommunizierten Krisenherden anzunähern. Ohne eine vorschnelle Antwort zu geben, ist doch zunächst von der Möglichkeit weltweiter Interaktion bzw. Kommunikation auszugehen. Weltgesellschaft fungiert als „reale Einheit des Welthorizontes für alle" (Luhmann 1975: 55).

4.1.4 Weltgesellschaft, Kultur und Region

Die Diskussion über Gesellschaft und Weltgesellschaft leidet hauptsächlich darunter, dass nur bedingt explizierte Kriterien benutzt werden. Häufig ist nicht zu erkennen, welche Abgrenzungen für die Bestimmung des Gesellschaftsbegriffs herangezogen werden. Man geht häufig von der Vorstellung aus, politisch oder kulturell geprägte Regionen bzw. Territorien fielen mit dem Sozialgebilde Gesellschaft zusammen. Mittlerweile ist unbestritten, dass die unterstellte Identität von Nation, Staat und Gesellschaft mehr auf Behauptungen als auf realen Wirkungskreisen beruht (vgl. Hahn 1995: 23 ff.; Korff 1991: 357). Ebenso wenig hilfreich ist der Bezug auf Kultur. Gesellschaft und Kultur sind nicht identisch, obwohl manchmal der Eindruck entsteht, dass kulturelle Schneidungen gesellschaftlichen Unterschieden folgen. Inwiefern ist die These gerechtfertigt, Gesellschaft über kulturelle Einheit zu bestimmen?

Nationen oder Regionen weisen genau wie Gesellschaft interne kulturelle Brüche auf. Auch die von Huntington ausgemachten Zivilisationen weisen *intern* größere kulturelle Diskrepanzen auf, als dies *zwischen* einigen Zivilisationen der Fall sein dürfte. Wären Kultur und Gesellschaft identisch, müssten bspw. die alten und die neuen Bundesländer oder Nord- bzw. Süddeutschland als jeweils gesonderte Gesellschaften behandelt werden. Die Liste von gesellschaftsgenerierenden Kulturdifferenzen ließe sich verlängern: Die Kultur der Basken in Spanien, die Lebensordnung der Hindus in Indien, der Indianer (!) in Südamerika, von den kulturellen Möglichkeiten in Nordamerika ganz zu schweigen. Es dürfte schwer fallen, anhand kultureller Grenzen soziale Phänomene auf verschiedene Gesellschaften zu verteilen. Zweitens muss man die Frage erlauben, wie Organisationen, die unterschiedliche Kulturen ausbilden, in diese Kategorisierung, die Gesellschaft und Kultur gleichsetzt, einzuordnen sind. Noch komplizierter wird es im Fall von Institutionen[36], die sich gerade dadurch auszeichnen, über Staaten und Nationen hinweg eine eigene Kultur auszubilden, um Gesellschaft partiell zu ermöglichen. Beide, Organisationen und Institutionen, treten als Repräsentanten spezieller Orientierungen auf, etwa im Bereich der Wirtschaft als Unternehmen oder in Bereichen der Forschung und Lehre als Universitäten oder als Einrichtungen mit speziellen Aufträgen.

Ein weiterer Vorschlag, der aktuelle Veränderungen der modernen Gesellschaft aufgreift, versammelt Beiträge, die sich an dem Schlagwort Globalisierung orientieren. Es ist nicht unbedingt der Streit um die Frage der verwirrt, ob zunehmende Interdependenzen in Wirtschaft, Politik und Recht, ob technologische Entwicklungen oder ökologische Auswirkungen modernen Lebens eher positiv oder negativ einzuschätzen sind. Vielmehr laufen semantische Grundmuster öffentlicher Kommunikation der Orientierung zuwider. Ein Problem der aktuell geführten Debatte über die Folgen der Globalisierung ist darin zu sehen, dass vielfach offen bleibt, was der Begriff Globalisierung eigentlich bezeichnen soll. Unklarheit herrscht darüber, worauf der bezeichnende Vorgang überhaupt bezogen ist und in welchem Kontext Globalisierung stattfindet. Nicht selten wird offengelassen, auf welcher Systemebene sich die bezeichneten Vorgänge abspielen bzw. wovon und wodurch die Veränderungen sich von anderen abheben (Stichweh 1995: 31). Im folgenden orientieren wir uns an Überlegungen, die die Gesellschaft generell als Weltgesellschaft konzipieren. Unterschiede werden als interne Differenzierungen des umfassendsten Sozialsystems aufgefasst (Luhmann 1997: 145 ff.; Stichweh 1995: 33). Die Grenzen der Gesellschaft werden durch Verkettung kommunikativer Operationen selbst gezogen. Gesellschaft wird dabei gedacht als das alle sozialen Operationen einschließende System. Psychische, organische, physikalische, chemische und ökologische Sachverhalte verweisen auf die (nichtsoziale) Umwelt[37] der Gesellschaft. Sie finden in der gesellschaftlichen Kommunikation nur insofern Platz, als sie als Referenzobjekte oder als The-

---

[36] Institutionen als eine Komponente sozialer Strukturbildung haben u.a. die Eigenschaft, die Grenzen sozialer Systeme überschreiten zu können. Kultur weist u. E. sehr ähnliche Charakteristika auf.

[37] Die analytische Trennung der Gesellschaft von ihrer nichtsozialen Umwelt besagt nicht, dass Kausalwirkungen nichtsozialer Art für soziale Prozesse irrelevant wären. Kausalität ist analytisch zu spezifizieren. Kommunikation setzt bspw. handlungsfähige Individuen voraus. Aber ohne differenziertes Unterscheiden können die Unterschiede weder gesehen noch eingehend theoretisch gewürdigt werden.

men von Kommunikation in Frage kommen. Die Grenze der Gesellschaft bestimmt sich durch deren elementare Operationsweise, durch Kommunikation. Dessen externe Umwelt ist nichtkommunikativer Art (Fuchs 1992: 93). Bevor wir zu der vor allem von Niklas Luhmann ausgearbeiteten These zurückkommen, Gesellschaft als funktionale Weltgesellschaft zu definieren, ist kurz die Vorstellung, Gesellschaft als Plural zu konzipieren, zu streifen. Unter dem Vorzeichen, Gesellschaft im Plural aufzufassen sind Spanien, Portugal, Venezuela, Großbritannien, die ehemalige DDR, Österreich oder Polen Gesellschaften. Politisch vermittelte territoriale Strukturen und Lebenslagen werden unter dem Kriterium der Ähnlichkeit als Gesellschaft gedeutet. Wie oben schon angedeutet, ist demgegenüber davon auszugehen, die moderne Gesellschaft als funktional differenziert anzusehen. Die wichtigsten Einteilungen der Gesellschaft sind nicht regionaler, sondern funktionaler Art (Luhmann 1997: 743 ff.). Systembildungen orientieren sich an gesellschaftlich ausgewiesenen Funktionen.

Die Grenzen[38] der Gesellschaft richten sich dann primär nicht mehr nach politisch oder kulturell bestimmten Territorien; vielmehr grenzt sich Wirtschaft von Politik, von Kunst oder von Wissenschaft ab, ebenso wie sich Politik von Recht, von Sport oder von Medizin unterscheidet. Die Grenzen der Funktionssysteme werden durch die Funktionssysteme selbst produziert, wobei räumliche oder staatliche Grenzen und die primären Strukturen der Teilsysteme divergieren. Funktionale Differenzierung erfordert quasi Weltgesellschaft. Weltgesellschaft verweist auf die Möglichkeit der weltweiten Erreichbarkeit, einer weltweit wirksamen Interaktion bzw. Kommunikation[39], ohne damit staatliche oder städtische Barrieren auszuschließen (Luhmann 1975: 53; Fuchs 1992).

Unter den gegenwärtigen "Bedingungen universaler kommunikativer Anschlussfähigkeit" lässt sich Gesellschaft nur als Weltgesellschaft verstehen. Regionale Unterschiede, staatliche Grenzziehungen, unterschiedliche Chancen kommunikativer Partizipation oder Ungleichheiten menschlicher Lebens-

---

[38] Wer die Grenzen der Gesellschaft über Kriterien von Konsens, Normintegration oder über geteilte Wertvorstellungen definieren möchte, verkennt den Realitätsgehalt der eigenen Annahmen. Ein Blick auf Wertkonflikte zeigt, dass allseits geteilte Wertvorstellungen zum einen Fiktion sind und zum anderen Konflikte ja gerade auch deshalb entstehen, weil sich zwei Konflikt-Parteien über die Werthaftigkeit ein und desselben Wertes trefflich streiten können.

[39] Luhmann (1975: 53) veranschaulicht die Möglichkeit weltweiter Interaktion durch folgende Beispiele: "Ein Argentinier mag eine Abessinierin heiraten, wenn er sie liebt; ein Seeländer in Neuseeland Kredit aufnehmen, wenn dies wirtschaftlich rational ist, ein Russe technischen Konstruktionen vertrauen, die in Japan erprobt worden sind; ein französischer Schriftsteller in Ägypten homosexuelle Beziehungen suchen; ein Berliner sich auf den Bahamas bräunen, wenn ihm dies ein Gefühl der Erholung vermittelt."

führung werden nicht verwischt. Ein Ziel unserer Bemühungen ist ja gerade, diese Unterschiede durch Einordnung in die Strukturen der Gesellschaft besser erklärbar zu machen. Alle Unterschiede sind innerhalb der Gesellschaft anzusetzen, sie sind durch die Strukturen der Gesellschaft selbst bedingt. Staaten bzw. Nationen sind Formen segmentärer Differenzierung. Sie repräsentieren die innerhalb des politischen Systems der Gesellschaft hergestellte Einheit verschiedener Subsysteme bzw. deren segmentäre Geltungsgrenzen (Hahn 1995: 34). Kulturelle, regional gezogene und staatliche Geltungsgrenzen oder die Bildung gemeinschaftlicher Beziehungen verstehen sich als "Ausdruck der Reaktion auf die Globalisierung sozialer Ursachen und Wirkungen" (Nassehi 1998: 154).

Staatliches Handeln[40] wird ebenso wenig bedeutungslos wie die Ausbildung regionaler Vernetzungen. Regionalisierung und Gemeinschaftsbildung, wie wir weiter unten noch sehen werden, sind mögliche Antworten auf die neue globale Herausforderung. Die territorial gezogenen Grenzen des Staates fungieren nach wie vor als Regelungsinstanzen. Unterschiedliche Wirtschafts- und Strukturpolitiken und politische Institutionen produzieren regionale Adressen, die dann als staatliche oder subpolitisch aktionsfähige Territorien auftreten (vgl. Link 1998: 69). Staatliches Handeln kann u.a. auf dreierlei Weise die Rahmenbedingungen der anderen gesellschaftlichen Subsysteme beeinflussen: (1) Der Staat nimmt innerhalb seines Territoriums auf wirtschaftliche Transaktionen Einfluss. Dies geschieht durch die gesetzliche bzw. politische Regulierung von Kapital-, Finanz- und Produktströmen bzw. durch wirtschafts- und sozialpolitische Regulierungen (vgl. hierzu Türk 1995: 162 f.). (2) Der Staat reguliert die öffentliche Ordnung über das Verteilen öffentlicher Güter (z.B. Bildung, Gesundheit). (3) Der Staat beteiligt sich zunehmend zwischenstaatlich an internationalen Kooperationen und Verhandlungen.

4.1.5 Die Bedeutung kultureller Gemeinschaften

Die Übertragung gesellschaftlicher Funktionen auf die Teilsysteme der Gesellschaft und deren Spezialisierung bringt gleichzeitig Vor- und Nachteile. Wirtschaft lässt sich nicht länger in der Politik oder in der Wissenschaft vollziehen. Wirtschaftsbezogenes Agieren kann sich von wirtschaftsfremden "Zumutungen" (u.a. religiöse, moralische, wissenschaftliche) freihalten. Das hat den Vorteil, dass wirtschaftliche Kommunikation Leistungsvorteile durch

---

[40] "Der Staat wird so zur strategisch platzierten Vermittlungsinstanz zwischen subnationalen und supranationalen Politikanforderungen." (Link 1998: 68; ein Zitat von Maull zitierend)

Spezialisierung ermöglicht. Zugleich werden negative Effekte produziert, deren Folgen gerade auch andere soziale Teilsysteme betreffen, wobei diese Folgen dort nur schwerlich bearbeitet werden können. Beispiele sind Arbeitslosigkeit, die Schwierigkeit, Grundlagenforschung zu finanzieren, Probleme des Wohlfahrtsstaates usw. Wissenschaftliche Erkenntnisse vertragen sich nicht unbedingt mit Zielen der Tagespolitik oder lassen sich nicht ohne weiteres wirtschaftlich verwerten. Unternehmen, die am Markt erfolgreich sein wollen, können sich nur bedingt technische Entwicklungen leisten, die Marktfähigkeit nicht behaupten können. Auf gesellschaftlicher Ebene äußert sich dies nicht selten auf prekäre Weise, z.B. in der Frage der Internalisierung ökologischer und sozialstaatlicher Kosten in wirtschaftsbezogene Aktivitäten. Sowohl ökologische Lasten als auch sozialstaatliche Aufgaben verursachen Kosten, die von Unternehmen gerne externalisiert werden. Die moderne Gesellschaft verzichtet tendenziell auf traditionelle Formen der Mehrfachabsicherung über individuelle Vorsorge, Familie, Genossenschaften etc. Multifunktionale Einrichtungen verlieren Aufgaben. Verbliebene Funktionen aber verstärken sich. War Familie bzw. Verwandtschaft bisher für fast alle Lebensbereiche des Einzelnen zuständig, fällt dies unter modernen Bedingungen weg. Mit den Hilfestellungen der eigenen Familie/Verwandtschaft wird vieles zugleich leichter und schwerer. Können in einem Fall die Verwandtschaftsnetze beim Zugang oder der Finanzierung von Ausbildung und Beruf behilflich sein, so behindern diese u. U. bei der individuellen Umsetzung vorgenommener Lebensentwürfe. Auch die positiven Wirkungen einer auf alle Beziehungen ausstrahlenden Moral sind mehr Wunsch als Wirklichkeit, was gemeinschaftliche Wertebeziehungen nicht völlig ausschließt. Trotzdem gelten Werte eben nicht (mehr) für alle. Ihre "maximale Reichweite" entfalten sie als Imagination für sich selbst inszenierende Gemeinschaften.

Kulturelle Grenzbildungen kommen scheinbar ohne Bezugnahme auf Gemeinschaft oder auf gemeinschaftliche Bindungsverhältnisse nicht aus. Deshalb erscheint es uns mehr als notwendig, hinter die Kulissen sozialer, d.h. auch kultureller Gemeinschaftsbildung zu schauen. Herausgearbeitet wird zum einen, dass in der Kommunikation soziale Identifikation notwendig wird. Zum anderen ist zu betonen, dass eine *nur* positive Konnotation des Gemeinschaftlichen einer differenzierten Überprüfung nicht standhalten kann. Zu vermuten ist vielmehr, dass wir es mit einer sozialen Paradoxie zu tun haben. Die Bildung von Gruppierungen und Gemeinschaften produziert sozial bedeutsame Ordnung und gefährdet bzw. zerstört zugleich andere soziale Beziehungen. Man benötigt für den Aufbau seiner eigenen Identität die Abgrenzung von anderen Menschen. Für soziale Gebilde[41] dürfte Ähnliches gelten.

---

[41] „Nationale Identität läßt sich nicht herstellen ohne ihre korrespondierenden Definitionen von Fremden" (Hahn 1995: 36).

Selbstbeschreibungen, die den Aufbau sozialer Identität anleiten, benötigen vereinfachende Etikettierungen. Nicht nur die eigene Gruppe oder der eigene Verband muss für alle anderen als anschlussfähig ausgewiesen werden. Man benötigt zusätzlich auch etikettierende Einschätzungen derer, die nicht dazugehören, was für das Agieren der Akteure auf beiden Seiten der etablierten Differenz von Zugehörigkeit/Nichtzugehörigkeit nicht folgenlos bleiben kann.

4.2 Ambivalenzen sozialer Gemeinschaftsbildung

Wenden wir uns nun den Chancen und Gefahren von Vergemeinschaftungsprozessen zu. Kulturelle Vorstellungen und Handlungsmuster produzieren *nicht* – hier distanzieren wir uns explizit von den Annahmen Huntingtons – ohne weiteres geschlossene Handlungs*zusammenhänge*. Wir gehen davon aus, dass erst dann kulturelle Perspektiven bedeutsam werden, wenn soziale Beziehungen aufgenommen worden sind. Kulturgebrauch setzt die Bildung sozialer Systeme voraus. Kulturelle Bezüge können vorhandene Grenzen und Schließungen verstärken. Besonders die Verknüpfung von Kultur einerseits und die Bildung sozialer Gemeinschaften andererseits dürfte in diesem Zusammenhang von Interesse sein. Wenn die These des kulturellen Zusammenpralls von Huntington zutrifft, dürften es vor allem Gemeinschaften sein, die durch kulturell bedingte Schließungsprozesse Konfliktpotenziale aufbauen können. Kulturell gebundene Vergemeinschaftung setzt aber auf vorhandenen sozialen Grenzziehungen auf. Was heißt das für die Produktion sozialer Konflikte? Verschärft der Bezug auf Kultur vorhandene Fragmentierungen und Differenzen? Sind möglicherweise Kultur und Gemeinschaft potenzielle Verbündete, die zugleich eine unheilvolle Allianz eingehen können? Dagegen wendet sich die Einschätzung, die davon ausgeht, gerade durch den Bezug auf gemeinschaftliche Bindungen und Wertbeziehungen die aufbrechenden Divergenzen und Differenzen der Moderne überwinden zu wollen. Im Folgenden betrachten wir das Paradox von Notwendigkeit *und* Problem sozialer Identifikation von sozialen Gruppen und Gemeinschaften etwas aus der Nähe.

4.2.1 Gemeinschaftsbildung als Antwort auf Globalisierung?

Das Zusammenleben der Menschen wird nicht nur in den Nahräumen zunehmend konfliktanfälliger. Konnte Aristoteles noch annehmen, dass es ein Zusammenleben ohne politische Gemeinschaftsbildung nicht geben könnte, verliert gerade im Sog der weltweiten Globalisierung das nationale bzw. das moderne westliche Modell insgesamt zunehmend an Kontur (Brunkhorst 1994: 12). Auf der einen Seite wird kritisch vermerkt, dass gemeinschaftliche Bezugsgrößen zunehmend an Einfluss verlieren, ohne dass deren Leistungen von anderen Instanzen ausgefüllt werden. Auf der anderen Seite scheint gerade der Prozess der Globalisierung „die Wiederherstellung, in bestimmter

Hinsicht sogar die Produktion von >>Heimat<<, >>Gemeinschaft<< und >>Lokalität<< mit sich" zu bringen (Robertson 1998: 200).

Insbesondere Gemeinschaftsbildung[42] wird als Rettungsanker für die Turbulenzen und Widersprüche der Moderne immer wieder postuliert (vgl. Bauman 1997: 324). Selbstgefährdung des Sozialen, gar der Gesellschaft liege nicht umsonst in der Auflösung gemeinschaftlicher Lebensformen.

Während sich westliche Länder auf die Bindekraft der gesellschaftlichen Gemeinschaft stützen konnten (Parsons 1985: 21; Brunkhorst 1994: 12), greifen „fundamentalistische (z.b. Iran), nationalistische (z.b. Irak) und autokratische (z.b. Südkorea) Regime" auf „Varianten einer (zumindest in weiten Bereichen) modernen Gesellschaftsformation zurück, die sich am Idealtyp einer gemeinschaftlichen Gesellschaft orientieren" (Brunkhorst 1994: 12). Die Prozesse der Globalisierung produzieren Fragen nach der sozialen Verortung. Gemeinschaft könnte zugleich zu einem Produkt als auch zu einem "Gegengift" der globalisierten Welt werden. Das Konzept "Gemeinschaft" stellt sich nicht zum ersten Mal gegen die Gesellschaft: Gemeinschaftliche Bindungen als ein positiv konnotierter[43] Rettungsanker der heteronom gewordenen modernen Gesellschaft, der jedoch eine verhängnisvolle Fragmentierung kultureller Gemeinschaften produzieren könnte. Eine solche Heteronomie, die tatsächlich zu fortschreitender Fragmentierung führt, spräche für die Argumentation[44] von Huntington.

Zudem beklagt sich die moderne Gesellschaft über Erscheinungen, die in den Schlagworten "Ellbogengesellschaft, Individualisierung, Atomisierung, Versingelung und Vereinzelung" ihren Niederschlag finden. Lassen sich diese Tatbestände auf den Mangel an gemeinschaftlicher Sozialbezüglichkeit zu-

---

[42] „Da die zunehmende Globalisierung von Wirtschaft, Rechtssystem, Kulturen und Kommunikationsnetzen nun eine weltweite politische Öffentlichkeit schafft, hat die weltbürgerliche Sicht aufgehört, eine bloße Idee der Vernunft zu sein und ist, wie verzerrt auch immer, zu einer politischen Möglichkeit geworden. Wir brauchen ein neues *jus gentium* für eine neue Welt; denn der >>Gemeinsinn der Menschheit<<, jene Fiktion des politischen Denkens des 18. Jahrhunderts, ist noch immer die einzige Instanz, die den selbst-zentrierten Narzissmus von Nationen transzendiert und sie dazu zwingen kann, die Rechte anderer anzuerkennen." (Benhabib 1993: 113)

[43] Nur werden vor allem die integrativen statt der zentrifugalen Effekte sozialer Gemeinschaftsbildung hervorgehoben.

[44] Wir werden später sehen, dass soziale Gemeinschaften alles andere als differenzüberwindende und konfliktvermindernde Wirkungen entfalten. Insofern ist Huntington *hier* durchaus zu folgen. Gemeinschaftsbildung (aber nicht nur kulturell integriert) kann durchaus Konfliktpotenziale in der modernen Gesellschaft produzieren. Damit ist aber noch nicht gezeigt, in welchem Verhältnis die möglichen Wirkungen kultureller Probleme zu anderen, möglicherweise viel bedeutsameren Strukturen und Problempotenzialen der modernen Gesellschaft stehen.

rückführen? Löst sich eine vorhandene Wertegemeinschaft in jeweils konkurrierende Bestandteile auf? Oder sind es gerade Gemeinschaften, die vermehrt kulturelle, ethnische oder religiöse Konfliktpotenziale nicht nur aufbauen, sondern auch austragen? Das offen geäußerte Gemeinsame in der modernen Gesellschaft scheint eine wechselseitige Anerkennung des Differenten zu sein. Einigung trifft sich in der Anerkennung allgemeiner Uneinigkeit.

Aber sind diese Diagnosen[45] der Gegenwart gerechtfertigt? Beklagt wird ein Legitimationsverlust der modernen Demokratien. Der soziale Kitt, ein von allen getragenes und dadurch legitimiertes Wertesystem, wird als nicht mehr existent beschrieben. Die Institution des Wohlfahrtsstaates hat mit selbst erzeugten Überforderungen zu kämpfen. Eine Neubesinnung auf solidarische Grundwerte wird daher gefordert. Neue Tugenden und Moralvorstellungen versprechen, über gemeinschaftliche Neuverknüpfungen die zerrissenen Sozialordnungen wieder zusammenfügen zu können. Eine mit Solidarität gesteuerte Vergemeinschaftung lässt die Heilung der krisengeschüttelten Gesellschaft erwarten. Die pluralistische Gesellschaft soll vor einem ausufernden "sozialen Autismus" (Rehberg 1993: 19) bewahrt werden.

Es geht hier weder um das Feststellen der Richtigkeit bzw. um die kategoriale Einordnung der oben angedeuteten Diagnosen, noch wird eine Neubestimmung moralischer oder ethischer Begründungen des Sozialen vorgestellt. Gefragt wird, welche Implikationen sich aus den alten und neuen gemeinschaftlichen Konstruktionen ergeben. Lassen sich überhaupt gesellschaftsrelevante Probleme mit einer Neuorientierung auf gemeinschaftliche Werte in Angriff nehmen? In welchem Verhältnis stehen Gemeinschaft und Gesellschaft theoretisch und empirisch? Muss eine Unterscheidung des Gemeinschaftlichen in eine soziale, politische und kulturelle Dimension vorgenommen werden?

Ausgangspunkt der folgenden Betrachtungen ist die Dichotomie von Gemeinschaft und Gesellschaft. Diese führte Ferdinand Tönnies um die Jahrhundertwende als Reaktion auf weltweite Krisenerscheinungen der Gesellschaft ein. Daran anschließend folgt die Vorstellung der über Tönnies hinausgehenden und differenzierteren strukturfunktionalistischen Gemeinschaftskonzeption von Talcott Parsons. Gemeinschaftskritische Einwände werden abschließend mit den Argumenten von Helmuth Plessner und Richard Sennett erörtert.

Um den Gegenstand, die grundbegriffliche Dichotomie von Gesellschaft und Gemeinschaft, bearbeiten zu können, müsste eine Trennung der Diskussion in verschiedene Ebenen vorgenommen werden: *Erstens* können gemeinschaftli-

---

[45] Vgl. hierzu auch die in die Diskussion eingebrachten Diagnosen bei Heidbrink (1994), Rehberg (1993: 19 ff.) und Reese-Schäfer (1993: 305).

che Positionen innerhalb politischer Auseinandersetzungen instrumentalisiert werden. Nicht selten wird dem politischen Gegner vorgehalten, er untergrabe gemeinschaftliche Grundwerte, wenn dieser die Interessen seiner Klientel zu sehr in den Vordergrund rückt. Und parteiinterne Diskussionen[46] werden durch den Hinweis unterbunden, dass 'partikulare' und 'subversive' oder auf 'Profilierung' ausgerichtete Meinungsäußerungen der Partei, der politischen Sache Schaden zufügen. *Zweitens* wird in sozialen Gruppierungen die Unterscheidung dazugehören/nicht dazugehören bedeutsam. Die Kriterien für diese Differenz können ethnisch, religiös, kulturell oder auf eine andere Art und Weise konstruiert sein. Die gemeinschaftskonstituierten Ausgangsinteressen der Gruppenmitglieder finden kaum Berücksichtigung, im Vordergrund der sozialen Einheit steht der Gemeinschaftsbestand. Die Gemeinschaftsmitglieder haben sich diesen Tatbeständen anzupassen und unterzuordnen. Die Existenzbeibehaltung der Gemeinschaft wird zur einzigen Legitimationsgrundlage politischen und sozialen Handelns. Gruppenmitglieder dürfen nicht mehr ausscheren, die Individuen haben das Individuelle zu unterdrücken oder zumindest dieses der Gemeinschaft unterzuordnen. Und *drittens* muss auf die unterschiedlichen theoretischen Konstruktionen verwiesen werden, deren Einfluss auf soziale Konstitutionsprozesse nicht zu unterschätzen ist. Die empirische Relevanz gemeinschaftlicher und gesellschaftlicher Orientierungen und deren Betrachtungsweise variiert historisch. Wurde um die Jahrhundertwende der Übergang von gemeinschaftlichen zu gesellschaftlichen Konstellationen (Tönnies) betont, so wurde im fortgeschrittenen 20. Jahrhundert vor allem in der kommunitarisch inspirierten Diskussion[47] die Rück- bzw. Neubesinnung auf gemeinschaftliche Werte eingefordert.

Im Mittelpunkt dieses Abschnitts steht der Nachvollzug der soziologischen Grundlegung der Schlüsselbegriffe Gemeinschaft und Gesellschaft. Verschiedene theoretische Positionen kommen im Folgenden zur Sprache. Einmal wird gefragt, welche Begriffsinhalte vorgeschlagen werden und welche Implikationen sich aus den Begriffsvorschlägen ergeben. Weiterhin wird untersucht, ob der jeweils vorgestellte Gemeinschaftsbegriff für eine differenzierte

---

[46] Beispielhaft hierfür ist Helmut Kohls Ausspruch auf einem CDU-Parteitag: „Wer sich in diesen Zeiten zu Lasten des Ganzen profiliert, schließt sich selber aus der Gemeinschaft aus." (zitiert bei Fritz-Vannahme, 1994).

[47] Vgl. bspw. die Diskussion bei Brumlik und Brunkhorst (1993).

Diskussion ausreicht. Und schließlich wird auf einen blinden Fleck verwiesen, welcher durch die einseitige Favorisierung gemeinschaftlicher Sozialformationen entsteht. Schlussfolgernd wird die These aufgestellt, dass durch diesen blinden Fleck die Grundprobleme moderner Gesellschaften mehr zu- als aufgedeckt werden.

4.2.2 Zwei Gemeinschaftskonzeptionen – Tönnies und Parsons

Die Gemeinschaftsvorstellungen bei Tönnies lesen sich als bedauernde Kritiken der sich um die Jahrhundertwende vollziehenden gesellschaftlichen Veränderungen. Die sozialen Bindungen, die auf gemeinschaftlicher Basis beruhen, befinden sich in einem Aufweichungsprozess. In den Vordergrund drängen sich die neu entstehenden Tauschsysteme. Die Orientierungen der Individuen wenden sich von familiären, verwandtschaftlichen und räumlich eingegrenzten Sozialbezügen ab und den durch Industrialisierung und Politisierung der Gesellschaft neu entstandenen bzw. entstehenden Ordnungsmustern zu. Diese als krisenhaft empfundenen Veränderungen versucht Tönnies durch die Entgegensetzung von Gemeinschaft und Gesellschaft zu thematisieren.

Für Tönnies ist der menschliche Wille Existenzbedingung jeder sozialen Daseinsweise. Übernommen hat Tönnies den Willensbegriff von Schopenhauer (Korte 1992: 82). Die verschiedenen Ausprägungen (Wesenswille, Kürwille) können als Ausformung bestimmter Bewusstseinslagen angesehen werden. Aus den verschiedenen Willensformen ergeben sich je verschiedene soziale Beziehungen. Diese Beziehungen, ob gemeinschaftliche oder gesellschaftliche, müssen von Individuen gewollt werden. Gemeinschaft bildet sich aus naturwüchsigen Antrieben, die dem Menschen innewohnen. Sie ist gekennzeichnet durch ein Zusammenleben, welches auf Nähe, enger Verbundenheit und gemeinsamer Überzeugung beruht. Dies drückt sich in den von Tönnies hervorgehobenen drei Arten der Gemeinschaft aus. Dabei beruht die Verwandtschaft auf der Gemeinschaft des Blutes, die Nachbarschaft auf der Gemeinschaft des Ortes und die Freundschaft auf der Gemeinschaft des Geistes (Tönnies 1991: 12).

Die substanzialistische (vgl. Rehberg 1993: 29) Grundlegung[48] der gemeinschaftlichen Sozialverhältnisse lässt aus heutiger Sicht Zweifel an der Konstruktion sozialer Vergemeinschaftung aufkommen. Die von Tönnies vorgetragene Grundlegung der Sozialbeziehungen erfolgt naturalistisch. Durch den den Subjekten zugeschriebenen Wesenswillen, „den Inbegriff all[es] dessen, was ein Mensch in und an sich hat, insofern als diese eine Einheit, deren Subjekte alle ihre Zustände und Veränderungen nach innen und nach außen

---

[48] Bezogen auf die Unterscheidung Wesenswille/Kürwille als natürlich und künstlich.

durch Gedächtnis und Gewissen auf sich bezieht und mit sich verbunden emp-
findet" (Tönnies 1991: 154), ergeben sich Gebilde naturaler Art. Zu klären ist
weder der Ursprung, woher das Innewohnende komme (Eingebung, Gott),
noch das Zustandekommen unterschiedlicher sozialer Strukturen. Die Roman-
tisierung der sich auflösenden gemeinschaftlichen Verhältnisse sowie die sub-
stantialistische Grundlegung dieser Sozialbeziehungen lassen die Frage aufkommen, ob sich die an Tönnies anlehnenden Gemeinschaftsvorstellungen
heute aufrechterhalten lassen. Ihre soziale Relevanz soll nicht geleugnet werden, denn es geht nicht um Beschreibungen, die den Alltag und dessen
Formierungen prägen, sondern es geht um Problem- und Krisenbeschreibungen, die das "Gute" von Gemeinschaftlichkeit und in einigen Fällen auch
Solidarität als normative Postulate anzustrebender Zustände anbieten.

Können tatsächlich die Krisenerscheinungen der modernen Gesellschaft durch
Stärkung gemeinschaftlicher Sozialverhältnisse aufgehalten werden? Tönnies
nimmt den sozialen Wandel von gemeinschaftlichen zu gesellschaftlichen
Beziehungen als eine neue Begrifflichkeit auf. Die soziale Orientierungsrich-
tung, stets basierend auf menschlichen Bewusstseinsleistungen, verlagert sich
in seinen Augen von einer Innen- hin zu einer Außenperspektive. Die gesellschaftlichen Strukturen und die in diese eingebundenen Individuen bleiben
von äußeren Einflüssen nicht verschont. Das Zueinanderkommen der Menschen vollzieht sich vor allem aus spezifischen, gemachten bzw. hergestellten
Zwecken oder Tauschinteressen (ebenda: 34 ff.). Das einst ursprüngliche,
bodenständige Leben wird durch moderne Großstädte und Fabriken entfrem-
det. Die friedliche Gemeinschaft wird gegen eine "Jeder-gegen-jeden-Gesell-
schaft" eingetauscht. Nicht mehr Eintracht, Sitte und Religion, sondern
Konvention, Politik und öffentliche Meinung bestimmen das Leben der Individuen (ebenda: 216). Diese Art der Analyse endet scheinbar in einer
Schwarz-Weiß-Kontrastierung und verspricht für die Zukunft nur Krise und
Chaos.

Der Schluss liegt nahe, dass man sich völlig vom Begriff der Gemeinschaft
verabschieden muss. Abzulehnen ist die Grundlegung der Gemeinschafts- und
Gesellschaftskonstruktion durch naturalistische Willenskonstruktionen (Kür-
willen, Wesenswillen). Nützlich erscheint die Frage nach institutionalisierten
gemeinschaftlichen oder gesellschaftlichen Orientierungsmustern. Befinden
sich z. B. die Individuen im öffentlichen oder im privaten Raum, so werden
auch ihre Verhaltensweisen dementsprechend variieren. Jedoch reichen diese
zwei sozialen Verhaltensorientierungen sowohl für eine Analyse des Sozialen
als auch für das reale Verhalten und Handeln der Individuen nicht aus. Parsons greift diese Problematik auf, wenn er feststellt: dass „simple Dicho-
tomien nach Art von Gemeinschaft und Gesellschaft" (Parsons 1975: 41) zu
vermeiden seien. Die von Tönnies vorgeschlagene Dichotomie von Gemein-

schaft und Gesellschaft wird von Parsons folglich nicht mitgetragen, bildet aber einen Ausgangspunkt seiner theoretischen Überlegungen.

In der amerikanischen Soziologie wird Gemeinschaft, community, vor allem als eine territorial gegliederte Vereinigung von Menschen aufgefasst (Kiss 1989: 20; Joas 1993: 49). Folglich weist auch Parsons die strikte Entgegensetzung von Solidarbeziehungen (Gemeinschaft) und Vertrags- bzw. Konventionsbeziehungen (Gesellschaft) zurück. Die sozialen Beziehungen lassen sich mit Parsons nicht in zwei Dimensionen aufspalten, wobei eine von beiden die soziale Realität unausweichlich dominieren muss. Parsons verknüpft den Einzelnen und die soziale Realität mit Hilfe eines aufwändig konstruierten Systemmodells. Durch funktionale Differenzierung der Gesellschaft gewinnt er verschiedene Subsysteme, darunter das der gesellschaftlichen Gemeinschaft (Parsons 1986: 52). Diesem gesellschaftlichen Subsystem wird die intragesellschaftliche Funktion der Integration zugewiesen. Dieses Subsystem ist auf die Aufrechterhaltung von solidarischen Beziehungen ausgerichtet. Diese Funktion übernehmen kommunale Gemeinschaften, Vereine, verwandtschaftlich integrierte Haushalte oder Nachbarschaften. Durch ein normatives Ordnungssystem, aus dem sich Status, Rechte und Verpflichtungen der Mitglieder ableiten, wird die gesellschaftliche Gemeinschaft konstituiert (Parsons 1986: 22). Ohne legitimierte kulturelle Orientierungsmuster lässt sich soziale Ordnung nicht realisieren. Legitimation kann eine Sozialordnung sowohl über Solidarität als auch über Identität beziehen, d.h., ein System konstitutiver Symbole begründet eine Gemeinschaft über Glaubensinhalte, Rituale oder andere kulturelle Komponenten. Andererseits finden sich in Sozialsystemen spezifische Rollenstrukturen. Der in modernen Gesellschaften ausgebildete Rollenpluralismus ermöglicht „die Beteiligung ein und derselben Person an mehreren Gesamtheiten" und erfüllt somit integrative Aufgaben (Parsons 1985: 23).

Die Gesellschaft erhält ihre integrativen Bestandteile durch allgemein verbindliche Normen und Werte. Da diese nicht in zwei Dimensionen (Gemeinschaft vs. Gesellschaft) aufgehen, plädiert Parsons für ein mehrdimensionales Werteschema, aus welchem die grundlegenden Orientierungsmaßstäbe für die Individuen abgeleitet werden können. Die handelnden Personen wählen ihre Einstellungen und Orientierungen je nach Situation aus. Aufbauend auf dieser Erkenntnis konstruiert Parsons das Konzept der „pattern variables" (Parsons 1964b: 67). Auf den ersten Blick scheint Parsons bei einer zwar differenzierteren, aber doch noch vorhandenen Gegenüberstellung von gemeinschaftlichen und gesellschaftlichen Orientierungsmustern zu bleiben. Allerdings wird hier ein mehrdimensionaler Orientierungsraum für das Verhalten von Personen konstruiert. Unterschiedliche sozialstrukturelle und situative Ereignisse lassen sich durch Variation der „pattern variables" analysieren (ebenda: 86 ff.). Soziale Handlungen sind keineswegs dichotom strukturiert, sondern ergeben sich jeweils aus komplexen, in sich differenzierten und der jeweiligen Situation angemessenen Strukturen. Grundlage dieser Orientierungen ist das jeweils gültige Normen- und Werteschema einer Gesellschaft. Aus den unterschiedlichen Normen und Regeln ergeben sich situationsspezifische Interaktionsmuster. Die Rahmenbedingungen für die Orientierungsmuster leiten sich aus dem gültigen Werte- und Kultursystem ab. Das allgemeine Handlungssystem ergibt sich bei Parsons durch die Zuordnung von Handlungen zu bestimmten Wertemustern, aus den Motivationslagen der agierenden Individuen und dem jeweiligen Subsystem, in dem die Handlung vollzogen wird (Kiss 1989: 68). Mit dieser Konzeption wird die Frage möglich, ob die ausgewählten Handlungen solidarisch ausgerichtet sind und somit sozialintegrativen Erfordernissen genügen oder ob die vollzogenen Handlungen desintegrative Wirkungen entfalten.

Mit Parsons (1986: 32) lässt sich festhalten, dass eine Gesellschaft nur existieren kann, wenn diese eine gesellschaftliche Gemeinschaft mit Integrationsfunktion institutionalisiert. Mit dieser Konzeption entfällt die dichotome Entgegensetzung von Gemeinschaft und Gesellschaft. Weitergehend kann Parsons nach unterschiedlichen Integrationsmustern in verschiedenen Gesellschaften fragen und unter diesen Voraussetzungen wird eine differenziertere Betrachtungsweise sozialer Gefüge möglich.

4.2.3 Kritik an der Gemeinschaft – Plessner und Sennett

Plessner seinerseits warnt vor den Gefahren einer Überschätzung bzw. Überbewertung des Gemeinschaftsgedankens. Er kritisiert die damit einhergehende Denunziation der Gesellschaft. Seine Ausführungen richtet Plessner auf zwei gesellschaftsbestimmende und in Konkurrenz stehende Denkrichtungen: Den von Nietzsche eingeleiteten Rassismus und die Klassentheorie von Marx. Nietzsche ist ein bewusster Gesellschaftsfeind durch Bezugnahme auf den Aristokratismus und Marx wirkt gesellschaftsfeindlich durch seine Bezugnahme auf die Idee des Sozialismus, der letztlich auf eine „Mobilisierung des Masseninstinkts" hinauslaufen soll (Plessner 1981: 33). Plessner sucht Argumente, um das Ideal der Gesellschaft gegen den Zeitgeist der Gemeinschaftsverherrlichung aufrechterhalten zu können. Die Annahme einer Konkurrenzsituation von Gemeinschaft und Gesellschaft lasse sich mit dem wirklichen sozialen Gefüge nicht verbinden. Die Wesensmerkmale dieser Dichotomie sind für Plessner primär ethisch und nicht sozial konstituiert. Es steht Gesinnung gegen Gesinnung. Nicht unmittelbar aus dem sozialen Gefüge ergibt sich der Gegensatz von Gemeinschaft und Gesellschaft, sondern aus weltanschaulichen bzw. ideologischen Gründen. Gemeinschaftlichkeit erwächst aus dem „Sein und Wollen der Personen". Die gemeinschaftlichen Beziehungen erhalten ihre emotionale Bindungskraft durch Blutsverwandtschaft, „Gleichgestimmtheit der Seelen" oder durch die „Gemeinschaft der Sache durch Teil-haberschaft an ein und demselben Wert" (ebenda: 50).

Diesen Gemeinschaftsvorstellungen setzt Plessner aus ihnen selbst erwachse-ne Begrenzungen[49] entgegen. Gemeinschaftliche Sozialgefüge realisieren sich nicht allein durch Geburt oder durch ein bloßes Gefühl vager Verbundenheit. Hinzutreten muss die echte Liebe zwischen den Gliedern, welche z.B. über charismatische Personen in ein größeres Sozialgefüge eingebracht werden kann (Plessner 1981: 55). Die Wesensgrenzen der Gemeinschaft liegen einer-seits in der neu entstandenen Öffentlichkeit wie auch in der „Unvergleich-lichkeit von Leben und Geist" (ebenda: 56). Damit ist gemeint, dass sich der menschliche Geist alle Personen – der denkende Geist sich selbst als Person mit eingeschlossen – unter ein Gemeinschaftsideal wünscht, aber die tatsäch-lichen Lebensäußerungen und Lebensvollzüge diesem Ideal diametral ent-gegenstehen können.

Dagegen ist der Einzelne in der Öffentlichkeit angehalten, sich nach bestimm-ten Regeln zu verhalten, um nicht aus dem gesellschaftlich legitimierten Erwartungsrahmen herauszufallen. Die Freigabe des Inneren wird mit Hilfe einer (Charakter-)Maske verhindert. Man setzt sich nicht der Gefahr der Lä-cherlichkeit aus. Die Öffentlichkeit, d.h. das Agieren im öffentlichen Raum, verlangt geradezu nach einem Schutzmechanismus, um den Einzelnen nicht angreifbar und verletzlich wirken zu lassen. Die Unangreifbarkeit der verbor-genen Individualität wird über Regeln und Konventionen sowie über eine Prestigeordnung aufgebaut. Um in sozialen Kontakt zu treten, ist es nicht erforderlich, die Karten der individuellen Innenwelt auf den Tisch zu legen, es genügt die Beherrschung des gesellschaftlich "verabredeten" Rollenspiels. Im privaten Raum, ob in verwandtschaftlichen, freundschaftlichen oder über Lie-be hergestellten Beziehungen, wird die Charaktermaske seltener beansprucht. In anderen Situationen ist es unausweichlich, andere Modi des Miteinanders heranzuziehen. Die öffentlichen Beziehungen beruhen dann auf dem „Prinzip der Gegenseitigkeit. Jeder gibt dem anderen so viel Spielraum, als er selbst beansprucht" (ebenda: 100).

Die politische Dimension offenbart sich in dem über Recht und Prestigeord-nung herzustellenden gesellschaftlichen Sozialkontext und andererseits in dem Versuch, Personen unter die Geltung einer Gemeinschaftsordnung zu bringen. Die einzelnen Individuen haben in einer Gemeinschaftsordnung die Entscheidungskompetenz an eine höhere Instanz abzutreten (Führer). Dieser Führer entscheidet stellvertretend für das gesamte Gemeinwesen. Die Ge-meinschaft wird zum "Alles", der einzelne wird zum "Nichts". Schon 1924

---

[49] Plessner spricht von Wesensgrenzen der Gemeinschaft. Das lässt einen Substanzialismus aus anderer Perspektive vermuten.

wurde von Plessner folgendes Zitat verfasst: „In diesem Zwang zur Delegation der Vollzugsgewalt an eine Person, und zwar um den Preis des Lebens jeder Person im Kreis von Personen, liegt die Quelle jener ewigen Illusion unseres Herzens, jener unzerstörbaren Utopie der gewaltlosen Einigung aller Menschen in *einer*[50] Gemeinschaft. Zugleich besitzen wir in diesem Zwang den Angelpunkt des Gesetzes der Politik, wonach solche gewaltlose Einigung nicht nur unmöglich ist, sondern im Interesse der Menschenwürde aller, für sich und im ganzen genommen, als erniedrigend, selbstzerstörerisch und desorganisierend verhindert werden muss" (ebenda: 120 f.).

Hier entfaltet sich ein politischer Kerngedanke, von dem aus Gemeinschaftsentwürfe betrachtet werden können. Nicht nur der Faschismus, sondern auch der Sozialismus wollte die Individuen ihrer Individualität um der Gemeinschaft willen berauben. Der eingesetzte Schematismus war so einfach wie wirkungsvoll. Scherte man aus dem sozialen Rahmen der vorgeschriebenen Spielregeln aus, wurde man zum Abweichler und als Gefährdung für das Ganze gebrandmarkt. Diese Funktionslogik lässt sich nicht nur in großen sozialen Kontexten und Einheiten beobachten. Auch unterhalb von gesellschaftlich agierenden Gruppierungen wird z. B. argumentiert, dass bestimmte Ziele nur zu erreichen seien, falls der Einzelne seine Wünsche und Interessen dem Ganzen oder einer Gruppe zu opfern bereit wäre.

Diesen Funktionsmechanismen widmet sich Richard Sennett in seinen Ausführungen über gemeinschaftliche Sozialgefüge und deren Stellung und Rolle in der heutigen Gesellschaft. Sein Augenmerk richtet sich dabei auf einen Wandel in der Gesellschaft: die Krise des öffentlichen Lebens. Diese Krise ist auf eine Verschiebung von der öffentlichen Sphäre auf das Privatleben zurückzuführen. Die Gesellschaft befindet sich auf dem „Weg zur Intimität" (Sennett 1993: 45). Indikatoren dieser „intimen Sichtweise" sind ein neu entfachtes Vertrauen, Suche nach gemeinschaftlicher Geborgenheit sowie die Vorstellung, endlich den nach außen drängenden Gefühlswelten freien Lauf lassen zu können. Die Gesellschaft verwandelt sich in ein „riesiges psychisches System". Die reale Welt gerät aus dem Blickfeld, sie wirkt durch die neu entstehenden Sichtweisen „schal und leer" (ebenda: 17). Gesellschaftliche Tatbestände erscheinen nur relevant, wenn sie durch Personalisierung im verengten Blickfeld der Betrachter auftauchen. Der blinde Fleck entsteht mit der Reduzierung des Sozialen auf psychologische bzw. personalisierte Grundtatsachen. Die Personalisierung der Öffentlichkeit ist Grundvoraussetzung für das Zustandekommen einer „intimen Gesellschaft", sie ist dabei dem gesellschaftlichen Handeln diametral entgegengerichtet. Durch die Reduktion des

---

[50] Hervorgehoben durch die Verfasser.

Sozialen wird die normalerweise vorhandene Urteilskraft aufgehoben. Sennett spricht von einer "Suspendierung der Ich-Interessen" (ebenda: 283).

Neben der Personalisierung gesellschaftlicher Sachverhalte tritt als zweites Merkmal der „intimen Gesellschaft" die Vergemeinschaftung sozialer Beziehungen in Erscheinung. Bilden sich nach Sennett Gemeinschaften durch Konstruktion einer Kollektivpersönlichkeit, wird es den Mitgliedern dieser Gruppe unmöglich, ihre eigenen individuellen Interessen zu artikulieren, um sie in den politischen Willensbildungsprozess einbringen zu können. Die These Sennetts lautet, dass „eine gemeinsame Vorstellungswelt bei den Menschen geradezu ein Hindernis für gemeinsames Handeln darstellt" (ebenda: 286). Die Pluralisierung wird durch die Intimisierung der Gesellschaft zurückgenommen. An die Stelle des Interessenpluralismus treten Gemeinschaften, die die Erhaltung und die Bestandssicherung der jeweiligen Gemeinschaftsgefüge und nicht die empirische Wirklichkeit in den Vordergrund des Handelns setzen.

Interessant ist an dieser Stelle ein fast universell anzutreffendes Phänomen: Werden Menschen befragt, die sich gemeinschaftlichen Verbindungen zuordnen (Sekten, Religionsgemeinschaften, ethnischen Gruppen, politischen Zirkeln usw.), wird man kaum Nachteiliges über die entsprechende Verbindung hören. Man sei frei in seiner Entscheidung, man wolle in der Bewegung, in der Gemeinschaft bleiben. Es werden gute Ziele verfolgt und die negative öffentliche Darstellung entbehrt jeder Grundlage bzw. ist Resultat rachesüchtiger Abweichler. Sobald so genannte Exmitglieder befragt werden, ändert sich das Bild der Einschätzung auf dramatische Weise. Von Entfremdung ist die Rede; Psychoterror, Nötigung und Vertrauensmissbrauch seien an der Tagesordnung. Zwei Punkte sind an dieser Stelle wichtig. *Einerseits* trägt der "westliche" Blick, insbesondere in Bezug auf islamische oder asiatische Umgangsformen, an dieser Differenz in der Beschreibung aktiv bei. Wichtig ist somit die Klärung der Frage, auf welcher Seite bedeutsame Unterschiede gesetzt werden. Vor allem, welche Unterscheidungen die Beobachtungen und Beschreibungen anleiten.

Konflikte entstehen nicht irgendwie. Ohne Kommunikation gibt es keine sozialen Konflikte. Gemeinschaftsbildungen, über Wertbezüge, Normschemata oder charismatische Personen initiiert, kreieren scheinbar besonders schnell Konfliktlagen. Konflikte entstehen und gewinnen eine eigene Dynamik unter anderem dadurch, dass sie den Entstehungsvorgang und die Gründe, die zum Konflikt geführt haben, folgenreich verdunkeln.

Sennett erläutert diesen Prozess anhand zweier Beispiele: Sowohl in der Affäre Dreyfus als auch im Engagement einer jüdischen Bürgerinitiative im New-Yorker Stadtteil Forest-Hills gerät der Ausgangspunkt des Konfliktes mehr und mehr aus dem "Blick" des öffentlichen Interesses. Stattdessen entsteht ein ideologischer Konflikt, in dessen Folge konkurrierende Gemeinschaften entstehen. Mit der Bildung dieser Gemeinschaften verschwindet die Sachlichkeit aus dem öffentlichen Diskurs. Nunmehr geht es in diesen Konflikten nur noch um die „Integrität der Mitglieder" im Innenverhältnis und um die „Ehre" (ebenda: 318) der Gemeinschaft im Außenverhältnis. Gestritten wird nicht mehr um der Sache willen; im Vordergrund stehen die entstandenen Gemeinschaften. Ein dynamisierter politischer Konflikt entsteht, an dessen Ende sich zwei Lager unversöhnlich gegenüberstehen. Kompromissversuche einzelner Gemeinschaftsmitglieder sind von diesem Zeitpunkt an zum Scheitern verurteilt. Abweichen und Ausscheren aus dem gemeinschaftlichen Gefüge untergräbt dessen Bestand und muss daher unterbunden werden. Jeder überwacht zuerst jeden in der Gemeinschaft. Erst allmählich werden spezialisierte Kontrolleure installiert, die erst die Handlungen und später die Gedanken der Gemeinschaftsmitglieder kontrollieren.

Ist der Prozess der Gemeinschaftsbildung so weit vorangeschritten, besteht die Gefahr, dass sich totalitäre[51] Verhältnisse herausbilden können. Sennett kommt zu der These, „(...) dass bestimmte, scheinbar höchst menschenfreundliche Anschauungen, Bestrebungen und Mythen von heute immense Gefahren in sich bergen (...)", z. B. dass „(...) sich sämtliche Missstände der Gesellschaft auf deren Anonymität, Entfremdung, Kälte zurückführen lassen" (ebenda: 329). Einen Ausweg aus diesem Dilemma verspricht die "Ideologie der Intimität", welche durch Abwendung von der Gesellschaft eine neue Gemeinschaftlichkeit begründen möchte. Aber diese Gemeinschaft gerät zum Selbstzweck: Außenseiter und Abweichler werden ausgeschlossen (ebenda: 331), man lässt nicht mehr mit sich reden. Das Unpersönliche soll verbannt werden. Handlungen werden vollzogen, nicht mehr um ein Ergebnis zu erzielen, sondern die Handelnden werden insbesondere nach ihren Handlungsmotivationen befragt (ebenda: 334). Auf einen fatalen Irrtum läuft also die Vorstellung hinaus, die durch eine Wiederherstellung gemeinschaftlicher Einheiten die politische und soziale Erneuerung der Gesellschaft vorantreiben möchte. Die Gemeinschaft, angetreten um die kritisierte Anonymität zu beseitigen, erzeugt eben diese durch ein Gemisch von Kontrolle und Solidarität

---

[51] Die Bezeichnung "totalitär" bezieht sich nicht nur auf Gesellschaften, sondern auch auf soziale Einheiten unterhalb der Gesellschaft.

(ebenda: 292). Die Gemeinschaft grenzt sich von der gesellschaftlichen Wirklichkeit ab. So wird der Blick auf tatsächlich vorhandene Wirkungszusammenhänge[52] verstellt – der blinde Fleck entsteht und wird wirksam!

4.2.4 Chancen und Probleme der Gemeinschaft

Der Differenzierungsvorschlag von Parsons hat u. E. die strikte Gegenüberstellung von Gemeinschaft und Gesellschaft im Sinne von Tönnies als nicht tragbar herausgestellt. Beide Begriffe bezeichnen soziale Tatbestände. Demgegenüber unternimmt Tönnies den Versuch, mit dem Begriff Gemeinschaft das Humane, das Menschenwürdige in die künstliche Gesellschaft hinüberzuretten. Die Menschen seien vor den Gefahren der künstlichen, vertraglich geregelten und wirtschaftlich desintegrierten Gesellschaft zu bewahren. Einziger Ausweg für Tönnies ist daher die Rückbesinnung auf gemeinschaftliche Sozialbezüge. Die von Tönnies vorgenommene Unterscheidung des Sozialen nach "spezifisch menschlich + natürlich" und "unmenschlich + künstlich" enthält normative, also wertende Implikationen und kann folglich nicht unterstützt werden. Jedoch ist eine empirische Relevanz dieser Unterscheidung nicht zu leugnen. Für das politische Handeln in sozialen Kontexten wird die Entgegensetzung von Gesellschaft und Gemeinschaft als Orientierungskonstrukt nicht an Relevanz einbüßen. Aufzudecken ist jedoch die Vorstellung, das Gemeinschaftliche läge außerhalb sozialer, gesellschaftlicher Bezüge.

Beim Zusammenleben der Individuen, das Wort *Zusammen*leben selbst drückt es bereits aus, handelt es sich *immer* um etwas Soziales (vgl. Brunkhorst 1994: 139). Der Mensch braucht, um das zu werden, was er ist, die Gesellschaft. Sozialität ist Grundvoraussetzung für die Frage nach den Voraussetzungen für Gesellschaft. Also steht nicht die Frage nach der sozialen Bedingtheit und Abhängigkeit des menschlichen Daseins zur Debatte, sondern es sind Fragen nach dessen "Wie" und nach dem "Warum-gerade-so".

Mit den Problemen der Gestaltbarkeit und den Gestaltungsfaktoren des Sozialen rücken politische Fragen ins Zentrum der Betrachtung. Unter diesen Voraussetzungen können Fragen formuliert werden, inwiefern eine Gesellschaft über Gemeinsinn, über gemeinschaftliche Werte (Parsons) zusammengehalten werden kann. Fällt die Sozialität als Vorbedingung weg, so wird die

---

[52] Relevant wären z. B. Fragen nach den Machtstrukturen, nach den Ursachen von Unterdrückung und sozialen Ungleichheiten, nach Mitwirkungs- und Mitbestimmungsmöglichkeiten in Staat und Gesellschaft.

Frage nach den Formen des Zusammenlebens irrelevant. Allerdings wird die Analyse auch dann geschwächt, wenn man soziale Abhängigkeiten ausblendet. Der Grundtatbestand des Sozialen wird z. B. nicht nur durch utilitaristisch orientierte Individuen, sondern auch durch wissenschaftlich geschulte Beobachter, die jeweils mit ihren spezifischen Scheuklappen operieren, ignoriert.

Den Blick für das Auseinanderfallen von gesellschaftlicher Realität und dessen Wahrnehmung zu öffnen, ist ein Verdienst kommunitaristischer Anstöße. In dieser Position wird nach der Art und der Stärke vorhandener Integrationspotenziale moderner Gesellschaften gefragt. Die Kommunitarier schärfen den Blick dafür, dass Gesellschaften mit atomisierten, auf Nutzenmaximierung ausgerichteten Individuen nicht auf Dauer integriert werden können. Michael Sandel fordert beispielsweise die Aufgabe des modern gewordenen "ungebundenen Selbst", weil soziale Bindungen nicht nur auf freiwilliger Basis beruhen, sondern notwendigen Charakter haben. Charles Taylor setzt dem individualistischen Menschenbild die Einsicht entgegen, dass selbst egoistische Handlungsausrichtungen ohne soziale Gemeinschaft nicht möglich wären. Durch die kommunitarische Diskussion eröffnen sich innergesellschaftliche Problemlagen (Reese-Schäfer 1993: 307), ohne dass diese zugleich mit einer gemeinschaftlichen Terminologie zugedeckt werden.

Das Thema dieses Abschnittes lag jedoch nicht in der Hinterfragung gemeinschaftlicher, kommunitärer Gestaltungsvorschläge. Worum es vor allem ging, war die Frage nach den Implikationen gemeinschaftlicher Theorie- und Realitätsentwürfe. Gemeinschaften waren zu keiner Zeit ein homogenes Ganzes, welches sich nur durch Solidarität und Gemeinsinn auszeichnet (vgl. Fink-Eitel: 1993: 307). Gemeinschaften sind ebenso wie die Gesellschaft durch die *Gleichzeitigkeit* von Solidarität und Konflikt gekennzeichnet. Meist beruhen Gemeinschaftsentwürfe auf weder theoretisch noch empirisch haltbaren Konstruktionen und Vereinfachungen. Gelegentlich dient der Hinweis auf Gemeinschaftlichkeit nur der Ausblendung vorhandener Interessendivergenz. Die Pluralität der Individuen soll durch Konstruktion des Gemeinsamen "rückgängig" gemacht werden. Dabei können gemeinschaftliche Werte mit dem Ziel eingesetzt werden, Menschen davon abzuhalten, ihr "Wissen von der Realität, von Machtverhältnissen zur Leitlinie (ihres) [unseres] politischen Handelns zu machen." (Sennett 1993: 427)

Mit der Zuweisung der Integrationsfunktion an das innergesellschaftliche Subsystem "gesellschaftliche Gemeinschaft" ist es Parsons möglich, die einfache Entgegensetzung von Gemeinschaft und Gesellschaft aufzulösen. Diese überführt er in das mehrdimensionale Orientierungskontinuum der pattern

variables, welches in unterschiedlichen gesellschaftlichen Ordnungen[53] verschieden ausgeprägt sein kann. Kritische Hinweise erhält die gemein-
schaftsbezogene Diskussion durch Plessner und Sennett. Plessner mahnt die
Gesellschaftsfeindlichkeit der „Gemeinschaftsidealisierer" und Sennett verweist auf Gefahren eines blinden Flecks, der mit sozialer Gemeinschaftsbildung im Zusammenhang steht. Dieser ist mit der „Tyrannei der Intimität"
in Verbindung zu bringen. Das Ende des öffentlichen Lebens endet in einer
„destruktiven Gemeinschaftlichkeit". Die individuelle Identität wird bedin-
gungslos an eine kollektive rückgebunden. Beschränken sich individuelle und
kollektive Identitätssuche überwiegend auf gemeinschaftliche Sinnangebote,
sind latent konfliktträchtige Vereinfachungen nicht auszuschließen. Eine
Hauptgefahr dieser Entwicklung liegt in der Abwendung von zentralen Problemen und Gefahren der modernen Gesellschaft. Somit ist der Blick nicht
vordergründig an gesellschaftsfeindlichen (Plessner) Gemeinschaftskonzepti-
onen, sondern an gesellschaftsrelevanten Zusammenhängen und Strukturen
auszurichten.

Vorschläge, die theoretisch wie praktisch auf normative Integration, einen
Wertekonsens oder gemeinschaftliche Identifikation setzen, sollte man mit
Vorsicht betrachten. Wenn im Zuge der Moderne die Individuen aus den
ständischen, korporativen und lokalen Bindungen herauslöst und die Individuen vorwiegend auf sich selbst verwiesen sind, was Lebensgestaltung und
Biografiekonstruktion anbelangt, so muss nicht zwangsläufig von einer "atomisierten Gesellschaft" (Böckenförde 1995: 988) gesprochen werden. Die
Rezeptur einer Integration, indem eine gemeinsame Kultur die Gesellschaft
über ein gemeinsam geteiltes politisches Bewusstsein zusammenhält, gleich-
gültig ob dies durch Religion, ethnische Verbundenheit oder Nation vermittelt
werden soll, lenkt von wichtigen sozialen Kernstrukturen eher ab.

Globalisierung schränkt die Bedeutung des Ortes nicht nur als Identitätshori-
zont ein. Die Grenzen der Nationalstaaten werden durch Globalisierung
ebenso in Frage gestellt wie die territoriale Basis sozialer Gemeinschaftsbildung (Albrow 1997: 296).

Das führt vor die Frage, wohin der Wechsel sozialer Verortung führt, wenn
territoriale Aspekte zunehmend an Einfluss einbüßen. Übernimmt Kultur die
Stelle des Ortes? Welche Folgen für soziale Grenzziehungsprozesse und Kon-

---

[53] Schließt man an die These an, dass wir mit nur einer, der Weltgesellschaft zu rechnen haben,
dann ist zu fragen, inwieweit der Strukturfunktionalismus als Theorie zur Erklärung gesellschaftlicher Prozesse noch ausreicht. Wir wollen dieser Frage nicht weiter nachgehen. In der
Argumentation ging es uns um den immer aktualisierten Gegensatz von Gemeinschaft und
Gesellschaft, dem man, wie anderen Gegensätzen auch, seit Parsons theoretisch nicht mehr
folgen kann.

fliktpotenziale der modernen Gesellschaft ergeben sich aus der Rolle von Kultur? Zur Beantwortung wenden wir uns nun der weiteren Betrachtung der modernen Gesellschaft zu.

4.3 Ambivalenzen der Moderne

Die klassische, strukturfunktionalistisch argumentierende Modernisierungsforschung versteht Modernisierung als einen zeitlich gestreckten, komplex strukturierten, nicht geradlinig verlaufenden Entwicklungsprozess, in dessen Folge industriell entwickelte Staaten und Nationen das Grundgerüst sozialer Ordnung entstehen. Die institutionellen Errungenschaften Demokratie und Marktwirtschaft sind einige unter vielen strukturell bedeutsamen Varianten der Moderne.

Vier Basisinstitutionen[54] definieren die entstandenen Industrienationen westlichen Zuschnitts (Zapf 1990: 34): Konkurrenzdemokratie, Marktwirtschaft, Wohlstandsgesellschaft mit Massenkonsum sowie Wohlfahrtsstaat. Die Marktwirtschaft sichert durch Produktionsfortschritte Wachstumschancen von Konsum und Wohlstand. Politik ist demokratisch legitimiert, was Innovationsfähigkeit und eine hohe Beteiligung der Bevölkerung ermöglicht. Wertgeneralisierung sowie die kulturelle Diffusion rationalisierter Normkomponenten integriert die sozial differenzierten Teilsysteme.

Die strukturelle Differenzierung ist zugleich Ausdruck für die jeweilige Anpassungskapazität einer Gesellschaft. Grundvoraussetzung für diese Strukturanpassung ist die Herausbildung evolutionärer Universalien[55]. Ihre besondere Bedeutung erlangt die sozial geordnete Entwicklung oder Erfindung dadurch, dass sie nicht nur an einer Stelle auftritt, sondern dass mit großer Wahrscheinlichkeit mehrere soziale Systeme (Länder, Organisationen) unter verschiedenen Bedingungen auf ähnliche Erfindungsmuster zurückgreifen (Parsons 1964a: 55).

Diese evolutionären Universalien sind Grundvoraussetzung für gesellschaftliche Entwicklungsprozesse, d.h. für eine weitergehende funktionale Differenzierung der Gesellschaft. Die Steigerung der Anpassungskapazität von sozialen Systemen (z. B. Gesellschaft) wird vor allem durch den Prozess der Ausdifferenzierung gewährleistet.

---

[54] Gesellschaften, in denen diese Institutionen auftreten, „sind erfolgreicher, anpassungsfähiger, d.h. moderner als solche, die das nicht tun" (Zapf 1990: 34).

[55] Auf sechs moderne evolutionäre Universalien verweist Parsons (1964a): Soziale Schichtung, kulturelle Legitimierung, Verwaltungsbürokratie, Geld- und Marktorganisation, generelle universalistische Normen und demokratische Assoziation.

Abbildung IV: Das implizite Modell der klassischen Modernisierungstheorie

Subsystem	Entwicklungsdimension	Resultierende Prozesse
Kultur	Kulturelle Entwicklung (Wertgeneralisierung)	Universalismus, Säkularisierung
Gesellschaft		
- Politik	Politische Entwicklung (Demokratisierung)	Staaten- und Nationenbildung
- Wirtschaft	Wirtschaftliche Entwicklung (Marktwirtschaft)	Industrialisierung
- Sozialstruktur	Soziale Mobilisierung	Soziale Arbeitsteilung
Person	Psychische Mobilisierung	Leistungsmotivation
Internationales System	Internationale Transformation	Internationale Umschichtung, Bi-Polarität

Quelle: Zapf (1975: 215; leicht verändert)

Konnten klassische Modernisierungskonzepte[56] noch von einem planbaren geradlinigen Fortschreiten sozialer Entwicklung ausgehen, tendiert man gegenwärtig in eine Richtung, die Modernisierung als einen hochgradig riskanten Entwicklungspfad der Gesellschaft zu beschreiben. Die beiden totalitaristisch angelegten "Integrationsprojekte" des Faschismus und des Sozialismus waren mehr als nur gescheiterte Ausrutscher der modernen Gesellschaftsgeschichte. In beiden sozialen Herrschaftsordnungen kamen, wenn auch in unterschiedlicher Ausprägung und mit unterschiedlichen Effekten, moderne Verwaltungsmethoden und moderne Technologien zum Einsatz (Baumann 1995: 317). Die Ambivalenz der Moderne offenbarten allerdings nicht nur die beiden großen totalitären Konzepte. Die Strukturen der Moderne sind durch Widersprüche und latent vorhandene Konfliktpotenziale geprägt, die eine "weitergehende Modernisierung" im Sinne des Strukturfunktionalismus eher unwahrscheinlich machen.

---

[56] Erste kritische Stimmen wurde in den 60er-Jahren lauter. Vor allem waren es drei Kritikpunkte, die gegen zu einfache Modernisierungsvorstellungen ins Feld geführt wurden (vgl. Zapf 1990: 33): Erstens scheiterten Projekte in den Entwicklungsländern, was nicht nur mangelnder Kompetenz oder Korruption vor Ort zuzuschreiben war. Zweitens konkurrierten sehr verschiedene Entwicklungsmodelle um den richtigen Weg (Amerika, Sowjetunion, China). Drittens wurden gesellschaftstheoretische Argumente betont, die der westlichen Modernisierung die Entwicklungsfähigkeit für nicht westliche Länder absprachen. Die Dependenztheorie betrachtete Modernisierung als gleichbedeutend mit Ausbeutung.

Das Projekt der Moderne ist keine einheitliche Veranstaltung mit einem klar umrissenen Ziel. Die moderne Gesellschaft ist sowohl in struktureller wie in zeitlicher Hinsicht mit grenzsetzenden Differenzen ausgestattet, die im Folgenden etwas näher zu beleuchten sind. Starten wollen wir mit dem zeitlichen Aspekt. Anschließend widmen wir uns der sozialen Differenzierungsform, um zu sehen, welche Herausforderungen und Problemgesichtspunkte die moderne Gesellschaft begleiten.

Die Moderne stellt sich als ein unter zeitlichen Aspekten zu betrachtender Modernisierungsprozess vor, ein Diffusionsprozess, der sich auf drei unterschiedlichen Ebenen[57] gesellschaftsprägend ausbreitete. Stefan Hradil (1988: 5) unterscheidet die geistesgeschichtliche, die politische und die gesellschaftliche Modernisierungsebene. Zwei Aspekte fallen besonders ins Auge, erstens der Zeithorizont des Modernisierungsprozesses und zweitens der Ausstrahlungs- und Wirkungsbereich moderner Entwicklung. Die erste Entwicklung, die im 16. Jahrhundert einsetzt, macht auf die Entstehung des modernen Freiheitsbegriffes aufmerksam. Freiheit wird als Auflösung bisher unhinterfragbarer (Natur-)Zustände verstanden. Der Mensch begreift sich selbst als Gestalter der Welt. Modernes Denken zielt auf die „Steigerung individueller Freiheitsräume des Menschen", es wird auf „die wachsende Autonomie menschlicher Subjekte" (ebenda: 7) verwiesen. Diese treten nun aus dem Schatten tradierter Weltbilder heraus und das neue Denken wird durch das "Vertrauen auf Vernunft und Fortschritt" (ebenda: 8) charakterisiert.

Von den Wirkungen der Aufklärung ist die zweite, die politische Ebene gekennzeichnet. Aufklärung meint die für soziales Handeln folgenreiche Auffassung, dass sich die Gesellschaft aus der Aggregation der einzelnen freien Akteure zusammensetzt (Scheuch 1990: 112). Ausgehend von dieser Erkenntnis wird im Interesse des erstarkten Bürgertums die Durchsetzung universalistischer Standards[58] gefordert.

Die gesellschaftliche Ebene als dritte Etappe im Modernisierungsprozess zeichnet sich durch die Institutionalisierung universalistischer Forderungen aus. Moderne Industrienationen entstehen. Wirtschaft, Staat und Gesellschaft, genauer: die darin anzutreffenden sozialen Beziehungsmuster, werden zunächst durch Arbeitsteilung und Rationalisierung und später durch das Prinzip der funktionalen Ausdifferenzierung (Luhmann 1992: 26) sowie durch die Verstärkung weiträumiger Verflechtungen (Hradil 1988: 9) geprägt. Zeitlich

---

[57] Parsons unterscheidet ebenfalls drei zeitliche Ebenen. Er hält drei Revolutionen – die französische, die industrielle und die Bildungsrevolution – für die Entwicklung moderner Gesellschaften (Parsons 1985: 150) für bedeutsam.

[58] Eingefordert wurden z.B. gleiche Rechte für alle (Bürger), Wohlfahrt, legitimierte Herrschaft, Trennung von Staat und Gesellschaft sowie Trennung von Wirtschaft und Politik.

betrachtet ist von der "Moderne" seit dem 17. Jahrhundert die Rede (Giddens 1995: 9). Die neuzeitliche, moderne Gesellschaftsentwicklung zeichnet sich durch spezifische "Diskontinuitäten" aus. Die modernen Institutionen haben die Fähigkeit, aus sich heraus ebenso Stabilisierungen wie auch Abweichungen zu produzieren. Die gesellschaftlichen Bereiche werden neben einer Separierung auch durch gegenseitige Leistungsbereitstellungen bestimmt. Sie unterscheiden sich gravierend von traditionellen Formen sozialer Einrichtungen (Giddens 1995: 11).

Weitere Diskontinuitäten der Moderne (Giddens 1995: 12 ff.) finden sich in weltumspannenden Formen sozialer Verbindungen, in der besonderen Geschwindigkeit des Wandels, z.B. in technischen Entwicklungen, der Reichweite der Veränderungen sowie deren Einflusstiefe, d.h. in den weltweiten Auswirkungen sozialer und technischer Veränderungen. Als bedeutsam wird besonders der Wandel einiger Institutionen erachtet. Nationalstaatliche Einflusssphären verschwimmen oder lösen sich auf, städtische Lebensformen verändern sich rasant und mit kaum zu regulierenden Folgen, wenn man nur an die Vororte von Paris oder an die Megastädte wie Rio, New York oder Mexiko Stadt erinnert. Die Charakterisierung der Moderne weist also sehr unterschiedliche Variationen auf. Die Formbildungen sowie die Institutionen der Moderne können totalitäre Umdeutungen nicht ausschließen (Giddens 1995: 17). Zwei komplementäre Spannungsfelder sind zu unterscheiden (Arnason 1996: 158): Erstens tritt der zentrale Konflikt von Demokratie und Kapitalismus als Gegensatz zwischen der Rationalität der Weltbeherrschung und der Rationalität der Selbstbestimmung deutlich hervor. Zweitens geht es um die Form der Vermittlung dieser polaren Dynamik durch die gesellschaftliche Fragmentierung von Kultursphären und verselbstständigten Subsystemen.

Die Herrschaftsform des Totalitarismus[59], eine im modernen Staat angelegte Tendenz zur Verabsolutierung von Überwachung und Kontrolle, könnte als eine (kontingente) Antwort auf die Strukturprobleme der Moderne gelesen werden (Arnason 1996: 158). Der Totalitarismus wurde von der Annahme getragen, durch die strukturelle Verdrängung, durch das Negieren sowohl von Kapitalismus und Demokratie deren Gefährdungspotenziale und Dynamik ausschalten zu können. Getragen von einer imaginären Radikalisierung sollten die Gegner durch eine wandlungsfähige und widerspruchsfreie Ordnung überboten werden. Der Kapitalismus, so dachte man, sei durch zentrale Planung und die demokratische Volkssouveränität, durch eine unumschränkt waltende Staatsmacht abzulösen. Die gesellschaftlichen Subsysteme wurden

---

[59] Stalinismus und Faschismus werden gleichermaßen als ein "häßliches Gesicht" der Moderne gehandelt (Dahrendorf 1966: 448).

in diesem Prozess doppelt negiert: Einerseits wurden sie als verdeckte Herr-schaftsform des Kapitals entlarvt und andererseits mit einem (rationaleren) umfassenden Organisationsprinzip konfrontiert. Die Leistungen in den Teilbe-reichen sollten durch ein dem kapitalistischen Widerpart überlegenes Struktur- und Organisationsprinzip[60] erhöht und auf kurze oder längere Sicht übertroffen werden. Die Wirtschaft sollte durch eine zentrale Planung schnel-leres Wachstum ermöglichen. Die Politik hatte nicht Partikularinteressen zu bedienen, sondern sie sollte als soziale Mobilisierung der Massen zur Geltung kommen. Der Sozialismus wurde damit zur scheinbar letzten kollektiven Bas-tion (Bauman 1995: 320) innerhalb der modernen Gesellschaft. Er operierte quasi als Gegenkultur zum kapitalistischen Westen und bildete dabei sehr ähnliche institutionalisierte Rationalitäten[61] aus.

Giddens plädiert dafür, in die Institutionenanalyse der modernen Gesellschaft deren zweischneidigen Charakter einzubeziehen. Die Moderne ist *"auf der Ebene der Institutionen vieldimensional"*, was u.a. an der Mehrdeutigkeit gesellschaftlicher Strukturen ablesbar ist. Einerseits lassen sich unterschied-lichste soziale Verbände (Giddens meint evtl. Verbindungen) in die Gesell-schaft einordnen und andererseits ist Gesellschaft ein „abgegrenztes System" (Giddens 1995: 22). Institutionelle Dimensionen der Moderne (Giddens 1995: 75 ff.) sind die Bereiche der Wirtschaft[62], als ein System der Warenprodukti-on, geprägt durch den Gegensatz von Kapital und Lohnarbeit, und der Indus-trialismus, verstanden als Einsatz unbelebter Quellen materieller Energie und maschinell gestützter Verfahren zur Güterproduktion. Komplettiert werden diese beiden bedeutsamen institutionellen Vergesellschaftungen der Moderne durch zwei andere unterschiedliche "Organisationsbündelungen": Überwa-chung[63], welche Informationsflüsse lenkt und soziale Kontrolle ausübt, und

---

[60] „Die Orientierungs- und Organisationsprinzipien (...) kollidierten miteinander und mit den übergreifenden Imperativen des Modells im ganzen. Das Resultat war eine Konstellation, die sich keineswegs auf die einfache Formel der blockierten Differenzierung reduzieren läßt; es handelt sich vielmehr um eine zugleich überintegrierte und auf neuartige Weise fragmentierte Gesellschaft" (Arnason 1996: 159).

[61] „Der Sozialismus hatte keine anderen Ziele als die, denen die gesamte moderne Gesellschaft ihre(n) Tribut zahlte, zumindest öffentlich. Und er schlug auch keine Mittel zur Erreichung dieser Ziele vor, die sich von den Entwürfen und dem Management rational konzipierter sozi-aler Institutionen unterschieden, die schon anerkannt waren und in der Praxis der Moderne einer alltäglichen Überprüfung ausgesetzt waren." (Bauman 1995: 322).

[62] Giddens setzt hier spezieller an, wenn er statt Wirtschaft auf Kapitalismus verweist. Proble-matisch dabei ist, dass dann die These von den beiden möglichen institutionellen Seiten der wirtschaftlichen Moderne – Kapitalismus oder Sozialismus – nicht mehr haltbar wäre, da nur noch eine übrig bleibt. Alternativ könnte Kapitalismus auch eine weiter gefasste Bedeutung haben, etwa so, dass der Privatkapitalismus vom Staatskapitalismus zu unterscheiden wäre.

[63] Siehe hierzu die Darstellung bei Foucault (1977).

militärische und polizeiliche Macht, welche die Mittel der Gewaltanwendung kontrolliert bzw. konditioniert (Giddens 1995: 80).

Abbildung V: Institutionelle Dimensionen der Moderne

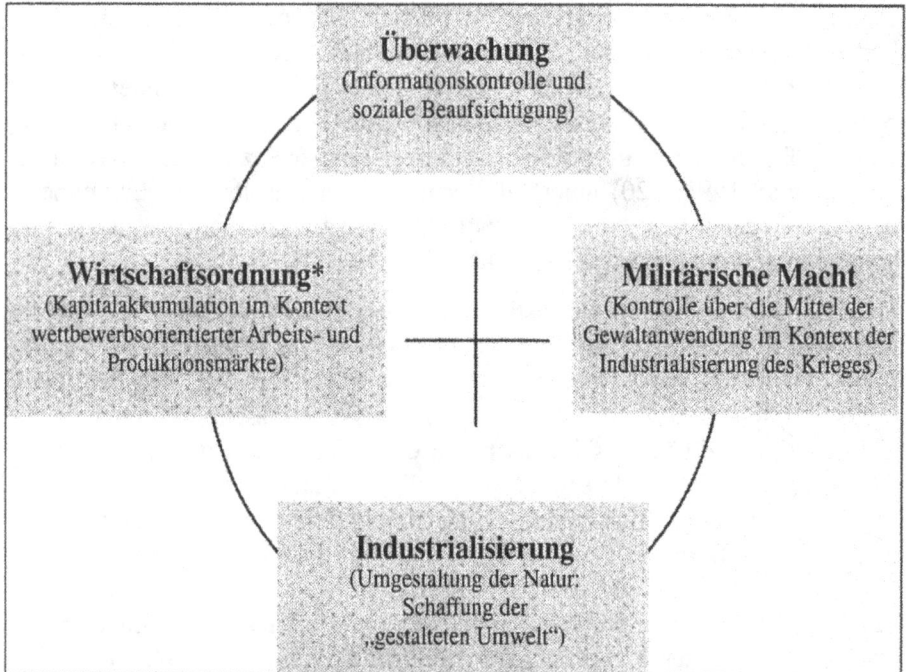

* Der im Original benutzte Begriff Kapitalismus wurde hier durch den der Wirtschaftsordnung ersetzt.

Quelle: Giddens 1995: 80

Die kapitalistische Ordnung ist ein Untertyp der modernen Gesellschaft (Giddens 1995: 76). Unklar bleibt die Auffassung Giddens, dass der Kapitalismus selbst auch eine Gesellschaft und zwar auf nationaler Ebene sei, eine Gesellschaft in Form eines Nationalstaates. Demzufolge wäre er eher als eine Organisationsform einer Gesellschaft und nicht als Gesellschaftstypus aufzufassen. Die Schwierigkeiten, Grenzziehungen zu bestimmen, zeigen sich besonders dann, wenn spezifische Entwicklungen[64] beschrieben werden, wie z.B. die, die unter der Sammelbezeichnung "Globalisierung" zusammen gefasst sind. Schwierig wird es vor allem dann, wenn staatliche bzw. nationale Einflussgrößen mit wirtschaftlichen Verflechtungen kombiniert werden.

---

[64] „Diesen Institutionenbündelungen (Überwachung, Kapitalismus, militärische Macht und Industrialisierung) liegen die drei weiter oben unterschiedenen Ursachen der Dynamik der Moderne zugrunde: Die raumzeitliche Abstandsvergrößerung, die Entbettung und die Reflexivität." (Giddens 1995: 84) Diese weiterführenden Überlegungen können hier nur angedeutet werden.

Staatliche Einflusssphären lassen sich nicht nur von wirtschaftlichen unterscheiden. Sie sind längst auch nicht mehr mit anderen Bereichen wie Wissenschaft, Technik, Erziehung, Kunst und Religion deckungsgleich. Folglich sind unbedingt begriffliche Schärfungen vorzunehmen.

4.3.1 Funktional differenzierte Moderne

Auf der strukturellen Ebene ist die moderne Gesellschaft ein funktional ausdifferenziertes System. Modernisierung bedeutet letztlich die separat ablaufende Rationalisierung einzelner Teilsysteme: In der Wirtschaft orientieren sich Unternehmen und Konsumenten primär an der wirtschaftsinternen Umwelt, am Markt, der als solcher nicht zu sehr durch politische oder rechtliche Vorgaben behindert werden sollte. Wissenschaft befreit sich von den Barrieren religiös ambitionierter Einschränkungsversuche und entscheidet anhand anerkannter Methoden- und Theorieprogramme mittlerweile selbst, was unter "wahr und falsch" verstanden werden soll. Politik soll auf Demokratisierung und freie Meinungsäußerung hinauslaufen. Die Errungenschaften der Medizin kommen einem Großteil der Bevölkerung zugute. Erziehung wird mittlerweile professionell betrieben. Schulen stellen den Ort dar, an dem Kinder Erziehung und Bildung zugleich vermittelt bekommen sollen.die einzelnen Teilsysteme zeichnen sich durch unterschiedliche Referenzverhältnisse aus, was dazu führt, dass die entstehenden Referenzperspektiven nicht mehr kompatibel sind. Über die Unterscheidung von Selbst- und Fremdreferenz sind die Teilsysteme immerhin in der Lage, sich von ihrer innergesellschaftlichen und nichtgesellschaftlichen Umwelt zu unterscheiden. Diese Form ermöglicht es den Systemen, auf der operativen Ebene intern Zuordnungen vorzunehmen, zu beobachten und zu entscheiden: Was gehört wie dazu und was nicht. Die in den jeweiligen Funktionssystemen eingebauten „Variablenkombinationen", d.h. die „Schemata für das Auffangen von Veränderungen", wie z.B. Märkte, Organisationen, Theorien und Modelle, sind in ihrer bisherigen Form noch in der Lage, weitreichende, je nach Form und Ausprägungsgrad ausreichende Lernpotenziale zur Verfügung zu stellen (Luhmann 1975: 58). Probleme tauchen aber dort auf, wo die Schnelligkeit kognitiver Strukturen auf die Langsamkeit und Beharrlichkeit normativer Strukturen trifft. Die gegenwärtigen normativen Ordnungen und Strukturen[65] müssen daraufhin befragt werden, ob sie in der Lage sind, zukünftige Entwicklungen mit einschließen zu können.

---

[65] Wir denken hier vor allem an etablierte Institutionen wie z.B. den Wohlfahrtsstaat, das Eigentumsrecht, den Patentschutz, an die Form der korporatistischen Konfliktregulierung in Wirtschaft und Politik. Wie bauen diese Strukturen eine Kontinuität zu dem auf, was erst morgen sein wird (vgl. Popitz 1995: 128)? Wie sieht es mit der Zukunftsfähigkeit etablierter Organisations- und Lernstrukturen aus?

Die funktionsintern prozessierte *Referenz* ist von der Unterscheidung positive und negative *Codierung* zu unterscheiden (Luhmann 1991: 95). Die Codewerte arbeiten universell und spezifisch zugleich. Diese binären Schemata können jeden beliebigen Sachverhalt bearbeiten, dies jedoch nur nach hoch spezialisierten Kriterien.

Alles kann wirtschaftlich relevant werden, wenn gezahlt und die Zahlung angenommen wird. Jedes Thema ist prinzipiell politikfähig, auch wenn es sich um intime, d.h. nicht öffentlich zugängliche Kontakte handelt. Die Codes dienen dazu, ein Funktionssystem zu identifizieren. Sie sind sowohl selbstreferenziell als auch fremdreferenziell wirksam, sie sind „sowohl auf das System als auch auf seine Umwelt anwendbar" (Luhmann 1991: 96). Die funktionsspezifischen Codewerte beziehen sich auf systemfremde und auf systeminterne Sachverhalte, z.b. repräsentieren Geldzahlungen im Wirtschaftssystem die Selbstreferenz der Wirtschaft, während die Befriedigung ausgewiesener Bedürfnisse auf Fremdreferenz verweist. Wirtschaftliche Transaktionen können dann als Form von Geldzahlung/Selbstreferenz – und Bedürfnisbefriedigung/Fremdreferenz – verstanden werden. Möglich wird dies durch den systeminternen Gebrauch der binären Codes. Die Ordnungsleistung funktional differenzierter Systeme beruht auf dem Gebrauch der funktionsspezifisch ausgerichteten kommunikativen Codes (Luhmann 1991: 100). Die kommunikative oder interaktive Handhabung der Differenz ist entscheidend. Die Entwicklung der modernen Gesellschaft kann somit an der Steigerung von Kommunikationsleistungen abgelesen werden. Funktionale Differenzierung führt zu einer immensen Steigerung hoch spezialisierter Kommunikationen und Kommunikationserfolge (Luhmann 1981: 20). Eine Folge dieser Entwicklung ist die Entstehung hoch sensibler[66] sozialer Systeme. Die Leistungsfähigkeit der spezialisierten Teilsysteme ist kaum zu bestreiten. Medizinisch, technisch und wirtschaftlich gesehen, scheinen kaum Grenzen des Fortschritts gesetzt. Mit der Moderne hat sich zugleich die Erwartung ausgebildet, dass Weiterentwicklung und Wachstum zugleich Verbesserung der Lebensbedingungen bedeutet. Allerdings sind die von den spezialisierten Subsystemen produzierten Nebenwirkungen kaum noch gesellschaftlich integrierbar oder ausgleichbar.

Die moderne Gesellschaft benötigt für das Anfertigen des eigenen Selbstverständnisses genügend Abstand, genügend Abgrenzung gegenüber vormodernen Verhältnissen (ihre Beobachter mit einschließend). Die Moderne separiert sich – mit der Gefahr, in eine Paradoxie zu laufen – zeitlich über die

---

[66] Dies muss auf der anderen Seite aber "bezahlt" werden. Viele Sachverhalte und Ereignisse bekommt das System nicht mehr zu sehen. Es kann, umgangssprachlich formuliert, auf einem Auge besonders gut sehen, aber auf dem anderen wird es total blind.

Unterscheidung modern/traditionell. Ereignisse identifizieren sich durch ein zeitlich fixiertes Verhältnis zum Gewesenen.

Dabei bleiben die von der Tradition abgehobenen Merkmale noch unspezifiziert, die moderne Gesellschaft hebt sich nur vage von dem ab, was als Tradition eingeordnet wird. Das Moderne an dieser Vorstellung ist die Einsicht, dass die moderne Gesellschaft auf sich selbst beruht, auf sich selbst Bezug nimmt und dies gleichzeitig durchschauen kann. Weder die Götter noch die Naturverhältnisse noch ein vorgegebener Plan sind die Referenten. Möglich wird diese Umorientierung durch die funktionale Spezifizierung sozialer Kommunikation. Funktional ausdifferenzierte und autonom operierende Subsysteme bilden die primäre Struktur der modernen Gesellschaft (Luhmann 1992: 26).

Die Gesellschaft und ihre Subsysteme sind durch Grenzziehung und autonomes Operieren charakterisiert. Sie orientieren sich an spezifischen Unterscheidungen[67]. Sie sind auf sich selbst verwiesen und berücksichtigen auf der Basis ihrer eigenen Prämissen die Relevanzen und Bedürfnisse ihrer Umwelt. Die moderne Gesellschaft wird zusammenfassend durch die Merkmale der funktionalen Differenzierung und der Ausbildung sowie den Gebrauch sozialer Kommunikationsmedien bestimmt (Luhmann 1991: 100; 1992: 42). Ein typisches Merkmal der modernen Gesellschaft liegt in der Kombination von Universalismus und Spezifizität. Die Dominanz funktionsspezifischer Codes bedeutet aber nicht Ausschließlichkeit. Andere Differenzierungen und Strukturen sind ebenso möglich. Die universelle Anwendbarkeit codebezogener Orientierungen schließt Partikularismen (etwa ethnischer, nationalistischer oder religionsgemeinschaftlicher Art) nicht aus. Diese erscheinen unter den Verhältnissen einer funktional differenzierten Gesellschaft jedoch als zunehmend problematisch (Luhmann 1991: 91).

4.3.2 Die Welt in der Moderne

Mit der Entstehung der Weltgesellschaft wird die Kontingenz jeder Beobachtung und Perspektive offensichtlich. „Globalisierung macht Beobachter unerbittlich als solche sichtbar – und affiziert schon deshalb die Sehnsucht nach *Ordnung*. Globalisierung malt den Rousseau'schen Naturzustand an die Wand – die Roheit der Welt ohne sittliche Totalität des Staates. Was die Un-

---

[67] Die moderne Gesellschaft lässt sich durch die Unterscheidung von Referenz und Codierung charakterisieren. Referenz bezieht sich auf die Unterscheidung von Selbst- und Fremdreferenz und meint nichts anderes als die Fähigkeit eines Systems, mit Hilfe der eigenen Orientierungsmuster die Unterscheidung von System und Umwelt für sich selbst handhabbar zu gestalten. Codierung bedeutet den Bezug eines Systems auf die Unterscheidung „von positivem und negativem Codewert", wie z.B. der Bezug auf die Unterscheidungen gut/böse, schön/hässlich, haben/nicht haben, Recht/Unrecht (Luhmann 1992: 29).

erbittlichkeit eines liberalen Weltwirtschaftssystems nur symbolisiert, indem es die Hoffnung auf eine keynesianische ‚Globalstrategie' schlicht mangels handlungsfähiger Akteure nicht einmal aufkommen lässt, ist der Zustand der gesamten Weltgesellschaft: Keine Identitäten, keine handlungsfähigen, auf Dauer gestellten Akteurskonstellationen mehr zu kennen, denen all jene Funktionen zugeschrieben werden könnten, die Alteuropa fürs Gesellschaftliche bereithielt – ob in der bürgerlichen oder sozialistischen Variante, macht da keinen Unterschied. Die Hybridisierung der Welt, das globale *Dazwischen*, findet denn auch nicht mehr auf dem Gebiet der Kultur und der kulturellen Identität statt, sondern überall. Die Welten der Weltgesellschaft unterscheiden sich in unterschiedlichsten Dimensionen voneinander. Weder sind die expandierenden, weltweit operierenden Funktionssysteme aufeinander abbildbar und homogenisierbar, noch kann auf kulturelle Integrationsmechanismen vertraut werden, weil sich die Optionenvielfalt und die Verschiebungsmöglichkeiten von Optionen kulturellen Legitimitätsmustern sozial und geographisch entziehen." (Nassehi 1998: 160 f.)

Die Moderne scheint also an ihrem Höhepunkt und zugleich an einem Umkehrpunkt angelangt zu sein. Zu dem beeindruckenden Leistungskatalog an Entwicklungen und Möglichkeiten gesellt sich immer deutlicher der Eindruck, dass die Effekte[68] der Hochleistungsdifferenzierung sozialer Kommunikation aus dem Ruder geraten könnten. Die Gesellschaft produziert in ihrer Umwelt riesige Probleme, wobei sich mittlerweile die Frage stellt, ob es überhaupt noch Eingriffschancen gibt, die angelaufene soziale Eigendynamik[69] irgendwie abzubremsen. Ökologisch stellt sich das Problem, ob wir an den Grenzen des Wachstums angelangt sind, ob der Nutzung natürlicher Ressourcen Grenzen gesetzt sind. Die Naturmedien Boden, Wasser und Luft werden zum Teil auf Dauer belastet. Unklar ist, wie lange die anwachsende Weltbevölkerung mit Trinkwasser zu versorgen ist. Die Frage, welche Effekte die unstrittigen Wohlstandserwartungen der Menschen[70] nicht nur in den bevölkerungsreichen Ländern Asiens auslösen werden, kann nur spekulativ[71] beantwortet werden.

---

[68] Die folgenden Ausführungen und Beispiele finden sich bei Luhmann (1995a: 10).

[69] „Die wichtigste Vorstellung, die durch den Gedanken der Globalisierung vermittelt wird, ist die des unbestimmten, widerspenstigen, selbstgesteuerten Charakters der Weltangelegenheiten, der Abwesenheit eines Zentrums, einer Kontrollanlage, einer Leitungsgruppe, eines Führungsbüros." (Bauman 1997: 316)

[70] „Mehr Menschen als je zuvor, in mehr Teilen der Welt als zuvor ziehen heute mehr Variationen >>möglicher<< Leben in Betracht als je zuvor." (Appadurai 1998: 21)

[71] Ludger Pries (1998) spricht schon von einem „Zeitalter der Migration", wobei zu vermerken ist, dass sich der Großteil der internationalen Wanderungsbewegungen aus arbeitssuchenden Migranten zusammensetzt. Ein Drittel bis ein Viertel der Flüchtlinge geht auf das Konto rassistischer oder politischer Verfolgung.

Außerdem wird, trotz aller Fortschritte, in der dritten und vierten Welt ein immer größerer Teil der Menschheit von den Möglichkeiten der modernen Gesellschaft ausgeschlossen. Ein Großteil der Menschen kann ihre Kinder nicht zur Schule schicken. Sie bekommen keine Sozial- oder Wohlfahrtsleistungen, sie haben kein Einkommen, keinen Ausweis, sie können ihr persönliches Recht nicht einklagen, von der aktiven Teilnahme an politischen Entscheidungen ganz zu schweigen. Aber Probleme haben nicht nur die Menschen, die fast vollständig von gesellschaftlicher Kommunikation ausgeschlossen sind. Viele müssen sich völlig neuen Anforderungen der Lebensführung stellen. Unternehmen gestalten ihre Strukturen neu. Sie werden flexibler. Die Virtualisierung wirtschaftlicher Aktivitäten könnte dazu führen, dass nur noch sehr wenige Menschen vorstrukturierte Arbeitsplätze in Anspruch nehmen können. Zeitliche, räumliche und sachliche Befristung wird zum Maßstab unternehmerischen Agierens. Nicht nur Unternehmer und Manager müssen eigenverantwortlich nach dem Ausschau halten, was nachgefragt wird. Auch diejenigen, die bisher gewohnt waren, sich an Standardempfehlungen (gute Schulnoten + gutes Studium = gut bezahlter und sicherer Job) zu halten, werden auf sich selbst verwiesen. Was mit den vielen auf individuelles Versagen zugerechneten Enttäuschungen geschehen soll, die zwangsläufig eher zu- als abnehmen, ist offen. Bisher, so scheint es, redet man eher über legitime Ansprüche, über Verteilungsfragen oder über das Scheitern des Marktes und der Politik.

Zu fragen ist demnach, wie es der modernen Gesellschaft gelingen kann, bisher noch unbearbeitete Probleme und Konflikte zu berücksichtigen. Geht die Entwicklung in Richtung sich verstärkender Eigendynamiken, wenn man an die rekursiven Reaktionen der wirtschaftlichen, wissenschaftlichen oder technischen "Fortschritte" denkt? Wenn sich die Subsysteme der Gesellschaft weltweit ausgebreitet haben, also Japaner gleichermaßen wie Südamerikaner oder Osteuropäer an Kommunikation der Wirtschaft, der Erziehung, des Sports und der Massenmedien teilhaben, wie sind dann die kulturellen Eigenheiten der Europäer, Asiaten oder Nordamerikaner[72] zu erklären, bzw. welchen Stellenwert ist diesen kulturellen Besonderheiten eigentlich beizumessen?

Zusammenfassend können wir sehen, dass die jeweiligen Eigenheiten in Regionen, Ländern oder Staatengemeinschaften dazu führen, dass man an weltweit stattfindender Kommunikation ständig und über Differenzen hinweg teilnehmen kann. Die Differenz zwischen global und lokal macht uns darauf

---

[72] Nochmals soll darauf verwiesen werden, dass weder "die" Japaner, "die" Südamerikaner noch "die" Osteuropäer kulturell als homogen zu bezeichnen sind. Die öffentliche Diskussion erachtet anscheinend die Unterschiede zwischen den einzelnen Kulturzonen größer als sie es den Binnenverhältnissen zugestehen möchte.

aufmerksam, dass Teilhabe an globalen sozialen Ereignissen immer vor dem Hintergrund lokaler Gegebenheiten erfolgt. Es geht im Folgenden um den Versuch, nach möglichen Entstehungsorten kulturell bedingter Konflikte zu fragen, wenn diese nicht auf der primären funktionalen Differenzierungsebene der modernen Weltgesellschaft lokalisiert werden können. Drei weitere Möglichkeiten einer internen Strukturierung der Gesellschaft können unterschieden werden (Stichweh 1995: 35). Interessant ist vor allem die Frage, welche Prinzipien sozialer Grenzziehung zu beobachten sind.

(1) Die Unterscheidung von **Zentrum und Peripherie** (u.a. Kreckel 1992: 39 ff.; Luhmann 1997: 663 ff.): Zentren können günstige Lagen oder Situationen stabilisieren. Sozialer Einfluss oder gar soziale Dominanz wird gegenüber sozialen Gebilden in der näheren oder weiter entfernten Umgebung etabliert. Nimmt die Distanz zum Zentrum ab, so sinken auch die Zugriffsmöglichkeiten auf Güter und Leistungen, die das Zentrum verwaltend beeinflussen kann. Soziale Differenzierung wird mit der Ausstattung von Machtunterschieden und über die Ausbildung sozialer Ungleichheiten erklärt. Problematisch an diesem Differenzierungsvorschlag ist, dass die vertikale und die horizontale Differenzierungsform nicht unterschieden werden. Effekte der funktionalen Differenzierung, d.h. die Ausbildung universal wirkender Sinnbereiche in der Gesellschaft, lassen sich nur unzureichend erfassen. Gerade der Unterschied zwischen zentralen und peripheren Lagen und den eigengesetzlich operierenden Teilsystemen dürfte im Zuge weltweit wirksamer Kommunikation in seinen Wirkungen kaum zu überschätzen sein – verstärkt durch das Internet, in das man sich im Prinzip an jedem Ort der Welt einlinken kann.

(2) Die **Bildung konzentrischer Kreise** stellt eine weitere Differenzierungsform in der modernen Gesellschaft dar. Nahe zu liegen scheint die Form einer stufenförmigen Aggregation sozialer Gebilde, welche dem Mikro-Makro-Modell folgt. Soziale Ereignisse, die exklusiv gehandhabt werden, laufen auf eine strikte Trennung von Systemebenen hinaus. Differenziert werden nicht nur lokale und globale Sachverhalte. Eine Stufenfolge wäre denkbar, in der die Familie die kleinste soziale Einheit darstellt. Verwandtschaftsbeziehungen, Vergemeinschaftungen kultureller, wertbezogener oder religiöser Art sind ebenfalls denkbar. Stadt- und Raumbildungen stellen die nächsthöheren sozialen Vermittlungsinstanzen dar. Volk, Nation oder das politische Gebilde Staat bündeln die kleineren sozialen Gebilde. Handelsbeziehungen, politische Verhandlungen im Rahmen internationaler Beziehungen, Vertragsabschlüsse zwischen Organisationen bzw. Institutionen verschiedener nationaler oder kultureller Zugehörigkeit führen zu einer Ausweitung und Verdichtung sozialen Lebens. Zur Einschränkung dieses Aggregationsschemas sei angemerkt, dass Ereignisse nur einer und nicht ohne weiteres zugleich auch einer anderen Seite zugeordnet werden können.

(3) Die **inklusive Handhabung von Systemebenen** geht auf den Vorschlag von Niklas Luhmann zurück, Gesellschaft, Organisation und Interaktion zu unterscheiden. Interaktion kann, muss aber nicht in Organisation eingebettet sein. Interaktion ist ohne Vermittlung durch Gesellschaft kaum denkbar. Es stellt sich die Frage, welche Auswirkungsgrade man lokal stattfindenden Interaktionen und Kommunikationen als Vollzug von Gesellschaft beimessen darf. Lokales und Globales interpenetrieren in einem einzelnen Akt der Interaktion bzw. Kommunikation. Die Kausalwirkung findet sich nicht gleichzeitig im Inneren des einzelnen Vollzugs bzw. im gleichzeitigen Korrelat auf der Ebene weltgesellschaftlicher Veränderungen. Vielmehr sind zwei Anschlussmodi zu unterscheiden, die auf die Relevanz lokal bezogener Interaktionen für globale Effekte hinweisen. Eine erste Form des Anschließens bezeichnet Stichweh (1995: 36) als "Und-so-weiter-Hypothese". Die laufenden Kontakte der Kommunikationsteilnehmer lösen ein Selektivitätsbewusstsein aus. Ein vollzogener Kontakt signalisiert gleichzeitig die Möglichkeit weiterer Kontakte. Damit geht es nicht so sehr um die Überwindung räumlicher und zeitlicher Distanzen. Diese sind insofern weiterführend, als der Möglichkeitsraum sozialer Kontakte erweitert wird. Die mitlaufende Präsenz des Aktualisierbaren wird verbreitert, sie wird mit weiteren Optionen versorgt, was dazu führt, dass der Auswahlspielraum größer wird und der Selektionsdruck steigt. Die zweite Form des Anschließens läuft über Kommunikationsmedien, die dazu beitragen, dass Sinnofferten kanalisiert weiterbehandelt werden. Lokales findet sich in globalen Strukturen der Gesellschaft eingebettet, ebenso wie globale Effekte in lokalen Interaktions- und Kommunikationsmustern ihren Niederschlag finden.

Die bestimmenden Faktoren für den Aufbau von sozialen Strukturen und die Identifikation mit sozialen Gebilden verändern sich. Feste Räume, regionale Besonderheiten oder landschaftliche Bezüge verlieren an Einflusskraft. Der Identifikationsanker Ethnos (Francis 1965) verschwimmt. Es entstehen eher zwei Felder bzw. Räume ethnischer Verbundenheit: Stabile und dynamische Gemeinschaftsnetze (vgl. Appadurai 1998: 12). Bindung an Ort, Nation durch Geburt und erfahrene Sozialisationsumwelt, Freundschaften, Arbeits-, Freizeitbeziehungen oder Vereinszugehörigkeiten lassen relativ stabile Gemeinschaftsnetze entstehen. Dynamische ethnische Räume folgen den Aktivitäten von Touristen, Migranten, Flüchtlingen oder Gastarbeitern. Dynamische wie stabile Gemeinschaftsnetze sind auf besondere Weise durch die zunehmenden Wanderungsbewegungen unterschiedlichster Art beeinflusst.

Mit dem Prozess der Globalisierung ist eine "Verwandlung von Raum und Zeit" verbunden (Giddens 1995: 23). Ereignisse an einem Ort beeinflussen Ereignisse an anderen Orten wie auch Ereignisse an anderen Orten unser Ausgangsereignis beeinflussen können. Die Kategorie getrennter Räume verliert ihren sozial relevanten Einfluss. Die Bezeichnung Enträumlichung bezieht sich nicht nur auf transnational agierende Firmen, auf die Internationalisierung der Märkte. Selbst ethnische bzw. kulturell gebundene Gruppierungen, Sekten oder politische Organisationen vergrößern ihren angestammten Aktionsradius (siehe Appadurai 1998: 13 ff.). Territoriale und soziale Grenzen entfernen sich voneinander. Besonders bei Immigranten fällt auf, dass unterschiedlich folgenreiche Identifizierungen möglich werden. Potenzielle Auswanderer haben von der Welt, die sie nur aus der Ferne kennen, z. B. über Massenmedien oder interaktive Gespräche, die sie mit Fremdenexperten haben führen können, nur sehr vage Vorstellungen. Sie leben in ihrer eigenen Welt und bilden zugleich eine fremde Welt als Identifikations- und Rettungsanker ab. Wirklichkeit und Möglichkeit werden verdoppelt. Eine noch ferne und fremde Wirklichkeit gesellt sich zur bekannten Wirklichkeit, die als eingeschränkt eingeschätzt wird, hinzu. Die gewünschten Möglichkeiten in der Fremde bilden das Gegenkonzept hinsichtlich der konkret umgebenden Umwelt. Für die, die schon "gegangen sind" – und es werden immer mehr – dürfte sich das Problem umkehren. Die fremde neue Welt bleibt fremd. Nur die alte, ihnen vertraute Identität entfällt als Realitätsobjekt. Die Stimmigkeit der Sicht lässt sich nur noch bedingt mit der nun entfernten Wirklichkeit konfrontieren. Einige Folgen der entstandenen disparaten Standorte sind zu erkennen: Die übertriebene Einstellung zur Politik des Herkunftslandes, die Ausnutzung für politisch motivierte Fundamentalismen ebenso wie neue Angebote der Reiseindustrie.

Eine weitere Facette der Moderne könnte über die Effekte der Massenmedien hinzutreten. Sozial relevante Identifikation durch Imagination hinsichtlich der Reichweite von Kino, Fernsehen und Videotechnologie verändert die kulturellen Ordnungen auf globaler Ebene. Vereinheitlichung von Identifikation und kulturellen Wertpräferenzen ist dabei nicht zu erwarten. "Einbau der gesehenen" Bilder und Töne erfolgt vor dem Hintergrund des je spezifischen Erfahrungshintergrundes. Bemerkenswert ist an dieser Stelle nicht unbedingt die Paradoxie, dass aus dem Identischen des Massenmedialen zugleich Nichtidentität generiert wird, sondern der Umstand, dass eine fast noch unsichtbare Dynamik anzulaufen beginnt, deren Ausmaß ganz neue Fragen aufwerfen wird. Wenn weltweit damit zu rechnen ist, dass Lebensformen als Wahl, als Auswahlvorgang verstanden werden, wobei noch unklar ist, mit welchen Mitteln und auf welchen Wegen vorzugehen ist, dann kann Fantasie schnell in Aktion umschlagen (Appadurai 1998: 22). Biografien werden als Konstruktionen erkennbar, an denen nicht nur geschrieben wird, sondern an denen man sogar selbsttätig mitwirken kann.

Gerade die Erfahrungen in den Bereichen der Modernisierungsforschung und Entwicklungspolitik verweisen auf kaum noch zu übersehende eigensinnige Tendenzen sozialer Veränderungsprozesse. Die Prozesse in den postsozialistischen Transformationsländern sprechen eine deutliche Sprache. Die beobachtbaren Unterschiede können auf kulturelle und soziale Eigenheiten der organisatorischen und wirtschaftspolitischen Programmatiken, auf die Pfadabhängigkeit der Ereignisverkettungen sowie auf eigendynamische Besonderheiten der gesellschaftlichen Teilsysteme zurückgeführt werden. Die Fälle "nachholender Modernisierung" reihen sich argumentativ ein. Am Beispiel Japans, das erfolgreich moderne Strukturen imitieren und an die eigenen kulturellen ankoppeln konnte, zeigt sich, dass generalisierte bzw. universell geltende Leitwerte und Programmatiken (Wahrheit, Recht, Demokratie, Freiheit, Menschenrechte etc.) nur vor dem Hintergrund der lokal praktizierten soziokulturellen Gegebenheiten wirksam werden können. Im Prinzip geht es also gar nicht um strittige Zielvorstellungen oder Wertvorstellungen. Vielmehr ist der Weg Entstehungsort sozialer Konflikte, bspw. wollte das so genannte "tiyong-Konzept" im chinesischen Modernisierungsprozess die Strategien und institutionellen Vorlagen des Westens durch traditionelle chinesische Philosophien umrahmen (Gransow 1995: 188).

Die Moderne bezieht einen Identitätsanker aus der Abgrenzung gegen die Vergangenheit. Das heißt aber nicht, wie die Erfolge und Misserfolge der Modernisierungsbewegungen belegen, dass Spannungen und Konflikte der Differenz von Moderne und Tradition zuzurechnen sind. Die Unterscheidung "progressiv und konservativ" oder die von "Modernisierern und Traditionalisten" sind überholte Kategorien. Es sind die sozialen Strukturen und Prozesse der Moderne selbst, die problematisch, strittig und ambivalent sind. Die dominanten Konfliktlinien konstituieren und durchziehen das Innere der modernen Gesellschaft. Streit und Konflikte entstehen im Inneren sozialer Modernisierungsbewegungen[73.] Es geht um die Wahl des richtigen Wegs, um angemessene Mittel und damit natürlich um Interessen, Macht und Einfluss; zudem um Autonomie und Differenz. Identität und Eigenständigkeit werden in der sich globalisierenden Weltgesellschaft bedeutsamer, aber auch strittiger. Die Definition kultureller Selbstverständnisse wird zu einer öffentlich ausgetragenen Veranstaltung. Die Suche nach Vergleichskriterien, d.h. nach den "richtigen" Kriterien kultureller Wert- oder Geringschätzung, bildet den Kern der kommunikativen Auseinandersetzung mit dem Thema Kultur.

---

[73] Die Staaten Afrikas sind ein besonders bezeichnender Fall für moderne Verteilungskonflikte, die unter dem Label Stammesfehden ausgetragen werden. Die Mischung modernster Kriegs- und Informationstechnik geht einher mit dem Zusammenbruch des staatlichen Gewaltmonopols. Terrorisierende Banden, militärisch abgesicherte Stammesfürsten und aus Wahlen hervorgegangene Repräsentanten des Staates kämpfen in vielen Ländern um die Vorherrschaft. Die Größe des Verteilungsspielraums, um den mit dem Einsatz gewaltsamer Mittel gerungen wird, ist vergleichsweise gering: Der gesamte Kontinent Afrika erwirtschaftet nur 2 % des Weltsozialprodukts (vgl. Der Spiegel 3/1999: 125).

Hinsichtlich der Bildung lokaler Gemeinschaften oder Identitäten[74] ist zu vermuten, dass diese nur noch als Differenzerfahrungen des Übergangs vorkommen können (vgl. Appadurai 1998: 24). Das Fremde, das externe Ausgeschlossene ist dann in der Kommunikation nur als interne Festlegung möglich. Bezeichnung und Welt fallen in jedem Identifikationsraum zusammen. Eine unterschiedliche Handhabung im Differenzieren und Identifizieren bleibt nicht ausgeschlossen, sondern ist hochwahrscheinlich. Die nicht zu bezeichnende Seite, Welt genannt, *ist* für alle *verschieden* und *im Sinne des Nicht-Bezeichnen-Könnens* für alle *gleich*.

4.4 Globalisierung aus Wirtschaftssicht

Neben den soziologisch-politischen Auswirkungen von Globalisierung steht eine wirtschaftliche Perspektive. Das gesellschaftliche Subsystem Wirtschaft betont bei jedem Austauschprozess stets den "Geschäftscharakter" der Handlung, d.h. es findet ein Austausch statt, von dem angenommen wird, dass beide Seiten von ihm profitieren. Während uns Huntington im "Kampf der Kulturen" aufzeigt, welche latenten und offensichtlichen Konfliktpotenziale zwischen ethnischen und kulturellen Gruppen bestehen können, wird dieses Konfliktpotenzial im Prozess des Wirtschaftens – bewusst – ausgeblendet. Im Vordergrund steht der in der Regel monetäre Vorteil der Tauschhandlung. Allerdings können Unternehmen Fragen der Völkerrechtsachtung, der Kinderarbeit etc. in Ländern und in Unternehmen, mit denen sie handeln, nicht völlig unbeachtet lassen. Im Gegenteil werden explizite Stellungnahmen zu Problemen und Herausforderungen in der Weltgesellschaft ihrerseits Markenzeichen und Differenzierungskriterien im Wettbewerb. Engagement für die Erhaltung des Regenwaldes oder den Schutz bedrohter Tierarten werden dann zum zusätzlichen Verkaufs- und Kaufargument für Kleidungsstücke (z.B. die Firmengruppe Steilmann, neuerdings auch Ölmultis wie Shell oder BP) oder Lebensmittel (z.B. Tengelmann). Auch wenn Unternehmen im Vollzug ihrer Austauschprozesse auf eine Reflexion kultureller Gegebenheiten und Unterschiede verzichten, passen sie sich ihnen doch an.

Produkte werden für einzelne Märkte angepasst; Packungsgrößen entsprechen Konsumgewohnheiten. Auch im Inneren der Unternehmen wirken Kulturen

---

[74] Für die Bearbeitung ethnologischer Fragen heißt das letztlich, dass man sich um eine Darstellungsweise bemühen muss, „durch die der Einfluß imaginierter Lebensmöglichkeiten auf spezifische Lebensläufe aufgeklärt werden kann" (Appadurai 1998: 24).

verschiedener Länder als Unterschied, der auch wirklich einen Unterschied macht. Sprachbarrieren müssen überbrückt werden, Führungs- und Entscheidungsverhalten äußern sich abweichend und vor allem die Routinen der Weitergabe von Informationen zeichnen Unternehmen als "Kulturen" (vgl. Überblick bei Kasper 1987) im Kleinen aus. Da die Austauschprozesse in und zwischen Unternehmen und auch auf der Ebene von Volkswirtschaften in vielen Fällen dem Gesetz des komparativen Vorteils folgen, nutzen Unternehmen kulturelle Differenzen bewusst, um einen Teil der Zuschreibungen, die Menschen auf Kulturräume machen, für das Image ihrer Produkte zu nutzen. Die Zigarette ist dann nicht deshalb ein erstrebenswertes Produkt, weil sie besonders gut schmeckt, sondern weil sie in der Werbung mit einem bestimmten Teil des "Kulturvorurteils" über die Vereinigten Staaten, Land der unbegrenzten Möglichkeiten und also Land der Freiheit, verbunden wird.

4.4.1 Globalisierung und Organisation

Wirtschaft ist ein Prozess, der schon seit langem international verläuft. Produkte werden gehandelt, exportiert, mit Zöllen belegt und vertrieben. Während international agierende Unternehmen die gesamte Welt mit "Heimatland"-Produkten bearbeiten, streben globale Unternehmen einen hohen Bekanntheitsgrad ihrer Marken als "lokal angepasst" an. Können diese beiden Positionen noch als gewählte Strategie des einzelnen Unternehmens gelten, kann man beim Übergang zur Globalisierung der gesamten Wirtschaft, und hier vor allem der Globalisierung der Kapitalmärkte, eine Ohnmacht der Unternehmen ausmachen. Die Entscheidungen des französischen Industriekonzerns hängen von der Zustimmung des japanischen Rentenfonds ab. Globale Prozesse lassen sich also nicht länger von einem einzelnen Akteur des Systems Wirtschaft zielgerichtet steuern. Der Fokus der Entscheidung wird aus der einzelnen Organisation herausgeholt. Damit verlieren Organisationen einen wesentlichen Teil ihrer Funktionalität, denn sie waren etabliert worden, um Kompetenzen dort anzureichern, wo mehrstufige Entscheidungen unter Rückgriff auf große personelle wie finanzielle Ressourcen parallel erfolgten, um so einen Koordinationsvorteil zu erreichen und zu verstetigen. Im Prozess der Globalisierung werden Unternehmen selbst Gegenstand von Entscheidungen, denen sie sich auch unter Aufbietung aller organisationseigenen Ressourcen nicht entziehen können.

Der Übergang von einer international aufgebauten Wirtschaft – also einem weltweiten Austausch von Waren und Dienstleistungen, die in nur wenigen Ländern produziert bzw. bereitgestellt werden, um dann in allen Ländern der Erde verteilt zu werden – zu einer Phase der globalen Wirtschaft muss damit als Revolution aufgefasst werden. In einer globalen Wirtschaft weichen die etablierten Strukturen und Abhängigkeiten zusehends auf. Exportwirtschaft wird abgelöst durch eine Produktion von Gütern bzw. Erbringung von Dienstleistungen in Netzwerken von Akteuren und Organisationen. Diese Netzwerke bedingen neue Formen der Interdependenz. Kulturelle Unterschiede gepaart mit Unterschieden in der Entwicklung einzelner Volkswirtschaften sind an der Wurzel der Leistungsfähigkeit eines globalen Wirtschaftssystems. Allerdings sind die Prozesse, die in ihnen ablaufen, so komplex, dass nur noch an sehr wenigen Stellen in der Organisation eine Vorstellung von den Zusammenhängen existiert und nur sehr wenige Menschen in der Organisation einen Überblick haben (Heideloff 1997). Selbst wenn man davon sprechen kann, dass eine globale Wirtschaft mit den etablierten Mustern des Austausches bricht und Teilnahme breiter möglich wird, so bleibt es doch weiterhin eine Illusion, dass alle Völker daran gleichberechtigt teilnehmen könnten (Spich 1995). Nicht einmal alle Unternehmen bzw. Organisationen haben eine Chance, an den Austauschprozessen teilzunehmen.

Betrachtet man globales Wirtschaften in seinem Einfluss auf die Entwicklung und Handhabung von Konflikten, so wird klar, dass Globalisierung die Ausübung von Kontrolle und Macht nicht nur über, sondern auch in Organisationen sehr stark verändert (Bartlett/Ghoshal 1992). Während sich die Zukunftsfähigkeit von Organisationen in Zeiten des internationalen Exportierens noch weitgehend an der Effizienz der aufgebauten Bürokratien messen ließ, ist das Erfolgskriterium im Zeitalter der Globalisierung Geschwindigkeit geworden. Hierarchisch strukturierte Bürokratien, die nach den Prinzipien von fachlicher Kompetenz und Zugehörigkeit strukturiert waren, werden folglich von sich kurzfristig aufbauenden und auflösenden Projektgruppen und "task forces" abgelöst. Macht und Kontrolle sind verteilt und wirken sichtbar nur in relativ kleinen Arbeitszusammenhängen. Andererseits wächst die Macht der Netzwerke im Außenverhältnis stark an, da sich viele Menschen, Organisationen und ganze Branchen in Abhängigkeit zu ihnen befinden.

Richard Sennett bezeichnet dieses Phänomen als Konzentration von Macht ohne räumliches Zentrum (Sennett 1998). Diese Beschreibung weist gleich auf mehrere Ebenen der Machtkonzentration hin. Einerseits sind große Netzwerke von wirtschaftlichen Akteuren sehr mächtig, weil sie über große finanzielle, personelle und strukturelle Ressourcen verfügen. Andererseits kann man dem Netzwerk keinen Ort mehr zuweisen. Große Konzerne residieren nicht länger in Ländern. Die Felder, auf denen sie spielen, sind die der Finanzmärkte. Große Verwaltungsgebäude oder Maschinenparks verlieren ihre Bedeutung als Symbole der Macht. Die Formierung von Macht im Kleinen, den Arbeitsgruppen, ist doppelt undurchsichtig, denn weder können die meisten Mitglieder der Organisationen die Formierung einer Arbeitsgruppe vorhersehen noch können Außenstehende erkennen, welchen Aufgaben sich die vernetzten Organisationen zuwenden und worauf sie folglich ihre Ressourcen und ihren Einfluss bündeln werden. Sowohl Mitglieder in der Organisation, unabhängig von ihrem kulturellen Hintergrund, als auch Außenstehende begegnen dieser Konzentration von Macht mit ihrer je eigenen Ohnmacht. Wenn man nicht weiß, wohin die Reise geht, kann man nicht mit anfassen und sein Tun beitragen.

4.4.2 Arbeit und Globalisierung

In einer einfachen Wirtschaftswelt gibt es nur drei Produktionsfaktoren: Arbeit, Kapital und Boden, wobei Letzterer als eine besondere Form von Kapital zu betrachten ist. Ökonomen gehen von einem Substitutionsverhältnis von Arbeit und Kapital für einen Großteil der Produktionsprozesse aus. Durch die relativ bessere oder schlechtere Ausstattung mit technischem Know-how, Bodenschätzen oder billigen Arbeitskräften erklären sich komparative Vorteile, die einen Tauschhandel für alle Beteiligten erstrebenswert machen. In modernen Volkswirtschaften begannen Menschen, Arbeitsvorgänge und parallel zu treffende Entscheidungen in Organisationen zu bündeln. Die Leistung dieser Organisationen liegt neben der Strukturierung in der Möglichkeit, eine Reihe von Prozessen parallel auszuführen; die „Gegenwart wird ausgedehnt" (Heideloff 1998). Menschen wurden aufgrund von Fähigkeiten zu Mitgliedern sozialer Systeme, Arbeitsorganisationen, und begannen, sich mit ihrem Tun in der Organisation zu identifizieren. An genau dieser Stelle berührt nun Globalisierung die individuelle Perspektive. Die moderne globalisierte Wirtschaftswelt zeichnet sich durch zwei Besonderheiten aus: Einerseits ist das Kapital nicht mehr stationär. In immer rascherer Folge wird die Allokation von Ressourcen über Finanzmärkte, die im Gegensatz zu den meisten Unternehmen einen 24-Stunden-Arbeitstag haben, geändert. Andererseits ist es nicht mehr die Arbeit per se, die einen Produktionsfaktor darstellt. Wir erleben einen graduellen Übergang von Arbeit zu Wissen. Wissen ist der "Rohstoff", aus dem die Waren der Zukunft sind. Wie Kapital auch ist Wissen transportierbar und nicht an einen festen Ort gebunden. Wissen kann zwar nicht vollständig dokumentiert und transparent gemacht werden, aber es ist doch unabhängiger von Personen als Arbeitskraft im Sinne körperlicher Tätigkeit. Und mehr noch: Wissende Menschen sind als Ressource nicht nur knapp, sondern auch noch sehr beweglich in der modernen Arbeitswelt. Kulturelle Grenzen sind für sie, wie für die Kapitalströme, leichter zu überwinden. Die beiden Ressourcen Kapital und Wissen treiben die Entwicklung der modernen Weltgesellschaft; aber die Art und Weise, wie sie verteilt und zur Nutzung gebracht werden, ist sehr intransparent.

Durch die fehlende Transparenz der Allokation von Ressourcen in vernetzten Organisationen entsteht sowohl auf der Seite der Unternehmen als auch auf der Seite der Menschen ein Dilemma: Durch die wechselseitige Abhängigkeit beschleunigt sich das Geschehen, was Effizienz der eingesetzten Ressourcen im Zeitablauf wichtiger werden lässt. Da Wissen aber nur begrenzt dokumentierbar und teilbar ist und sich die Richtung des Agierens durch ständige

Veränderung der Allokation von Ressourcen verändert, wird Effizienz im Sinne vorhergehender Planung unschärfer, ja unmöglich. Organisationen befinden sich also aufgrund fehlender Kriterien zur Positionierung und damit fehlender Orientierung ständig in einer Schwebe. Für die Menschen in Organisationen heißt dies, dass sie ununterbrochen reagieren. Sie driften (Sennett 1998) von einem Bündel von Tätigkeiten und Zielen zum nächsten. Aus dieser Drift entsteht enormer Druck auf den Einzelnen, der immer weniger in der Lage ist, in einem zeitlich stabilen Rahmen in der Arbeitstätigkeit seine Identität aufzubauen bzw. zu stabilisieren (Heuser 1999). Ähnliches gilt für Organisationen, die keine Gelegenheit haben, einen robusten Entwurf für ihr Entscheiden und Agieren zu entwerfen (Heideloff 1998).

Dieses Dilemma individueller wie sozialer Erosion von Identität macht Vertrauen zur zentralen Variable des Handelns und Überlebens in sozialen Systemen (vgl. Beckert et. al. 1998). Vertrauen ist im Kontext von Organisationen zu bewerten als ein Überschuss an Handlungsmöglichkeiten, der eingeräumt wird, obwohl mit dem Gegenüber erst wenige positive Erfahrungen gemacht worden sind. Dieser Vorschuss wird selbst in Anbetracht von geringer Einsicht und Einsehbarkeit wechselseitiger Abhängigkeiten gewährt. Nur mittels dieses Vertrauensvorschusses ist es dem Einzelnen möglich, eine relative Stabilität in seinem Interaktionskreis aufzubauen. Die Prozesse der Stabilisierung von Beziehungen verlaufen zyklisch; Erwartungen werden laufend mit Erfahrungen abgeglichen. Es entsteht eine spiralförmige Entwicklung des Einzelnen, seiner Beziehungen und des sozialen Systems. Diese zyklische Entwicklung nähert sich asiatischen Zeitkonzepten (vgl. Bleicher 1985). Der Einzelne bewegt sich in der modernen Wirtschaft nicht länger auf einem Entwicklungspfad, der im Sinne der klassischen Karriere geradeaus nach oben führt. Vielmehr erlebt und durchlebt ein Organisationsmitglied qualitativ unterschiedliche Stadien ähnlich gelagerter Probleme auf je einer weiteren Ebene erneut. Durch diese doppelte Unsicherheit, nämlich der mangelnden Möglichkeit zur Ausbildung von Identität einerseits und dem Bruch mit dem modernen Gedanken von Fortschritt, also der Vorwärtsbewegung auf dem Zeitpfeil, geht dem modernen Menschen das positiv bestimmte Ich im Vollzug der Arbeit verloren. Der so nur noch schwach positiv bestimmbare Einzelne scheint zunächst isoliert. Tatsächlich aber ist er durch die vielschichtigen Abhängigkeiten nicht nur stark eingebunden, sondern auch in seiner Identität stark festgelegt und beansprucht. Obwohl das klassische Subjekt der Moderne, der starke, selbstbestimmte Einzelne, der Moderne verloren geht, wird er dem neuen Subjekt, nämlich der Verdichtung von Entscheidungsprozessen in sozialen Systemen momentweise zum Objekt und Ko-Akteur.

4.4.3 Wie arbeiten in globalen Organisationen?

Um überhaupt noch in Organisationen arbeiten zu können, müssen sich Menschen also einen Vertrauensvorschuss gewähren. Woher aber dieser Vertrauensvorschuss kommen soll, kann nicht allein aus dem Subsystem Wirtschaft heraus erklärt oder begründet werden, es sei denn, man gibt sich mit dem ökonomischen Argument einer utilitaristischen Zweckmäßigkeit zufrieden. Vertrauen können die meisten Menschen nur gewähren, wenn in jeder Handlung eine Hintergrundgröße mitläuft, die eine Orientierungssicherheit jenseits des aktuellen Handlungszusammenhanges bietet. Philosophisch ausgearbeitete Maximen sind wohl nur bei einigen wenigen Menschen, die in global agierenden Organisationen arbeiten, als primäre Orientierungsgröße anzusetzen. Globale Organisationen üben einen hohen Selektionsdruck auf ihre Mitglieder aus, was durch ein hohes Niveau von Ausbildung und Professionalitätsverständnis tendenziell zu einer Säkularisierung der Gesamtorganisation führt. Religiöse Tugendhaftigkeit fällt ebenso als Maßstab der Orientierung aus.

Dennoch gibt es eine Reihe von Einflüssen, die philosophische Ansätze auf das Mit-Tun von Menschen in globalen Organisationen haben können. Die protestantische Arbeitsethik betont eine Diesseitigkeit in allem Entscheiden und Handeln und verweist darauf, dass Bemühen zentral und jedes einzelne Bemühen gleichzeitig ungenügend ist. Die so bestimmte Diesseitigkeit liegt nahe am ökonomischen Utilitarismus, der auf metaphysische Erklärungen nur zu gern verzichtet und einen unmittelbaren Zusammenhang von Mittel und Ziel herzustellen trachtet. Daneben steht eine stärkere Balance zwischen Streben und Sinnlichkeit im Katholizismus, die dem bloßen Anspruch der Zweckmäßigkeit widerspricht. Natürlich sind diese beiden Positionen sehr stark vereinfacht; dennoch werden die Bezüge zum Handeln in Unternehmen deutlich.

Zusätzliche Aspekte kommen in den Blick, wenn man Religionen asiatischen Ursprungs auf ihren möglichen Beitrag zum Handeln an den kulturellen Grenzen globaler Organisationen befragt. So entsagt z. B. der Buddhismus dem Wollen in dieser Welt. Die Fixierung auf die Diesseitigkeit an sich ist die Wurzel des menschlichen Leidens. Dieses Wollen und die Fessel des Strebens in der Diesseitigkeit sollen überwunden werden. Interessanterweise ist die Begründung derselben ethischen Position in christlichen Religionen und im Buddhismus eine jeweils andere. "Du sollst nicht töten" ist dem Christen geboten aus Ehrfurcht vor der unvergleichlichen Vollkommenheit und Größe von Gottes Schöpfung. Die mögliche Bestrafung im Jüngsten Gericht hilft sicher, diese Größe anzuerkennen. Andererseits untersagt auch der Pali-Kanon der Buddhisten das Töten. Allerdings geschieht dies aus der Einsicht in die Verwobenheit des Einzelnen in ein größeres Ganzes; die einzelne Handlung ist immer schon in Bezug gesetzt zu Folgehandlungen und Wirkungen, die den Einzelnen im Hier halten und an das Leiden binden. Aus der unterschiedlichen Haltung zur Verwobenheit mit dem umgebenden größeren Ganzen resultiert ein fundamental verschiedener Zugang zum Umgehen mit Welt. Einerseits kann man Unterlassungen aus Furcht vor Strafe beobachten und andererseits zeigt sich ein offenes und aktiv suchendes Tun, das auf Interesse und Neugier fußt. Bei so großen Differenzen stellt sich die Frage nach interkultureller Begegnung insofern neu, als dass die Möglichkeit der Reintegration von "Gefundenem" geklärt werden muss. Das, was wir jenseits kultureller Grenzen gefunden bzw. gesehen haben und überhaupt dort wahrnehmen können, ist uns nie zugänglich als das, was die Mitglieder eines anderen Kulturkreises daran haben. Die Lesbarkeit unserer Welt stimmt nicht überein mit anderen Lesarten eben dieser vielfältigen Welt. Also können wir Anderes nur annehmen oder übernehmen, indem wir zulassen, dass aus unseren Gewissheiten Fragen werden, die sich speisen aus der Antwort anderer. In diesem Sinne entsteht eine Grauzone der Beobachtung, denn in dem Moment, in dem der Perspektivenwechsel zugelassen wird, ist die vorher als monolithisch gedachte eigene Kulturzugehörigkeit bereits aufgeweicht. Kulturelle Entwicklung und interkulturelle Begegnung werden also nur möglich über die Form der Frage, die mehr Antwort ist als jede "Antwort" kultureller Zugehörigkeit. Dabei kommt eine soziale Dynamik in Gang, die nicht an der endgültigen Klärung oder Auflösung von Fragen interessiert ist, sondern die sichtbar werden lässt, dass sich aus der Begegnung mit Fremdem auch die Frage verändert. Und da sich keine Kriterien angeben lassen, die uns vorher wissen lassen könnten, wie sich eine Antwort in eine Folgefrage verwandelt, bleibt interkulturelle Begegnung stets ein Wagnis, bleibt ungewiss, wobei latente Konfliktpotenziale nichts anderes sind als ein Ausdruck für die Ohnmacht der Begegnung mit dem Fremden. „Die Tugend der Ungewißheit ist eine unbequeme Sache (…)" (vgl. Saul 1997: 209) und die Offenheit der Entwicklung bleibt erhalten.

Nur durch den Willen, eine abschließende Antwort zu geben, einen Punkt zu setzen, werden aus Differenzen und latenten Potenzialen handfeste Konflikte. An dieser Stelle schließt sich der Kreis der Argumentation: Unternehmen, Organisationen in der Wirtschaft waren eingangs dieses Abschnittes als soziale Systeme gekennzeichnet worden, aus deren Beobachtung sich etwas für die Möglichkeit von interkultureller Begegnung aussagen lässt. Wir haben gesehen, dass Globalisierung in Unternehmen zu einer Vielzahl von wechselseitigen Abhängigkeiten führt, die sowohl auf individueller wie auf sozialer Ebene des Vertrauens zur Handhabung bedürfen. Kulturelle Differenzen, aus denen latente Konfliktpotenziale resultieren, da sie Gewissheiten in Frage stellen, können weder vollständig oder richtig verstanden noch aufgelöst werden. Deshalb ist es nicht ein konkretes Ergebnis interkultureller Begegnung, das zwischen Verständigung und Konflikt entscheidet, sondern die Handhabung einer Grenze, die in der Begegnung zwar neu bestimmt werden kann, aber als Grenze stets erhalten bleibt.

4.5 Folgen für die globalisierte Arbeitsgesellschaft

Nicht erst seitdem das Thema Globalisierung in aller Munde geführt wird, scheint das Selbstverständnis, das bisher mit dem Begriff der Arbeitsgesellschaft bezeichnet wird, nicht mehr zu gelten. Das Ende der Arbeitsgesellschaft[75] wird immer wieder proklamiert (u.a. Offe 1982; Rifkin 1997). Piore und Sabel (1985: 185) vermuten, dass Ökonomie und Massenproduktion schon seit den 60er-Jahren eine Krise der (Arbeits-)Gesellschaft auslösen. Als erste Anzeichen werden Rohstoffverknappung, rapide Inflationsraten sowie die im langfristigen Trendsteigenden Arbeitslosenzahlen gelesen. Die Gründe der Krise im Umfeld des ökonomischen Nachkriegssystems vermuten die Autoren in der Unfähigkeit institutioneller Strukturen, den Angebotsschocks, dem Arbeitskräftemangel bzw. Beschäftigungsmangel und der Ressourcenknappheit konstruktive Lösungen entgegenzusetzen. Auf der Nachfrageseite äußert sich die Krise in der Auflösung der Massenmärkte für Standardprodukte, da vor allem „jene langfristigen Nachfrageanteile zurückgingen, die in den Augen der Unternehmer langfristige Fixkosteninvestitionen in der Massenproduktion erst rechtfertigten" (Piore/Sabel 1985: 205).

Unstrittig dürfte sein, dass es vor allem veränderte Rationalisierungs- und Flexibilisierungsstrategien in den Unternehmen der Wirtschaft sind, die den Druck auf bisherige Arbeitsformen ausüben (Hirsch-Kreinsen 1994: 437 ff.). Auslöser sind aber auch Veränderungen einiger Umweltparameter[76] von Wirtschaftsorganisationen. Organisation und Management sehen sich permanent

---

[75] Nur selten findet man nähere Erläuterungen, die klären, was unter Arbeitsgesellschaft eigentlich zu verstehen sei. Ein Vorschlag wurde vom Vorbereitungsausschuss für den 21. Deutschen Soziologentag (1982: 13) unternommen, wonach sich eine Arbeitsgesellschaft daraus herleitet, dass (1) der überwiegende Teil der Bevölkerung seine Stellung durch Erwerbsarbeit definiert, (2) institutionalisierte Werte und Normen durch Arbeit bestimmt werden und (3) ein (wenn nicht der) zentrale/r gesellschaftliche/r Konflikt um Herrschaftspositionen und Fortschrittsmaßstäbe durch Vertreter von Kapital und Arbeit ausgetragen und wohlfahrtsstaatlich vermittelt wird.

[76] Die in der Umwelt von Unternehmen wahrgenommenen Turbulenzen, Dynamiken sowie der Komplexitätsdruck, dem sich Organisationen ausgesetzt sehen, bringen ein explosionsartig anwachsendes Angebot an Konzepten und Theorien mit sich. Ständig betreten neue Erfolgskonzepte die Bühne organisationaler Orientierungsunsicherheit. So nimmt es nicht Wunder, dass 'neue' Konzepte wie organisationales Lernen ebenso wie Wissensmanagement letztlich als radikalisierte Versionen klassischer Veränderungsbemühungen erscheinen, die anzeigen sollen, dass die „Fähigkeit zu lernen, sich zu verändern (...) heute als zentraler, wenn nicht gar als *der* unternehmerische Erfolgsfaktor" zu bezeichnen ist (Krebsbach-Gnath 1996: 3).

mit sich ändernden Umfeldbedingungen konfrontiert. Umwelten werden als turbulent und überkomplex erlebt und beschrieben. Erfolgreiches unternehmerisches Agieren ist nicht (mehr) selbstverständlich. Man bedient sich vielfältigster Instrumente und Konzepte, die Erfolg[77] wahrscheinlich machen sollen: Personalbestände werden abgebaut bzw. in ihrer Abrufbarkeit flexibilisiert, die Einführung neuer Techniken und Technologien soll positiv auf die Produktivität der Produktion wirken, die Dezentralisierung der Organisation soll Informationen schneller fließen lassen und das erforderliche Wissen zur rechten Zeit an den rechten Ort befördern, Kundennähe gilt als unabdingbar, der Bezug auf Kernkompetenzen gilt als Alternative zur Kontingenz der Marktrestriktionen (Krebsbach-Gnath 1996: 3).

Verschärfend auf das Tempo der Veränderungen wirken die rasante Einführung und Verbreitung neuer Informations- und Kommunikationsverarbeitungstechnologien sowie der Einsatz von Computern bei Planungen, bei Steuerungsprozessen von Entwicklung, Konstruktion und Produktion. Unternehmen erwarten vorher ungeahnte Möglichkeiten, Produktivität und Markterfolg[78] zu steigern. Auf die Effekte der neuen High-Tech- und Computerwirtschaft angesprochen, vermutet Jeremy Rifkin (1997) nicht ohne Grund, dass diese dritte Revolution in Form einer neuen Qualität automatisierter Produktion dazu führen könnte, einen Großteil bisher beschäftigter Menschen aus der Erwerbsarbeit herauszudrängen. Die Dynamik wirtschaftlichen Geschehens ist u.a. daran abzulesen, dass es Unternehmen unmöglich erscheint, erreichte Wettbewerbsvorteile dauerhaft halten zu können. Strategische Traditionen scheinen nicht mehr zu gelten. Langfristiges Ansetzen und Planen scheint obsolet. Erfolge scheinen nur noch durch raschen Wechsel der Strategietypen möglich. Eine neue Form von Wettbewerb entsteht: Hyperwettbewerb ist das Stichwort (D'Aveni 1995). Das Wettbewerbsumfeld wird unsicherer, dynamischer. Es ist geprägt von der Heterogenität der Rivalen und von zunehmender Feindseligkeit. Es ist ein Prozess im Gange, in dem traditionelle Vorteile zerstört werden und vollkommen neuartige Wettbewerbsvorteile im Entstehen sind (D'Aveni 1995: 21). Nicht zu übersehen ist das

---

[77] Es hat den Anschein, als ob „die alten Organisationen mit ihrer Festlegung auf Hierarchie, langfristige Planung, routinisierte Entscheidungen und standardisierte Produkte" unter Bedingungen turbulenter und instabiler Märkte, dem Ende der standardisierten Massenproduktion, unter Bedingungen dynamischer Technologieentwicklungen nicht mehr überlebensfähig sind (Baecker 1995: 211).

[78] Jedoch bringen die als fortschrittlich und effizienzsteigernd gepriesenen I+K-Technologien nicht nur Vorteile, sie beinhalten auch neue Formen der Komplizierung organisationaler Abläufe. Sie bringen neue Undurchschaubarkeiten, Unsicherheiten sowie Unbeherrschbarkeiten mit sich, es entsteht quasi eine neue Form organisierter Komplexität, die zentral gesteuertes Managen und Kontrollieren fast unmöglich macht. Es entstehen neue Formalisierungsprobleme (Wehrsig/Tacke 1992).

wechselseitige Aufschaukeln der Aktivitäten. Unternehmen verändern ihre Produkte und Strukturen, um angemessener auf die Weltmarkterfordernisse reagieren zu können. Infolge veränderter Aktionsmuster sehen sich andere Unternehmungen veranlasst, die Handlungen der Konkurrenten zu imitieren, wenn nicht gar zu überbieten. Der Kampf um Aufmerksamkeit, Absatzmärkte und Informationsvorsprünge sowie die richtigen Strukturen der Unternehmen beginnt ständig neu.

In der Wirtschaft zeichnet sich ein Strukturwandel besonderer Qualität ab. Globalisierung und ein sich verschärfender Wettbewerb werden zur zukünftigen Klammer wirtschaftsbezogenen Agierens, von Überkapazitäten ist die Rede. Die in einigen Bereichen zunehmende Verknappung von Knappheit wird ein wirtschaftliches Problem erster Güte. Überfluss im Angebot von Leistungen und Gütern trifft auf begrenzte Nachfrage sowie stark begrenzte Investitionsbereitschaft. Die Verschärfung der Wettbewerbssituation drückt sich auf vielfältige Weise aus: Die Internationalisierung der Märkte bringt eine Abwärtsspirale der Preise in Gang. Große und zunehmend mittlere Unternehmen kombinieren lokale mit globalen Aktivitäten. Fusionen stehen auf der Tagesordnung. Mit dem Internet wachsen die Vermarktungschancen und zugleich die Komplexität dieser Maßnahmen. Ein neuer, möglicherweise eskalierender Wettbewerb kündigt sich an. Maßnahmen treffen auf Gegenmaßnahmen, die ihrerseits Gegenreaktionen auslösen. Konkurriert wird nicht mehr nur auf separaten Wettbewerbsschauplätzen. Teilnahme am Wettbewerb bedeutet nicht länger, Antworten zu finden auf einzelne Wettbewerbsdimensionen, sondern auf die Kombination der Herausforderungen durch Kosten, Qualität, Marktmacht, finanzielle Stärke und Zeit (D'Aveni 1995; Stalk/Hout 1992). Die klassische Struktur und demzufolge das klassische Verständnis von Arbeit geraten gewaltig unter Druck (Forrester 1997; Altvater/Mahnkopf 1996: 245 ff.). Arbeit, medial an Geld gekoppelt, wird im Zuge dieser um sich greifenden Kopplungsverhältnisse knapp (Fuchs 1997: 433). So trivial es auch klingen mag, Unternehmen fragen (bezahlte) Arbeit erst dann nach, wenn der Aufwand als lohnend und das Risiko als tragbar eingeschätzt werden. Das Erstellen von Produkten und Dienstleistungen muss auf die realistische Erwartung stoßen, Zahlungsbereitschaft bei den Kunden zu provozieren. Darüber hinaus wird immer wieder betont, dass soziale und ökologische Risiken der gegenwärtigen Arbeitsgesellschaft diese selbst in Frage stellen. Die Grundlagen von Wirtschaft und Gesellschaft scheinen sich langfristig betrachtet nicht nur in diesen Hinsichten selbst zur Disposition zu stellen. Möglicherweise müssen Unternehmen, wenn sie dauerhaften Erfolg und nicht nur kurzfristige Gewinne wollen, den gesteigerten "Sinnbedarf" in Unternehmen und Umwelt Rechnung tragen, wenn die gesellschaftlichen Verhältnisse turbulenter, unübersichtlicher und problembeladener werden. Unternehmen könnten zukünftig neben „den klassischen Formen beruflich-fachlichen

Grundwissens, produktions-, informations- und kommunikationstechnischer Kenntnisse" zunehmend *„Sinn-, Wissenserzeugungs- und Vermittlungskompetenzen"* zu erbringen haben (Bardmann/Franzpötter 1990).

Die Erweiterung organisationaler Möglichkeiten erfolgt durch eine partielle Transformation der Strukturkomponente "Stelle". Personen bekommen in zunehmendem Maße von der Organisation keine Stelle mehr zugewiesen, die ein lebenslanges Verweilen bzw. Orientieren in der Organisation aufweist, sondern werden verstärkt mit zeitlich, sozial und sachlich befristeten projektförmigen Aufgaben betraut, wobei die Vollendung der Aufgabe vom Wegfall der "virtuell" erzeugten Stelle begleitet wird. Für die Unternehmen kommt es darauf an, mit den eigenen Mitteln die organisatorischen wie fachlich-spezifischen Kapazitäten arbeitswilliger Personen oder Teams in angemessener Weise erkennen, inkludieren und wirtschaftlich sinnvoll verwerten zu können. Für die einbezogenen Individuen bedeutet das, dass ihre Teilnahme nicht mehr auf der Basis eines wohl strukturierten Rollengefüges, im Sinne organisationsseitiger Bereitstellung von (Lebens-)Arbeitsplätzen, sicherzustellen ist.

Das Modell des Arbeitsplatzes[79] löst sich in vielen Unternehmen auf. Befristung, Begrenzung und Dynamisierung[80] wirtschaftlicher Aktivitäten beeinflussen die Prozeduren organisationaler Grenzsetzungen. Semantisch drücken sich diese Entwicklungen in unterschiedlichsten Begriffen und Verwendungsweisen aus: z.B. Projektförmigkeit, netzwerkförmige Kooperationen innerhalb eines Unternehmens und zwischen Unternehmen, Virtualisierung und Vitalisierung von Unternehmen. Bisherige Formen von personaler Inklusion und organisationaler Grenzziehung geraten in Fluss (Luhmann 1995c: 200; Markowitz 1998). Um eingehend die Frage bearbeiten zu können, wie die Umstellung der Gesellschaft auf funktionale Differenzierung, weltweit wirksame Kommunikation und die dynamischen Veränderungen innerhalb von Wirtschaft, Politik, Technik, Wissenschaft usw. das Verhältnis von Mensch und Gesellschaft verändern, sind noch einige Vorbemerkungen notwendig.

---

[79] Auswirkungen auf das, was semantisch als Arbeit, als Arbeitsgesellschaft gegenwärtig firmiert, liegen auf der Hand. Die ausgelösten strukturellen Effekte für moderne Gesellschaft und deren Errungenschaften wie Bildung, positives Recht, Organisation und Individuum, um nur einige zu nennen, liegen jedoch noch im Dunkeln.

[80] Ausgelöst durch die Installierung verschiedenster Beobachtungs- bzw. Interventionsverfahren im Unternehmen, z.B. TQM, Controllingverfahren, Business Reengineering usw. Die Folge ist, dass betriebliches Handeln und Entscheiden permanent mit vielen heterogenen Beobachtern rechnen muss. In der Betriebswirtschaftslehre reagiert man auf diese Phänomene mit der Formulierung der Transaktionskostenanalyse, also der Betonung der Kosteninduktion, oder resource-dependence-theory-Konzepten, die einen erweiterten Begriff der Abhängigkeit aller Aktivitäten im Unternehmen von materiellen *und* immateriellen Ressourcen der Organisation ansetzen.

4.5.1 Inklusion und Exklusion

Soziale Strukturen konditionieren die Teilhabe der Menschen an Gesellschaft. Üblicherweise denkt man an den Begriff der Rolle, wenn soziale Erwartungen individuelles Handeln beeinflussen: Rollen sind eine Variante sozialer Erwartungsbildung. Erfahrungen im Umgang mit unterschiedlichen Systemerfordernissen zeigen, dass Menschen nicht nur mit unterschiedlichen Erwartungen, sondern auch mit heterogenen Funktionserfordernissen konfrontiert werden. Menschen werden je nach Kontext unterschiedlich bezeichnet und als sozial konstruierte Adressen angesprochen. Das Spektrum reicht von Wähler und Politiker in der Politik, Arbeitnehmer und Unternehmer in der Wirtschaft, Patient und Arzt im Bereich der Medizin, Forscher und Student im Bereich der Wissenschaft, Kläger und Richter im Rechtssystem bis hin zu Schriftsteller und Leser in der Literatur. Noch schärfer wird die Teilhabe innerhalb organisierter Kommunikation geregelt.

Organisationen trennen per Entscheidung zwischen ihren Mitgliedern und denen, die nicht zur Organisation gehören. Mitglieder werden mit formalisierten Verhaltensanforderungen konfrontiert. Pauschalunterwerfung ist der Preis, mit dem Leistung und Zahlungsbereitschaft in ein Kooperationsverhältnis eintreten. Weicht man im organisationalen Kontext offensichtlich von den ausgehandelten Vorgaben ab, gerät die Mitgliedschaft in Gefahr.

Auffällig ist die unterschiedliche Ausgestaltung zwischen den einzelnen Teilsystemen der Gesellschaft. Ebenso variiert die personelle Einbindung zwischen den jeweiligen Organisationen. Unternehmen binden Menschen auf andere Weise ein als Verwaltungen, Sportvereine, Interessenverbände oder religiös konstituierte Einrichtungen. Menschen werden folglich von Kommunikation sehr unterschiedlich berücksichtigt. Inklusion ist der begriffliche Ausdruck für den Sachverhalt, wie Kommunikation, Gesellschaft den Menschen bezeichnet und berücksichtigt (Luhmann 1995e: 241).

Bevor uns die gegenwärtigen Verhältnisse weiter beschäftigen, möchten wir die historisch unterschiedlichen Zuordnungsstrukturen ansehen, die Personen in Gesellschaft inkludieren (Luhmann 1995e: 242 ff.):

- Segmentär differenzierte Gesellschaften ordnen die Menschen gleichartig geschnittenen sozialen Einheiten (Segmenten) zu. Man gehört kleineren Gruppierungen an. Wohn- bzw. Lebensgemeinschaften sind soziale Bezugsgrößen, die sich zu Sippen oder Stämmen zusammenschließen, die letztlich den Inklusionsrahmen bilden, der vorwiegend verwandtschaftlichen Prinzipen folgt. Feste Regeln, vor allem Heirat oder Aufnahmeprozeduren, sind es, die die Inklusion der Menschen bestimmen.

- Auch in stratifizierten Gesellschaften folgt die Inklusion dem dominanten Differenzierungsprinzip. Gesellschaftlich inkludiert wird man über die

Zugehörigkeit zu einem Stand, einer Kaste, einer Gilde oder einer bestimmten Schicht (Zünfte, Adel, Bauern). Die Schließung läuft über Endogamie. Individualisierung erfolgt über die Zuordnung zu einem bestimmten Status, nicht direkt über die Person, sondern über den Haushalt, dem man angehört. Ausnahme ist der Haushaltsvorstand. Dem Haushaltsvorstand bleibt es vorbehalten, an politischen Entscheidungen teilzunehmen. Exklusion regeln die Haushalte selbst. Im Spätmittelalter wird Inklusion auch über die einsetzende Exklusionspolitik geregelt: Zünfte, Nationen, Verbände institutionalisieren spezielle Teilnahmebedingungen. Spezialeinrichtungen wie Gefängnisse, Verwahranstalten, Kloster, Schiffe werden eingerichtet, die als spezielle Instanzen zunehmend das Verhältnis von Inklusion/Exklusion mit bearbeiten.

• In der funktional differenzierten Gesellschaft gibt es keine gesellschaftseinheitliche Regelung des Verhältnisses von Inklusion und Exklusion. Hier bestimmen die Funktionssysteme selbst über den Modus, wie Menschen bezeichnet und sozial berücksichtigt werden. Wir werden sehen, dass es vor allem die über die einzelnen Teilsysteme verteilten Organisationen sind, die hier die Hauptarbeit der Inklusion übernehmen. Funktionssysteme sind generell für die Inklusion aller Personen offen. Spezifiziert wird das Verhältnis von Inklusion und Exklusion durch das Medium organisierter Kommunikation. Organisationen regeln über adressierende Kommunikationen den faktischen Zugang. Wichtigstes Kriterium wird die Differenz von Mitglied/Nichtmitglied, die den Zugang der Personen zu erwünschten Leistungen reguliert. Funktionssysteme zeigen dadurch ihre Angewiesenheit auf organisierte Kommunikation (Luhmann 1995c: 192). Prinzipiell scheinen die Bedingungen für alle Menschen gleich, an Gesellschaft teilzunehmen. Jeder kann Anträge schreiben, um Arbeit nachsuchen, Geld ausgeben, wählen gehen oder an Erziehung teilhaben. Die konkrete Realisierung der Teilhabe weicht von dem Idealzustand einer Gesellschaft ab, die alle Menschen mit gleichen Chancen ausstattet, um an Kommunikation zu partizipieren. Vor allem sind es Effekte des organisierten Eingreifens, die Unterschiede nicht nur produzieren, sondern selbst geringe Unterschiede beträchtlich verstärken. In Eigenregie regeln die Funktionssysteme der modernen Gesellschaft die Kriterien der Inklusionsverhältnisse. Organisationen regulieren die "Ordnung der Inklusion", d.h., die Sozialsysteme können über Mitgliedschaft das Verhältnis Exklusion/Inklusion steuern. Zwei Effekte lassen sich angeben: Erstens können die Organisationen nach selbst gesetzten Kriterien interessierte Personen aufnehmen und zweitens stattet sich die Gesellschaft selbst mit der Fähigkeit zu unterscheiden, zu diskriminieren aus (Luhmann 1995c: 193).

Organisationen sind eine Möglichkeit, die gesellschaftlichen Verhältnisse über die Unterscheidung von Inklusion und Exklusion zu regulieren. Eine weitere Form, die gesellschaftliche und systemspezifische Kommunikationen bearbeitet, ist die unterschiedlich institutionalisierte Unterscheidung von Leistungs- und Publikumsrolle (Stichweh 1988). Laufende Kommunikation orientiert sich an der Unterscheidung von Leistungsrollen und Publikumsrollen: Arzt/Patient; Polizei/Verdächtiger; Staatsanwalt/Angeklagter; Staatsverwaltung/Bürger; Politiker/Wähler. Die konkrete Ausgestaltung des Inklusions-/Exklusionsverhältnisses variiert je nach Anbindung, Ausrichtung der Leistungsrollen und den Möglichkeiten des Publikums. Professionsverständnis sowie die Definition und Ausgestaltung der Berufe konditionieren soziales Anschlussverhalten. Das Publikum ist den Entscheidungen der Leistungsrollenträger nicht hilflos ausgeliefert. Gerade in der Politik, den Massenmedien (Funk, Fernsehen und Kino), der Kunst oder der Wirtschaft wird das Publikum durch die Möglichkeiten von "Exit und Voice" in kommunikative Zusammenhänge inkludiert (Stichweh 1988: 270; Hirschmann 1974). Das Publikum wird hier mit Äußerungsoptionen versorgt. Die Option "Voice" bezeichnet die "Macht" der Menschen, die ihren Ausdruck in den quantitativ aggregierten Wirkungen ihrer Teilnahme an Politik, Wirtschaft, Kunst oder Sport findet. Einschaltquoten bestimmen über Erfolg oder Misserfolg der Fernsehsendungen. Auflagen für Bücher oder Zeitungen entsprechen Umfrageergebnissen in der Politik oder Absatzzahlen für neue Produkte. "Charts" werden bestimmt durch die Verkaufszahlen der Musik-CDs. Muss die "Voice"-Funktion noch mit klarlegenden Instruktionen ausgestattet werden, schneidet die "Exit"-Funktion die Verhältnisse in ein eindeutiges Ja oder Nein. Besonders deutlich ist sie zu sehen, wenn politischen Parteien durch Wahlentscheidung das Misstrauen ausgesprochen wird. Vor allem auf Systeme, die zwingend auf Mitglieder angewiesen sind, wirkt sich der Rückzug an Beteiligung gravierend aus, wie Gewerkschaften, Kirchen oder auch andere Vereinigungen schmerzvoll erfahren.

Für das Verhältnis von Individuum und Gesellschaft wird in der modernen Gesellschaft die Form der Karriere bedeutsam. Hervorzuheben ist, die Form Karriere wird von zwei Seiten beobachtet: Vom Individuum und von der Gesellschaft. Auf der Seite der funktional differenzierten Gesellschaft dient Karriere als Inklusions-/Exklusionsmechanismus und auf der Seite der Individuen wird Karriere für das Verhältnis von Sozialisation und Biografie relevant. Karriere wirkt als Selektionsgeschichte, in der die Beiträge der Gesellschaft und der Individuen zusammenwirken (Luhmann 1995c: 296). Funktionssysteme müssen über Personen hinaus generalisieren: Personen müssen austauschbar sein (vgl. Lehmann 1996: 15 ff.). An dieser Stelle wird der Bezug auf Rollen, auf bisher bereitgestellte Stellen (z.B. Arbeitsplätze) interessant. Der Mensch wird als Person exkludiert und als Rolle inkludiert.

Um diese Differenz handhaben zu können, wird eine Zeitform benötigt: Karriere. Individuum und Gesellschaft benutzen auf je spezifische Weise ein und dieselbe Form der beiderseitigen Beobachtung. Karriere bekommt die wichtige Funktion, Individuen und Organisationen zu integrieren. Die Karriereorientierung stabilisiert das Verhalten auf beiden Seiten. Damit wird „es sowohl den Individuen als auch den Organisationen ermöglicht, die Entscheidungskontingenzen der Organisation zu ertragen" (Luhmann 1995c: 83). Flexible Personen können damit die Wechselbäder der Organisation überstehen. Das Konstrukt der "Mitgliedschaft" macht es für unterschiedlichste Organisationen in der Gesellschaft möglich, sehr heterogene Motivunterstellungen zu bündeln (Luhmann 1995c: 90). Karriere ist die zeitliche Struktur des Inklusionsprozesses. Es ist nicht mehr die Gesellschaft, sondern es sind die einzelnen Funktionssysteme und deren Organisationen, die Inklusion konditionieren (Luhmann 1987: 188).

4.5.2 Veränderung der Arbeitsgesellschaft

Auf der Ebene der Funktionssysteme erfolgt Inklusion auf dem Weg der Einrichtung komplementärer Rollenverhältnisse (z.B. Arzt/Patient im Teilsystem der medizinischen Krankenbehandlung) sowie über die Bereitstellung von Mitgliedschaftsrollen durch Organisation. Beide Mechanismen verursachen Kosten und Probleme, die besonders von politisch eingerichteten Sonderinstanzen[81] verarbeitet werden. Nicht zu übersehen ist, wie sich die Inklusions-/Exklusionsregelung der modernen Gesellschaft auf das Phänomen Arbeit auswirkt. Gesellschaftliche Subsysteme sind prinzipiell darauf angelegt, alle Menschen zu inkludieren. Zugangschancen für alle wäre der Normalfall. Der Normalfall als Leitformel wird von der faktischen Umsetzung gebrochen. Der Kommunikation in den Funktionssystemen ist es egal, wer zahlt, wenn gezahlt wird, wer wählt, wenn gewählt wird, oder wer erzogen wird, wenn erzogen wird. Mit dem Auftreten von Organisationen und Professionen verändert sich das Selektionsverhalten sozialer Kommunikation, bzw. die in den Funktionssystemen formulierte Norm wird selektiv gebrochen. Organisationen wählen hoch selektiv aus. Sie setzen selbstbestimmt eigene Kriterien, die festlegen, wer wie an organisierter Kommunikation teilnimmt oder nicht teilnimmt. Die moderne Gesellschaft hat einen sehr effektiven Mechanismus erfunden und etabliert, der folgenreich auf Optionen und Chancen der Teilnahme suchenden Menschen einwirkt. Ein Effekt, mit dem wir uns weiter beschäftigen, ist darin zu sehen, dass sich der "Zugang zu organisierter Ar-

---

[81] Die Gesellschaft hat als Reaktion auf missglückte Karrieren von Individuen das System der sozialen Hilfe (Wohlfahrtseinrichtungen, Sozialberatung und Betreuung, wohlfahrtsstaatliche Zahlungen) und auf Regionen bezogen Maßnahmen der Entwicklungshilfe etabliert.

beit" zum Problem der modernen Gesellschaft insgesamt ausweitet (Luhmann 1997: 844).

Zu der Globalisierung der Märkte kommen veränderte Formen der Zeit- bzw. der Arbeitsorganisation hinzu (Sennett 1998: 25). Die unsicher werdende Einbindung der Menschen in die Wirtschaft drückt sich u.a. am Kontrollverlust über die eigene Arbeitseinteilung und Zeitgestaltung aus. Scheinbar dominieren die Kunden die Einteilung von Arbeit und Zeit. Kunden haben die Eigenschaft, dass sie sich nicht um die Interessen der Produzenten kümmern, entscheidend für sie sind die Produkte.

Das Motto "nichts Langfristiges mehr" macht traditionelle Laufbahnorientierungen überflüssig. Das bedeutet für das Phänomen Arbeit, dass feste Stellen in der Organisation durch temporäre Einbindungen in Projekte oder virtuelle Arbeitsfelder ersetzt werden, die eine fluktuierende Belegschaft voraussetzen. Ein Kennzeichen dieser Entwicklung dürfte die vor allem in Amerika und Westeuropa zu beobachtende Expansion der Zeitarbeitsagenturen sein. Der flexible Kapitalismus konfrontiert Unternehmen wie Individuen mit drei neuen Unsicherheiten. Das tradierte Bild der Arbeit gerät dabei ins Wanken (Sennett 1998: 112):

(1) Es etablieren sich mehrdeutige Seitwärtsbewegungen. Das Arbeiten in Netzwerken provoziert häufigere Stellenwechsel der agierenden Personen. Die Personen bewegen sich seitwärts im Glauben, sich nach oben zu bewegen. Die Kategorie der Stellung verliert an Prägnanz.

(2) Retrospektive Verluste stellen sich ein. Ein Wechsel in flexiblen Netzwerken ist mit Risiken verbunden, wobei erst im Nachhinein erkannt wird, dass falsch entschieden wurde. Empirisch belegt wurde, dass ein Wechsel des Arbeitsplatzes eher negative Konsequenzen beinhalten kann (siehe Sennett 1998: 222). Unternehmen müssen sich somit mit der Frage beschäftigen, wie sie Risikobereitschaft (Wechselbereitschaft) unterstützen wollen, zumindest insofern, als eine Absicherung persönlicher Risiken der Mitarbeiter angeraten scheint. Bisher, so hat es den Anschein, wird das Problem noch auf die betroffenen Personen selbst abgewälzt.

(3) Die Kalkulation der eigenen Karriere, vor allem der langfristig anzusetzenden Einkommensentwicklung wird fast unmöglich, wenn man nicht weiß, wie die eigene Leistung zukünftig vergütet wird, bzw. überhaupt nicht klar bestimmt werden kann, welche beruflichen oder arbeitsbezogenen Anschlüsse überhaupt real erwartbar erscheinen.

Der Wandel von Arbeit ist durch Veränderungen der Wirtschaft, der modernen Gesellschaft bedingt. Wirtschaft entwickelt sich zunehmend zu einer abstrakten Größe, die von fast allem absieht. Wirtschaft läuft mittlerweile über selbst gesetzte Mittel, vor allem über Preise (Luhmann 1997: 724 f.). Sie verfügt nur über die Informationen, die im System der Wirtschaft selbst erzeugt werden. Märkte vermitteln Transaktionen. Wirtschaft orientiert sich an zahlungsbereiten Konsumerwartungen (ob zahlungsfähig oder nicht) und damit an sich selbst. Wichtigster Antriebsfaktor für wirtschaftliche Aktionen ist die Rollendifferenz von Konsument und Produzent. Die Märkte entscheiden anhand der temporär wirksamen Ausgestaltung dieses Verhältnisses über Erfolg/Misserfolg. Das bedeutet, dass wirtschaftliche Entscheidungen auf der Basis unternehmensspezifischer Gewinn- bzw. Verlustrechnungen gemacht werden müssen. Es sind dann nicht Fleiß oder gute – d.h. vor allem anstrengende Arbeit – die eine Kontrollberechnung berücksichtigt. Beide Kategorien sind Voraussetzung, aber für einen Unternehmenserfolg am Markt der modernen Wirtschaft nicht hinreichend.

Das weltwirtschaftliche System differenziert sich in Märkte, die wiederum als Umwelt von Unternehmen (Organisationen) fungieren, was dazu führt, dass Unternehmen sich gegenseitig als Konkurrenten betrachten (Luhmann 1997: 761). Diese Entwicklung hin zu weltwirtschaftlichen Verflechtungen hat Folgen für die zukünftige Einrichtung organisierter Arbeit. Die ursprüngliche Ausgestaltung der Arbeit durch langfristig bindende Verträge wird brüchig. Arbeitnehmer kommen ebenso wie Unternehmen oder regional definierte Standorte nicht umhin, sich Gedanken zu machen, wie sie ihr Potenzial in globale Marktzusammenhänge einbringen können. Eine Notwendigkeit besteht darin, dass Aktivitätstypen entwickelt werden müssen, die an den unterschiedlichen Funktionserfordernissen der weltweit ausdifferenzierten und regional gebrochenen Teilsysteme angreifen können. Partizipation erfordert permanente Aktivitäten des Suchens, Umlernens und der Herstellung von Aufmerksamkeit. Dass die bisherige Form des Verständnisses von Arbeit von diesen Entwicklungen nicht unberührt bleibt, bedarf fast keiner Erwähnung, wenn dem nicht gewisse tradierte Sichtweisen entgegenarbeiten würden: Wir denken da zum einen an das in der Gesellschaft eingelassene Verständnis dessen, was unter Arbeit zu verstehen ist, und zum zweiten an die noch dominierende Differenz von Kapital und Arbeit.

In der Moderne stellt sich die Funktionsweise um, wie das soziale Verhältnis von Individuum und Gesellschaft zu gestalten ist (Luhmann 1997: 827). Es stellt sich die Frage nach der Strukturierung der modernen Inklusionsmechanismen, die soziale Adressen (Personen) auf die Monitore der Funktionssysteme bringen (Fuchs 1997: 430). Arbeit ist nur einer der gesellschaftlichen Inklusionsmechanismen. Die soziale Einbettung des Phänomens Arbeit ist an den historisch sichtbaren Veränderungen abzulesen, die es durchlaufen hat. Arbeit hat mit der Befriedigung von Bedürfnissen zu tun, wobei sich die Bedürfnisse nicht auf eine rein materielle Basis reduzieren lassen. Arbeit bedeutet aktive menschliche Tätigkeit, die zielstrebig die Erstellung eines Werkes, eines Gutes in Angriff nimmt (vgl. Conze 1992: 154 ff.). Etwas negativer konnotiert wird Arbeit auch als Last, als Qual, als anstrengende gativer konnotiert wird Arbeit auch als Last, als Qual, als anstrengende Daseinsgestaltung verstanden. Im Zuge fortschreitender Ökonomisierung der Gesellschaft, von Adam Smith bis hin zu den Physiokraten eingehend beobachtet und beschrieben, wird Arbeit als produktive Leistung, als wertschöpfende Komponente einer sich verändernden Wirtschaft thematisiert. Arbeit leistet mehr als nur Existenzsicherung. Arbeit ermöglicht die Bildung von Kapital eben nicht nur für den Kapitalisten. Partizipation am Medium Arbeit lohnt sich zunehmend für Nationen und vor allem im Laufe des 20. Jahrhunderts auch für die Menschen, die als Arbeitnehmer mehr als nur ihre Existenz sichern können.

Unsere These lautet, dass Arbeit nie als eine feste Größe, als etwas Unverrückbares anzusehen war. Das, was wir heutzutage unter dem Begriff Arbeit fassen, ist ein semantisches Produkt kommunikativer Strukturbildung. In der gesellschaftlichen Kommunikation wird geregelt, was als Arbeit zu bezeichnen ist. Arbeit ist demzufolge nicht als absoluter Wert zu verstehen, dem unveränderliche Eigenschaften zuzuschreiben wären. Arbeit ist vielmehr eine lose gekoppelte Menge von Elementen, die Formbildungen ermöglicht *und* Auflösungen zulässt. Arbeit ist formbar; zumindest spricht der flexible Einsatz von Zeit, Mensch, Technik und Material sowie die permanente Veränderung moderner Organisationsstrukturen dafür. Die Formbildung des Mediums Arbeit setzt die Formbarkeit sozialer Adressen voraus. Während tayloristisch organisierte Unternehmen auf die strikte Trennung von Kopf- und Handarbeit setzten, was letztlich die Enteignung der individuell vorhandenen Kompetenzen der Arbeiter bzw. Mitarbeiter bedeutete, sind flexible, auf Mobilität, Eigeninitiative und Autonomie aufbauende Unternehmen darauf angewiesen, soviel Potenzial der Mitarbeiter in die Leistungserstellung zu inkludieren wie möglich, da sich nur ein Überschuss inkludierter Potenzialität als Wettbewerbsvorteil realisieren kann.

Die funktionale Differenzierung erfordert die Möglichkeit der „Komplettinklusion in alle Funktionssysteme" (Fuchs 1997: 432), ohne dass die Chance der Teilsysteme oder gar der Gesellschaft bestünde, die Inklusion in gewünschter Weise zu instruieren. Es mangelt der Gesellschaft an einem gesellschaftsweiten Träger oder an einer Steuerungsinstanz, die die Komplettinklusion realisieren könnte. Auch der Politik dürfte ein solcher Versuch misslingen, wie man an den Gefährdungen und Überlastungen wohlfahrtsstaatlicher Errungenschaften oder am Zusammenbruch der politischen Herrschaftsstruktur des Sozialismus eindrucksvoll erfahren konnte. Inklusion erfolgt auf der Ebene der Organisation und Organisationen gibt es zu viele.

Als regulatives Schema für wirtschaftliche Handlungen fungiert der Code "zahlen/nicht zahlen". Wenn diese Differenz bemüht wird, sei es durch Handlung, sei es durch kommunikativ hergestellten Anschluss, ist Wirtschaft im

Spiel. Die wirtschaftskonstituierende Differenz von zahlen/nicht zahlen setzt den Ausschluss des dritten Wertes voraus. Erst mit der selbstreferenziellen Schließung sichert die Wirtschaft ihre Autonomie, mit all ihren Vorteilen, was Spezialisierung und Leistungssteigerung anbetrifft, aber auch mit all ihren Nachteilen, was die Externalisierung von Ethik, Ökologie und individuell gesetzten Daseinsinteressen anbelangt. Man muss sich also klarmachen, dass Arbeit für die wirtschaftliche Kommunikation nach zahlen/nicht zahlen an die zweite oder, wenn man den Unterschied von haben/nicht haben berücksichtigt, an die dritte Stelle rückt. So lange die Gesellschaft keine Lösung gefunden hat, die Leistungsfähigkeit der modernen Wirtschaft durch etwas Gleichwertiges zu ersetzten, ist die Frage müßig, ob wir eine Wirtschaft, die so funktioniert, wie sie funktioniert, wollen, oder ob wir sie gar moralisch und menschlich verwerflich finden. Stattdessen ist zu fragen, wie ausgeschlossene Arbeit wieder eingeschlossen werden kann: Dadurch, dass sie selbst verknappt wird. Arbeit wird als knappes Gut behandelt. Für Arbeit muss gezahlt werden und Arbeit reproduziert Zahlungsfähigkeit. Allerdings ist Arbeit weder Zahlung noch Nichtzahlung. In der Wirtschaft ist Arbeit also zugleich drinnen und draußen.

Arbeit als ein gestaltbares Medium sozialer Kommunikation ist als solches nicht knapp, es gibt genügend Möglichkeiten der Formbildung. Knappheit entsteht jedoch durch den Kopplungszusammenhang von Arbeit und Wirtschaft: Arbeit lagert sich an wirtschaftliche Zusammenhänge an, sie ist ein Drittes, welches *einschließend auch ausgeschlossen* wird. Arbeit soll und könnte alle inkludieren. Da aber für Arbeit gezahlt werden muss, wird Arbeit zum knappen Gut (Fuchs 1997: 434). Beim Phänomen Arbeit handelt es sich um ein Inklusionsmedium, das alle sozialen Adressen inkludieren kann, aber indem Arbeit die Form der Knappheit annimmt, bleiben Selektion und Ausschluss nicht aus, so dass „nicht alle sozialen Adressen inkludiert" werden können (ebenda). Arbeitslosigkeit heißt nicht, aus dem Inklusionsbereich herausgefallen zu sein, sondern „die betroffenen Adressen" werden aus dem Inklusionsmedium herausgenommen, d.h. das Inklusionsmedium ist knapp – zu knapp.

Wie schon angedeutet verschärfen zwei Entwicklungen diesen Prozess. (1) Die Virtualisisierung der Unternehmen temporalisiert die bisher feste Unterscheidung der Organisation von Mitglied und Nichtmitglied. Feste Karrierewege, Beschäftigungsverhältnisse, die ein Berufsleben lang halten, sowie übersichtliche Aufgabenanforderungen verlieren ihre strukturelle Prägekraft. (2) An den gegenwärtig zu beobachtenden Bemühungen, Existenzgründungen zu forcieren, lässt sich eine zweite Entwicklungslinie ablesen. Teilnahme an Wirtschaft kann immer weniger über vororganisierte Arbeitsplätze erfolgen. Unternehmer/Arbeitgeber stellen immer weniger Arbeitsplätze bereit, die von den Arbeitnehmern eingenommen werden können. Die Struktur des Arbeitsplatzes verändert sich. Diejenigen, die eine Arbeit aufnehmen oder einer nachgehen möchten, sind angehalten, größere Beiträge als gewohnt beizusteuern. Die primäre Differenzierungsform der modernen Gesellschaft produziert neue Differenzen, die die Gesellschaft vor ein neues, scheinbar unlösbares Problem stellen. Um den Stellenwert des Problems auszudrücken, wird von der Möglichkeit gesprochen, die moderne Gesellschaft könnte auf eine *Supercodierung von Inklusion und Exklusion* überwechseln (Luhmann 1995e: 260). Funktionale Differenzierung[82] würde von den selbst produzierten Problemen massenhafter Exklusion infolge zu starker Verknappung des Mediums Arbeit[83] überlagert. Die Problembeschreibung, die das Problem einer Supercodierung thematisiert, scheint dem Theorem der funktionalen Differenzierung zu widersprechen. Wenn die Gesellschaft als funktional differenziert begriffen wird, dann kann es keinen überlagernden Supercode geben (siehe hierzu Stichweh 1997). Betrachtet man das Phänomen der Supercodierung der Gesellschaft durch Inklusion und Exklusion als das kommende Zukunftsproblem, das die Strukturen und Personen der modernen Gesellschaft vor kaum überschaubare Probleme stellt, löst sich der Widerspruch u. E. auf.

Als wichtige Frage bleibt, wie die Gesellschaft auf das heraufziehende Exklusionsproblem reagieren wird. Es sind vor allem zwei semantische Barrieren, die zu überwinden sind, soll die Gesellschaft in der Lage sein, angemessene Antworten zu formulieren: *Erstens* die semantische Ausgestaltung des gegenwärtig dominanten Arbeitsverständnisses und *zweitens* damit zusammenhängend die durch moderne Institutionen getragene semantische Karriere der Unterscheidung von Kapital und Arbeit, vor allem formuliert als das Problem sozialer Ungleichheit.

---

[82] Denjenigen, die wieder eine Dominanz der Ökonomie in unseren Argumenten zu entdecken glauben, sei gesagt, dass wir eine Auswahl treffen mussten. Inklusion der Menschen in die Gesellschaft erfolgt nicht nur über Wirtschaft oder Arbeit, was dann ja hieße, Wirtschaft dominant zu setzen und andere Funktionssysteme als sekundär zu betrachten. Eine tiefgründigere Analyse benötigt natürlich den Blick auf die bedeutsamen Inklusions- und Exklusionsmechanismen in allen Teilsystemen der Gesellschaft, was dann die Betrachtung der strukturellen Kopplungsverhältnisse zwischen den Teilsystemen mit einschließen müsste (siehe hierzu Luhmann 1997: 92 ff., 776 ff.; Stichweh 1997: 127 ff.).

[83] Die Republik China ist besonders drastisch vom Strukturwandel betroffen. Für das Jahr 1998 registrieren offizielle Stellen eine Zahl von ca. 17 Millionen Arbeitslosen. Forscher an der Chinesischen Akademie für Sozialwissenschaften prognostizieren für das Jahr 2000 eine Arbeitslosenzahl um die 174 Millionen (Die Zeit, Nr., 25. Februar 1999: 10). Für Indien werden ebenfalls katastrophale Zahlen erwartet, vor allem wenn es zutrifft, dass zu Beginn des nächsten Jahrtausends, wie die Direktorin der indischen Research Foundation for Science, Technology and National Resource Policy, Dr. Vandana Shiva, befürchtet, mehr als 95 % der Landbevölkerung keine Arbeit mehr haben werden (Rifkin 1997: 212).

(1) Im Anschluss an Jürgen Markowitz soll dem Begriff von Arbeit in einem semantischen Sinne nachgegangen werden (vgl. Markowitz 1997). Es geht darum zu verstehen, auf welche Weise der Begriff Arbeit in der heutigen Kultur verwendet und letztlich tradiert wird. Unter Semantik lassen sich allgemein kulturell geprägte Orientierungsmittel fassen. Menschen orientieren ihr Verhalten an Vorschriften und Regeln, an Gesetzen, aber vor allem an akzeptierten Bedeutungen. Semantik ist ein sozial konstituiertes und kulturell tradiertes Instrumentarium, welches das Verhalten von Menschen auf bedeutsame Weise beeinflusst. "Klassisch" wird Arbeit appellativ qualifiziert: Arbeit wird bewusst und zielgerichtet verrichtet und Arbeit ist zugleich anstrengend. Zudem wird die Semantik der Arbeit durch den Bezug auf Akteure geprägt. Mit Arbeit wird die Vorstellung einer anstrengenden Realisierung lohnender Zwecke verbunden (Conze 1992: 154). Arbeit wird in der Regel von der Seite der Akteure her entwickelt. Die einseitige Fundierung auf den Akt des Herstellens, des Produzierens wird zur semantischen Sackgasse (Markowitz 1997: 121). Übersehen wird, dass Arbeit nicht mehr im Ausgang vom Akteur, sondern im Ausgang von der Wirtschaft her zu definieren ist. Das Aufspüren von Zahlungsbereitschaft ist das zentrale Problem der Wirtschaft, dem sich Unternehmer, Manager bzw. Konsumenten, aber auch diejenigen stellen müssen, die mit dem Titel Arbeitnehmer noch ihre Erwartungshaltungen pflegen, die sie entweder an die Adresse risikobereiter Unternehmer oder zahlungsbereiter Politiker richten.

Die Veränderungen in Wirtschaft und Unternehmen bleiben nicht ohne Folgen für die Konstruktion des Phänomens Arbeitsplatz. Die Aggregation von Statistiken, die quantitativ erfassen, wer Arbeit hat und wer als arbeitslos gemeldet ist, übersieht zu leicht die Dramatik, auf die wir hinweisen möchten. Argumentiert man von der Funktion her, d.h. formuliert man Fragen, wie die Teilhabe der Menschen an Wirtschaft funktioniert, offenbaren sich die Schwierigkeiten der Inklusion. Es sind erhöhte Kompetenzanforderungen, die viele Menschen überfordern. Veränderungsdruck entsteht durch die Leistungssteigerung der funktionalen Differenzierung. Das bisher praktizierte Lösungsschema der Gesellschaft war die Ausbildung von Komplementärrollen. In der Gesellschaft konnte man erwarten, dass Kapitalisten/Manager dafür Sorge zu tragen haben, dass den Arbeitnehmern ausreichend Arbeitsplätze zur Verfügung gestellt werden, die sie nach erfolgreichem Abschluss einer Berufsausbildung ein Leben lang besetzen und ausfüllen können. Die mitgeführten Orientierungen brachten beiden Seiten Vorteile. Während der Unternehmer bei erfolgreicher Investition über Gewinn und weitere Verfügbarkeit der unternehmerischen Möglichkeiten befinden konnte, haben sich die Arbeitnehmer, unterstützt von stärker werdenden Gewerkschaften und dem Aufkommen des Wohlfahrtsstaates, ein beachtliches Auskommen sichern können.

Nur die Verhältnisse ändern sich: Problematisch sind nicht die Entwicklungen als solche. Vielmehr sind es eingeschliffene Vorstellungen, tradierte Erwartungshaltungen, die die Dramatik der eingetretenen Veränderungen noch überlagern bzw. die Suche nach angemessenen Lösungswegen erschweren.

Die Einrichtungen gesellschaftsweit agierender Organisationen (in der Wirtschaft Unternehmen) sind es, die auf der Basis gesellschaftlicher Komplementärrollen Experte/Laie (bspw. Unternehmer/Arbeitnehmer) die Inklusion für weite Teile der Bevölkerung sicherstellen konnten (Markowitz 1997: 132). Auf der Basis des Konzeptes Mitgliedschaft, verstanden als eine dauerhafte Einrichtung, entstand das Konzept des Arbeitsplatzes mit den bekannten sozialisierenden Wirkungen. Es konnten Selbstverständlichkeiten, d.h. im Prinzip von allem geteilte Orientierungen entstehen mit der Folge, dass ganze Lebensplanungen, von der Schule über die Berufsbildung bis hin zum Studium sich am Konzept des Arbeitsplatzes ausrichten konnten. Es sind die in den Semantiken eingezeichneten tradierten Selbstverständnisse, die gegenwärtig zum eigentlichen Problem werden.

Lean Management, virtuelle oder entgrenzte Unternehmen reduzieren Organisationen auf ein ihrer Form nach erforderliches Mindestmaß. Das heißt letztlich, dass vororganisierte bzw. von Unternehmern bereitgestellte Arbeitsplätze in der Zahl dramatisch zurückgehen. Die bisherigen Formen der in Organisationen eingelassenen Komplementärrollen tragen nicht mehr. Die in der Wirtschaft betrieblich vermittelte Sozialform der Inklusion wird relativiert. Für die Sozialform der betrieblich eingeübten und organisational stabilisierten Interaktion könnte das bedeuten, dass diese an Bedeutung verliert (Markowitz 1997: 134). Erforderlich wird ein Wechsel von interaktionsnaher Anwesenheit zu einer eher interaktionsfernen Kommunikation, mit all ihren Komplikationen und Leistungsanforderungen an den Einzelnen. Nicht abzusehen ist, welche Voraussetzungen die Gesellschaft[84] zu erbringen hat, damit zumindest der überwiegende Teil der Menschen an den neuen Herausforderungen und Chancen partizipieren kann. Schon heute zeichnet sich jedoch ab, dass es sehr großen Teilen der Bevölkerung nicht gelingen wird, angemessene Potenziale aufzubauen, um an den Erfordernissen der modernen Weltwirtschaft teilhaben zu können. Nur auf die Politik zu schielen, um dort Antwort und Alimentation abzuholen, halten wir für verfehlt. Ein erster Schritt wäre der, die Dramatik des nur andeutungsweise referierten Problems auf die Tagesordnung der öffentlichen Agenda zu setzen. Alle bisher diskutierten Komponenten verdienen sicher Beachtung. Sie wirken jedoch dann als kos-

---

[84] Wir denken an dieser Stelle nicht nur an Politik. Gemeint sind insbesondere auch die Systeme der Familie, der Erziehung und Bildung, der Beratung und der sozialen Hilfe.

metische Reparaturversuche, weil die Funktionsweise der Wirtschaft weder erkannt noch beachtet wird.

(2) Eine mögliche Voraussetzung, die Hemmschwellen der aktuellen Diskussionslandschaft aufzubrechen, sehen wir u.a. darin, auf die Wirkungen der Unterscheidung von Kapital und Arbeit hinzuweisen. Letztlich fungiert die Differenz von Kapital und Arbeit als ein semantisches Leitmotiv, mit dem die soziale Welt bis 1989 eindrucksvoll vermessen wurde. Arbeit wurde seit Marx gesellschaftstheoretisch aufgewertet. Herrschaftsfragen und soziale Konflikte ergeben sich aus dem Spannungsfeld, aus dem Ungleichheit generierenden Unterschied zwischen Kapital und Arbeit.

Ein Ausgangspunkt für die Debatte über die zentralen Gründe für das Phänomen sozialer Ungleichheit ist in der Differenz von Arm und Reich zu sehen. Die Entdeckung der Arbeit als Produktionsfaktor wird begleitet von der Vorstellung, dass Arbeit als eine Quelle der Reichtumsbildung anzusehen ist. Arbeit ist nach Adam Smith gleichermaßen für Wertschöpfung und Preisbildung zentral (vgl. Conze 1992: 179). Die Physiokraten sehen Arbeit als einen Ausgleichsmechanismus, der Mittel von oben nach unten transportiert. Diejenigen, die an Arbeit teilhaben, können für den eigenen Wohlstandszuwachs selbst sorgen. Sie bleiben nicht mehr auf die Almosen der Reichen angewiesen. Die Analyse der Gesellschaft über Produktion, Arbeit und Handel wird zur Leitformel. Sie prägt die weitere Entwicklung gesellschaftlicher Theoriebildung. Das Denkschema Kapital/Arbeit übernimmt weitgehend die Funktion der Gesellschaftsbeschreibung (Luhmann 1994a: 155). Die Debatte um soziale Ungleichheit stellt ihre Perspektive von der Differenz zwischen "Reich und Arm" auf "Kapital und Arbeit" um. Aus dem Gegenbegriff von Arbeit und Kapital wird das gesellschaftliche Konfliktschema von Herrschaft des Kapitals und Ausbeutung des Proletariats mit der Folge, dass die entstandene Klassentheorie die bisher dominierende Arbeitswertlehre auf Produktionsverhältnisse umgestellt hat.

Wir sehen heute, dass Gesellschaft und Wirtschaft in der Regel verkürzt wahrgenommen werden: Arbeit wird von der kapitalistischen Produktion vergesellschaftet. Das Produktionssystem umfasst einzelne Unternehmen, Regionen und Nationen, es umgreift im Prinzip alle an dem kapitalistischen Produktionsprozess teilnehmenden Akteure. Der antagonistische Widerspruch der kapitalistischen Gesellschaft entsteht zwischen dem gesellschaftlichen Charakter der Produktion und der institutionalisierten Aneignungsform der gesellschaftlichen Produkte durch den Unternehmer. Die sozialen Probleme und Differenzen werden auf einen Grundwiderspruch, der zwischen Kapital und Arbeit ausgetragen wird, reduziert. Ebenso wie die Gesellschaft wird das System der Wirtschaft realitätsfern reduziert, indem u.a. der Aspekt des Konsums unterschätzt, wenn nicht sogar vollständig übersehen wird. Der das

Wirtschaftssystem konstituierende Unterschied von Arbeit und Kapital bezieht seine Erklärungskraft primär aus der Art der Partizipation an der Produktion. Aktuelle Lebenslagen, Einbettungen in andere soziale Kontexte, unterschiedliche Interessen sowie andere verhaltensrelevante Orientierungspunkte werden vollständig vernachlässigt.

Zusammenfassend ging es uns darum, die zentrale Dominanz der Unterscheidung von Kapital und Arbeit zu kritisieren. Nach wie vor ist nicht zu übersehen, dass gesellschaftliche Kommunikation und vor allem die Debatte über die zentralen Veränderungen der modernen Gesellschaft ohne Rekurs auf die eigentlich untaugliche Semantik des Konfliktes zwischen Kapital und Arbeit nicht auszukommen scheint, mit irrelevanten Folgerungen, die nur bedingt bzw. keine Beziehungen zu den Großproblemen der Gesellschaft haben (Luhmann 1994a: 171). Die semantische Zentralität der Unterscheidung könnte fatale Folgen haben. Wir müssen offen lassen, was es für die Reflexionskapazitäten heißt, wenn die Leitunterscheidung von Kapital und Arbeit für die Beschreibung der modernen Gesellschaft unbrauchbar[85] sein sollte, aber von Großorganisationen (u.a. Gewerkschaften) und öffentlicher Kommunikation immer wieder ins Spiel gebracht wird.

4.6 Problemformeln der Weltgesellschaft

Unser Ausgangspunkt war die Frage nach den richtigen bzw. brauchbaren Einteilungskriterien, mit denen die Gesellschaft beschrieben, Grenzziehungen und potenzielle Konfliktherde erkannt und Schlussfolgerungen für angemessenes Agieren und Reagieren gezogen werden können. Wir haben versucht zu zeigen, dass die moderne Gesellschaft nur als funktional ausdifferenzierte Weltgesellschaft zu begreifen ist. Es ist eine soziale Welt im Entstehen, die anscheinend ein neues Komplexitätsniveau gesellschaftlicher Entwicklung produziert, das uns vor neue Herausforderungen stellt. Die in einigen Bereichen anzutreffende Präferenz, einfache Antworten zu formulieren, hatten wir als ein Problemschema identifiziert, das die Gesellschaft als Lösung für neue Komplexitätsanforderungen anbietet. Auch in der Suche nach brauchbaren Zustandsformeln in Wissenschaft und öffentlichkeitswirksamer Publizistik herrscht momentan mehr Verwirrung als brauchbare Orientierung. Im Folgenden kann es folglich nicht darum gehen, die Verwirrung zu beseitigen.

---

[85] „Wenn es richtig ist, daß die konventionell als 'Arbeit' bezeichneten gesellschaftlichen Tätigkeitsformen heute weder einen zugrundeliegenden Rationalitätsbegriff gemeinsam haben noch übereinstimmende empirische Merkmale aufweisen, und wenn Arbeit nicht nur in diesem Sinne objektiv gestaltlos, sondern auch subjektiv peripher geworden ist, wie sind dann, so lautet die Frage, die soziologischen Strukturkonzepte und Konfliktschemata anzusetzen, die sich für die Beschreibung einer Gesellschaft eignen, welche im erläuterten Sinne nicht mehr Arbeitsgesellschaft ist?" (Offe 1982: 57)

Vielmehr haben wir uns entschieden, die u.E. relevantesten Herausforderungen unserer Zeit summarisch vorzustellen.

4.6.1 Herausforderungen der Weltgesellschaft

Die folgenden Ausführungen sind von der Überlegung getragen, dass die Gesellschaft auf sechs Problembereiche gleichermaßen temporäre Antworten und Lösungsansätze formulieren muss. Unser Ansatz, den Phänomenen der sozialen Welt etwas näher zu kommen, ist als ein erster, vorsichtig vorgetragener Versuch zu interpretieren.

(1) Umgang mit Identität: Das Problem der Identität reagiert immer auf eine schon vorliegende Differenz: Die Antwort auf die Frage nach dem Selbst, dem Entstehungsort und Ursprung des eigenen Seins wird zeitlich abgetrennt. Um mich als Person bezeichnen zu können, benötige ich einen Unterschied, jenen zwischen mir und der mich umgebenden Umwelt. Was für einzelne Personen zutrifft, gilt auch für soziale Zusammenhänge. Die Person(!) muss schon da sein, bevor sie nach der eigenen Persönlichkeit fragen kann.

National motivierte Rückgriffe fungieren als Instanzen der Selbstvergewisserung. Ein mögliches Motto eines solchen Rückgriffs lautet: "Wir sind schon immer da gewesen, wo wir jetzt sind, und können uns daher von denen unterscheiden, die wir als Fremde oder als Ausländer definieren." Integrationsbestrebungen formieren sich entweder als Zumutung an die anderen, sich entsprechend anzupassen, oder gegebenenfalls Integration als Ausschluss zu vollziehen; Rückkehr oder Gettoisierung lauten mögliche Alternativen (Beck 1998: 8). Eine Anforderung besteht darin, die Fähigkeit auszubilden, kulturelle Andersartigkeit, die sichtbar wird durch die Separierung Fremdes und Eigenes, als Widerspruch zu erleben und mit dem Widerspruch handelnd zu leben.

(2) Probleme westlicher Hegemonie: Die Moderne, verstanden als abendländische Errungenschaft, wird für sich selbst zum Problemfall. Die Ausbreitung universal wirkender sozialer Institutionen, Werte und Verfahren führt zu unterschiedlichen Reaktionsweisen (z.B. Nationalstaat, Menschenrechte, Demokratie). Erfahrungen mit Kolonialisierung, Entwicklungshilfe sowie die Politik weltweit wirksamer Organisationen (UNO, GATT-Runde, G-7 Treffen, NATO usw.) können als zeitübergreifendes westlich dominiertes Hegemonialstreben gedeutet werden (Link[86] 1998: 35). Konflikte und Problem-

---

[86] „Die Allgemeine Erklärung der Menschenrechte wurde 1948 von der pro-westlich beherrschten Generalversammlung der Vereinten Nationen verabschiedet und enthält primär westliches Gedankengut." (Link 1998: 35) Das bedeutet jedoch nicht, dass der Umgang mit der Frage der Menschenrechte homogen und einheitlich verbindlich für alle Bereiche der Welt geregelt wäre. Vielmehr kann hier beispielhaft gezeigt werden, dass ein universal postulierter Wert des richtigen Verhaltens vor dem Hintergrund kontextueller Einbettungen interpretativ eingepasst wird.

felder werden regelmäßig dort auftauchen, wo die Differenz von Einbe-
ziehung und Ausgrenzung zum Thema staatlicher und regionalistischer
Einflussbemühungen wird. Ein Streitpunkt ist die Frage, ob die westlich dominierten Verbreitungsmedien sowie die Kulturindustrie hegemoniale und
damit homogenisierende Auswirkungen auf die nichtwestlichen Länder und
Kulturen haben werden (vgl. Richter 1997: 197).

(3) Erfahrung von kultureller Kontingenz: Die weltweite Ausbreitung der
funktional differenzierten Teilsysteme der Gesellschaft wird durch die schärfer werdende Fragmentierung kultureller oder regionaler Identifikationen
gebrochen, aber nicht abgeschwächt oder gar aufgehoben. Lokale Identitäten[87]
erleben sich durch neu entstandene Vergleichsmöglichkeiten selbst als kontingent. Angezeigt wird nicht nur, dass es andere Lösungen gibt. Hinzu tritt
die Erkenntnis, dass die praktizierte Sozialform als Wahl, die auch hätte anders ausfallen könnten, zu interpretieren ist. Nicht zu übersehen ist der
wachsende Aufwand, um den neu und zusätzlich entstehenden Kontingenz-
druck halbwegs abzufedern. Zusatzeinrichtungen, besondere Markierungen
und Begründungen, warum man so und nicht anders verfährt, sind nötig. Beispiele sind nicht nur die Bewegungen, die unter dem Titel "Funda-
mentalismus" abgehandelt werden. Bestrebungen dieser Art finden sich in fast
allen Regionen der Welt. Umgangen wird die kaum schlüssig zu beantwor-
tende Frage, wer man eigentlich sei, unter Zuhilfenahme von Ausweich-
versuchen, die auf die (ver-)klärende Frage[88] abstellen, wer eigentlich dazu-
gehört und wer nicht, die ihrerseits in die Suche politisch durchsetzbarer aber
auch politisch motivierter Kriterien führt.

(4) Moderne und reflexive Modernisierung: Es geht um den Unterschied,
der den gegenwärtigen Zustand und die Folgen für diesen Zustand der Moderne bezeichnet (Beck 1993: 36 ff.; Beck et.al. 1996). Aus der modernen
Industriegesellschaft wird die Risikogesellschaft. Das Konzept der reflexiven
Modernisierung betont insbesondere, dass die ausgelösten Risiken und Folgeprobleme mit den gegebenen Mitteln (z.B. institutionalisierte Maßstäbe) nicht
mehr bearbeitet werden können. Der Begriff Risikogesellschaft bezeichnet

---

Vor dem Hintergrund bestehender Gegensätze „werden die universalen Menschenrechte nicht
zum weltpolitischen Integrator, sondern zum >>gemeinsamen Schlachtfeld<<, auf dem jede
der konkurrierenden Seiten um die Durchsetzung der eigenen Interpretation (...) und gegen alle
anderen Interpretationen kämpft" (Kondylis 1992; zitiert in Link 1998: 35).

[87] „Die fortschreitende Integration in die Weltgesellschaft hat zur Folge, daß lokale Identitäten
ständig gezwungen sind, sich zu vergleichen; partikulare Perspektiven werden laufend heraus-
gefordert und relativiert. Die Universalisierung der sozialstrukturellen Moderne geht Hand in
Hand mit einer Partikularisierung der modernen Kultur." (Richter 1997: 198)

[88] Z.B. denken wir an die gegenwärtig laufende Debatte um das deutsche Thema doppelte
Staatsbürgerschaft oder an die Spaltungstendenzen innerhalb Kanadas oder Italiens.

drei zentrale Bereiche: die Differenz von Natur und Kultur, die Differenz gesellschaftlicher Teilbereiche und die Veränderung der Differenz von Gesellschaft und Individualität. 1. Die moderne Gesellschaft untergräbt durch ihre gesellschaftsstrukturell bedingten Operationen ihre eigenen Existenzvoraussetzungen durch Aufzehrung begrenzt vorhandener Ressourcen und durch Verschmutzung lebensnotwendiger Naturgrundlagen (Luft, Wasser usw.). 2. Die funktionale Differenzierung der Gesellschaft produziert Folgeprobleme, die zwar in der Gesellschaft Gegenstand sozialer Auseinandersetzung werden können, die jedoch als Probleme nicht durch "weitergehende" funktionale Differenzierung zu lösen sind (Beck 1996: 46). 3. Mit dem Übergang zur Moderne verändert sich die Einbindungsweise der Individuen in soziale Gebilde. Traditionelle Sinnquellen (Fortschritt, Klassenbewusstsein) und industriegesellschaftliche Sicherheiten fallen aus. Individuen werden direkt mit den Turbulenzen und Kontingenzen[89] der Weltgesellschaft konfrontiert. Die Bearbeitung muss im Prinzip eigenständig ohne Zuhilfenahme externer Absicherungs- und Interpretationsinstanzen erfolgen. Erste Lösungsansätze, die den Horizont der Moderne zu erweitern trachten, werden primär im Politischen verortet. Reflexive Modernisierung läuft so auf einen Umbau gesellschaftsübergreifender politischer Programmatik hinaus. Das Spektrum reicht von reflexiven Demokratisierungstendenzen in Form der Anlagerung von Subpolitiken an die negativen Folgeeffekte der modernen Gesellschaft bis zu öffentlich proklamiertem Skeptizismus (Beck 1993: 260; Beck 1996: 69).

In der Wirtschaft bedeutet reflexive Modernisierung einen Grundlagenwandel der Arbeitsgesellschaft. Es wird um nichts Geringeres gestritten als um die Grundlagen der Gesellschaft. Wenn die Kategorie des Arbeitsplatzes nicht mehr trägt, stehen Existenzsicherung und Zukunftssicherung per se zur Disposition. Die Auflösung bisher standardisierter Lebens- und Arbeitsformen (Individualisierung) erzwingt den Umbau bisher praktizierter Konfliktregelungsmechanismen (z.B. Tarifautonomie). Die Demokratie könnte möglicherweise ihr marktwirtschaftliches Fundament verlieren. In der reflexiven Moderne muss Demokratie möglicherweise jenseits der Erwerbsarbeit neu definiert werden. Der sächsische Ministerpräsidenten Kurt Biedenkopf sieht in dem Umbau der Arbeitsgesellschaft (Daseinsnachsorge) hin zu einer Bürgergesellschaft (freiheitliche Verantwortung) einen Ausweg. Zudem müsste der Schwerpunkt der Aktivitäten auf regionalen Ansätzen der Arbeits- und Strukturpolitik liegen, in der einerseits die Bürgergesellschaft fundamentiert werden könnte und andererseits für die Fragen wirtschaftlicher, politischer

---

[89] Scheinbar verflüchtigt sich ein zwar komplexes, aber noch überschau- und handhabbares Koordinatensystem der Moderne. Beck (1993) nennt beispielhaft die Auflösung des Rechts-Links-Schemas in der Politik, den Wegfall linearer Rationalitätsvorstellungen sowie überschaubarer Lebenskonzepte der Industriegesellschaft.

und sozialer Art im Zusammenhang mit dem Arbeitsmarkt bessere, innovativere Lösungen erarbeitet werden können, als dies z.b. bei europäischen Geldtransfersystemen, die die Arbeitsmarktprobleme durch eine zentralisierte Europainstanz bearbeiten, der Fall ist.

(5) Multikontexturale Gesellschaft: Heterogenität, Inkompatibilität und Eigenlogik gesellschaftsweit ausdifferenzierter Funktionssysteme führen vor die Frage, wie auf die als zunehmend problematisch erfahrenen sozialen Prozesse *überhaupt* steuernd eingewirkt werden kann (Willke 1993: 50). Die gesellschaftsweit ausdifferenzierten Teilsysteme haben sich auf einen spezifischen Funktionsbereich spezialisiert. Sie sind autonom, sie haben eine fast unwahrscheinliche Leistungsfähigkeit erreicht. Die erzielte Effizienz hat jedoch ihren Preis. Mittlerweile lässt sich beobachten, dass die spezialisierten Kommunikationsprozesse eine Eigendynamik annehmen, die sich nur schwer steuern bzw. fast nicht mehr abbremsen lässt. Medizinischer Fortschritt bietet Möglichkeiten in der Behandlung bisher kaum behandelbarer Krankheiten. Der Fortschritt scheint immens. Der Fortschritt hat aber seinen Preis. Die finanziellen Kosten entwickeln sich exponentiell. Zudem produzieren die medizinischen Erfolge Folgeeffekte, die bisher noch unüberschaubare Probleme produzieren werden. Ein weiteres Beispiel eigendynamischer Entwicklung kann im Hochtechnologiebereich beobachtet werden. Neue technische Lösungen produzieren Risiken, auf die wiederum technisch geantwortet wird, was dazu führt, dass die neu entstandene Fehlertoleranz wiederum nach neuen technischen Lösungen verlangt. Nicht die einzelnen Fehlerquellen sind das eigentliche Problem. Sie sind mit technischen Sicherungen versehen. Es ist die kaum noch durchschaubare Vernetzung der Gesamtkonstruktionen gepaart mit menschlichen und sozialen Faktoren, die zu kaum lösbaren Problemen führt (vgl. Markowitz 1990).

Tradierte Versuche, auf die Probleme von Eigendynamik, Intransparenz und Inkompatibilität sozialer Kommunikation zu reagieren, setzen auf Integration der disparaten Bereiche, auf die Fähigkeit eines politischen Mega-Akteurs, der die Einheit der Gesellschaft angemessen repräsentieren könne. Beide Möglichkeiten dürften ebenso wie die Bindungsprinzipien Vernunft und Wertvorstellungen[90] nur unzureichend die strukturellen Phänomene der Moderne erfassen. Auch Prozessen der Entdifferenzierung, wie immer wieder vorgeschlagen, dürfte es kaum gelingen, einmal angelaufene Differenzen aus der Welt zu bringen (Berger 1986: 93 f.).

(6) Inklusion/Exklusion könnte zur Leitdifferenz des 21. Jahrhunderts werden (Luhmann 1995b: 147): Unübersehbar ist die aktuell stattfindende

---

[90] „Die Menschenrechtsrealität beweist: Die Welt ist nicht durch Wertkonsens, sondern durch Wertedissens und Wertestreit gekennzeichnet." (Link 1998: 36)

Reinterpretation von Armut. Armut und gravierende Lagen sozialer Ungleichheit, bisher als materielles Problem auftretend, die zumindest durch sozialstaatliche oder entwicklungspolitische Transferzahlungen abgemildert schienen, erhalten eine neue Qualität. Ausschlüsse in einzelnen Teilsystemen sind zunehmend an weitere Ausschlüsse gekoppelt. Diese Entwicklung hat verheerende Auswirkungen für die Betroffenen. Die Exklusion großer Bevölkerungsteile aus gesellschaftlichen Abläufen läuft auf einen Kompaktausschluss hinaus. Im gesellschaftlichen Inneren tragen sich Trennungslinien ein, die Innen und Außen dauerhaft unterscheiden. Armut bezeichnet dann nicht mehr (nur) die materielle Komponente, sondern auch oder gerade den Komplex von sozialen Zugangsberechtigungen: Menschen scheiden als soziale Adressen aus kommunikativen Kontakten aus. Sie sind, was Fremd- und noch schlimmer Selbstwahrnehmung betrifft, auf die rein körperlich beschränkte Existenzsicherung verwiesen. Mit dem Fortschreiten der funktionalen Differenzierung wird das normative Postulat einer Vollinklusion aller Menschen strukturell außer Kraft gesetzt. Die kulturell tradierten Vorstellungen tragen nicht mehr. Die statische Zuordnung der Menschen in stratifizierten Gesellschaften ordnete sie einer Schicht, einem Stand zu. Mit der Position wurde zugleich darüber mitentschieden, welchen Rollen, welchen Funktionen jemand nachzugehen hatte: Der Knecht hatte dem Herrn zu gehorchen, der Klerus war Auslegungsinstanz religiöser Texte, der die Laien zu folgen hatten. In der Moderne wird Zugehörigkeit und Partizipation prozeduralisiert. Die Rollenmuster und vor allem die Funktionen werden aus den Schicht- oder Standesverhältnissen herausgezogen und auf die einzelnen sozialen Prozesse der Teilsysteme verteilt. Ein Vorteil wird mit einem gravierenden Nachteil bezahlt. Es gibt nun keine Instanz mehr, die für sich in Anspruch nehmen kann, über den Rest der Gesellschaft beliebig verfügen zu können. Das heißt dann aber auch, dass die Gesellschaft nicht mehr aus einzelnen Funktionsbereichen heraus zu lenken oder zu kontrollieren ist. Die Inklusion der Menschen ist folglich nicht mehr gesellschaftseinheitlich zu regeln. Jedes Funktionssystem bildet eigene Strukturen aus, um die Chancen, Zugehörigkeiten und Ansprüche zu verteilen. Exklusion aus einem System kann dann Exklusion aus anderen Systemen nach sich ziehen. Die im Erziehungssystem erworbenen Kenntnisse werden durch Schulnoten zum Ausdruck gebracht. Für die Entscheider von Ausbildungseinrichtungen, Universitäten oder Unternehmen sind die Noten ein Kriterium, mit dessen Hilfe über Einschluss oder Ausschluss befunden wird. Besonders dramatisch sind die zirkulär aufgebauten Strukturen. Ein Obdachloser, der keine Adresse hat, hat Schwierigkeiten, einen Arbeitsplatz, einen Kredit oder einen Ausbildungsvertrag zu bekommen, die wiederum Voraussetzung dafür sind, dass ein Mietverhältnis eingegangen werden kann. Hinzu kommt, dass sozialer Abstieg von psychisch bedingten Krankheiten (Alkohol, Depression) begleitet wird, was dazu führen kann, dass das soziale Abdriften beschleunigt wird (vgl. "Der Spiegel" 11/1999: 264 ff.).

Exklusionsrisiken sollten nicht nur auf Probleme, die im Umfeld des Arbeitsmarktes entstehen, reduziert werden. Das Verhältnis von Individuum und Gesellschaft wird nicht mehr über Integration, sondern in der modernen Gesellschaft über das prekäre Verhältnis von Inklusion und Exklusion beschrieben. Es findet eine Abkopplung funktionaler Systemlogiken von den individuellen Lebenslagen statt. Komplettexklusion bedroht nicht nur die Chancen der individuellen Lebensgestaltung vieler Menschen. Betroffen sind auch größere soziale bzw. regionale Einheiten, wenn man an massenweise vorkommende Exklusionslagen in Südamerika, Asien oder einigen Regionen in Russland oder China denkt. Die soziale Differenzierungsform der modernen Gesellschaft, "Inklusion und Exklusion", ist dabei, eine neue Demarkationslinie in unsere Welt einzuzeichnen, wobei bisher nicht abzusehen ist, welche Folgen für die primäre Differenzierung der Gesellschaft und die Chancen der Lebensgestaltung der Menschen dabei heraus kommen können. Unternehmen und Universitäten beklagen sich schon jetzt über ungenügend ausgebildeten Nachwuchs. Die politisch verantwortlichen Personen und Organisationen müssen sich Gedanken darüber machen, wie auf das anwachsende Gewaltpotenzial zu reagieren ist, wenn vor allem die Zahl derer zunimmt, die nichts mehr zu verlieren haben. Gewalt könnte ein Mittel sein, sich die verloren gegangene Adresse zurückzuholen.

4.6.2 Pro und Contra zur These des kulturellen Zusammenpralls

Die Bedeutung kulturell definierter Differenzen für die Entstehung von Konflikten kann nur im Zusammenhang mit anderen Einflussgrößen angemessen gewürdigt werden. Ebenso notwendig ist es aus unserer Sicht, kulturelle neben andere Grenzziehungen und Probleme der Weltgesellschaft zu stellen, ohne vorschnell eine Wertbeziehung aufstellen zu wollen. Zu sehen ist, dass die Anzahl der unterschiedlichen Kulturen in der Welt eher rückläufig ist.

Dies scheint dafür zu sprechen, dass sich die Konfliktpotenziale zwischen den noch verbliebenen Kulturen um die zukünftige Dominanz aufschaukeln könnten. Was nachdenklich stimmt, ist, dass nicht die Zahl der Konflikte zwischen den Kulturen zunimmt, sondern dass Widersprüche und Konfliktherde innerhalb der einzelnen Kulturen eher zu- als abnehmen (Appadurai 1998: 11 mit Verweis auf Parkin 1987). Unstrittig dürfte die These Huntingtons sein, zivilisatorische bzw. kulturelle Differenzen[91] als *ein* Element der Konfliktent-

---

[91] Sehr ähnlich argumentiert Johan Galtung, der auf der Basis der Verwendung dreier Epistemen acht hegemoniale Kulturen ausmacht. Der Unterschied zu Huntington besteht in der Annahme, dass die sieben in Konflikt oder in Kooperation stehenden Regionen vom Hegemon Vereinigte Staaten dominiert werden (Galtung 1997: 104).

stehung und –austragung zu konzipieren, das insbesondere in Verbindung mit religiösen Gegensätzen eine Eskalation der Gewalt befördern kann (Link 1998: 39). Das Moment von Vergemeinschaftungsprozessen könnte hier unter Umständen verstärkend wirken. Mehr als strittig ist jedoch die dahinter stehende Annahme, interkulturelle Differenzen produzierten die primären Grenzen der Gesellschaft und damit die dominante Konfliktstruktur der Moderne.

Huntington überschätzt die Bedeutung kultureller Faktoren und er vernachlässigt zugleich andere erklärungskräftige Zusammenhänge, so etwa machtpolitische Faktoren: Machtverteilung, Bedrohungsgrad, Verfügbarkeit oder Nichtverfügbarkeit von Koalitionspartnern für den Aufbau von Gegenmacht. Darüber hinaus werden Unterschiede[92], die sich innerhalb der als homogen angenommenen kulturellen Einheiten ausbilden, übersehen. Auf der Basis stimmiger Weltbilder oder Semantiken entstehen längst nicht homogene Kulturen, wie Huntington annimmt.

Nicht nur, dass die Weltgesellschaft plurale Horizonte und Weltbeschreibungen produziert. Gerade innerhalb kultureller Milieus ist von unterschiedlichen Konstruktionen von Welt, Gesellschaft und Semantiken auszugehen. Zudem bleiben die Überlegungen Huntingtons den Nachweis schuldig, kulturelle Differenzen als so handlungswirksam auszumachen, dass gegenwärtige[93] oder zukünftige Probleme und Konflikte stets überwiegend interkulturell bedingt sind.

Huntington ("Die Woche" vom 20. November 1998) schlägt insbesondere der westlichen Welt vor, drei Wege der Konfliktbearbeitung im Rahmen des kulturellen Zusammenpralls zu beschreiten. *Erstens* sollte man dem Abstinenz-Gesetz folgen. Länder oder Staatsverbünde haben sich aus Konflikten herauszuhalten, die nicht in ihrem Kulturkreis stattfinden. Unklar bleibt, auf welcher Ebene das Theorem des "clash of civilizations" dann noch gelten soll. Huntington widerspricht sich an dieser Stelle selbst, indem er kulturelle Differenzen als unausweichlich konfliktgeladen herausstellt. Wäre die These des

---

[92] Zudem trägt die Differenz zwischen segmentärer und kultureller Gliederung eher zur Divergenz als zur konfliktträchtigen Integration bei (vgl. Link 1998: 44 f.).

[93] In einem Zeitungsinterview ("Die Woche", 20. November 1998) wird von Huntington der Bombenanschlag islamistischer Terroristen auf amerikanische Botschaften und die Reaktion der USA auf diesen Anschlag als ein Beweisstück für den Zusammenprall verschiedener Kulturen gelesen. Ob man diesen Konflikt so beschreiben muss, soll dahingestellt bleiben. Auch die Kurdenproteste in der Bundesrepublik können als ein kulturell bedingter Konflikt verstanden werden. Wir möchten vor allem eine Frage stellen: Welche Handlungsoptionen stellen sich, wenn man ausschließlich aus kultureller Perspektive argumentiert? U. E. keine, denn die kulturellen Differenzen können kaum überwunden werden. Will man agieren, kommt man nicht umhin, auf andere soziale Bereiche auszuweichen.

kulturellen Zusammenpralls gültig, könnte nicht davon ausgegangen werden, dass ein Aufruf zur Abstinenz überhaupt Gehör finden könnte. Auch der zweite Vorschlag ist nicht unproblematisch. Denn *zweitens* sollten Huntington zufolge interkulturell bedingte Konflikte zwischen einzelnen Gruppierungen oder Ländern über die Einschaltung größerer Staaten dieser Kulturkreise gelöst werden. Zu der Gefahr, dass der Konflikt zwischen kleinen Akteuren eskaliert, weil sich die relativ Schwächeren übergangen fühlen *könnten*, gesellt sich eine viel größere: Werden große Staaten oder Staatenverbände in einen lokalen Konflikt hereingezogen, dürfte es nicht unwahrscheinlich sein, dass aus dem Konflikt zwischen zwei kleineren Ländern ein Konflikt zwischen zwei großen Ländern entsteht. *Drittens* geht Huntington davon aus, dass es keine einheitliche globale, universelle Zivilisation geben kann. Wichtig wird sein, dass die unterschiedlichen Kulturen damit beginnen, über Gemeinsamkeiten zwischen den Kulturen nachzudenken. Was hat also „der westliche Kulturkreis mit dem chinesischen, dem hinduistischen, islamischen gemein" (Interview in "Die Woche" vom 20. November 1998)? Für alle Beteiligten stellt sich die Frage, wie man einerseits andere (nicht nur kulturell bedingte) Vorstellungen, Weltbilder und Weltbeschreibungen akzeptieren und möglicherweise tolerieren kann ohne andererseits die eigenen Weltperspektiven aufgeben zu müssen (Nassehi 1998: 163).

5. Schlusswort – Vom Umgang mit kulturellen Grenzen

Die gravierendste Kritik an der These des Zusammenpralls der Kulturen wurde mit der These von der funktional differenzierten Gesellschaft vorgetragen. Als Beispiel haben wir immer wieder das Subsystem Wirtschaft herangezogen. Dies ist keineswegs willkürlich geschehen. In Anbetracht des großen Einflusses von Prozessen der Globalisierung auf wirtschaftliches Geschehen ist gerade in diesem gesellschaftlichen Teilbereich der Ruf nach einfachen Lösungen laut geworden. Neben Huntingtons These vom Zusammenprall der Kulturen, als einem einfachen Muster, das alle geostrategisch bedeutsamen Konflikte lesbar machen will, sind auch die eingängigen Konzepte vom Ende der Geschichte und der Idee "sozialen Kapitals" von Francis Fukuyama in den Diskursen des Subsystems Wirtschaft (Fukuyama 1996, Huntington 1997) begeistert aufgenommen worden. Wir möchten an dieser Stelle nur darauf verweisen, dass die folgenreichen Grenzziehungen der modernen Gesellschaft die Menschheit mit ganz anderen als nur kulturellen Problemen konfrontiert. Kulturelle Differenzen sind nicht zu leugnen; wieso sie aber konfliktträchtiger sein sollten als andere Grenzziehungen funktional differenzierter Systeme, ist nicht nachzuvollziehen. Auch der von Huntington postulierte Kausalzusammenhang zwischen kulturellen Differenzen und Konflikten bzw. Krisen erscheint uns nicht zwingend. Kulturelle Differenzen bzw. soziale Grenzsetzungen führen u.E. nicht nur nicht zwingend zu Konflikten, sondern sind im Gegenteil sogar notwendig. Die Gefahr kultureller oder ethnisch motivierter Konflikte soll an dieser Stelle auf keinen Fall kleingeredet werden. Uns geht es vor allem um die Einordnung kultureller Differenzen in die Strukturen der modernen Weltgesellschaft, die wir bestimmt haben als ein vielschichtiges funktional differenziertes und dynamisches soziales System.

Abschließend wollen wir vier mögliche Formen der Handhabung kultureller Grenzen benennen (vgl. auch Lorenz 1998: 16 f.). Es geht nicht darum, unabhängig von Zeit, Ort und Akteuren zu bestimmen, was der richtige Umgang mit Eigenem und Fremdem ist. Eine abschließende Antwort auf die Frage nach dem Umgang mit kultureller Differenz kann es u. E. nicht geben. Vielmehr soll die Klassifikation eine Einsicht in Optionen ermöglichen, die uns als Akteuren in interkultureller Begegnung zur Verfügung stehen. Denn in jeder solchen Begegnung kommt es wohl weniger auf die überlegene Antwort an, als auf die umsichtige, öffnende Frage, die ein Anschließen ermöglicht im Ringen der Weltgesellschaft um Zukunft:

(1) Abgrenzung (Konfrontation): Im Falle der Abgrenzung kommt es nach einer kurzen Phase des Austausches und der Begegnung zur klaren Tren-

nung in Eigenes und Fremdes. Wesentlich für die Trennung ist die Aufrechterhaltung der Differenz. Implizit wird die eigene Seite der Differenz dadurch als überlegen bzw. als zu bewahren gesetzt. Wird die Differenz gegenüber dem Fremden als dominant behauptet, kommt es tendenziell zum Ausbruch des vorher latenten Konflikts.

(2) Assimilation (Integration): Assimilation bedeutet in Bezug auf interkulturelle Kommunikation, dass Eigenes und Fremdes zu einem neuen Dritten verbunden werden. Dabei kann das sichtbar Eigene völlig verloren gehen. In der Integration durch Assimilation muss der Integrierende einen Teil des latenten Konfliktpotenzials durch die Auswahl von Positionen abbauen. Zwischen Eigenem und Fremdem kommt es nicht zum Konflikt. Die Dominanz bei der Assimilation liegt im Prozess des Integrierens selbst. Da in jedem Fall Fremdes integriert wird, Eigenes aber verloren gehen kann, ist der Entwicklung und dem Fremden in der Assimilation eine höhere Bedeutung zugewiesen als der Bewahrung des Eigenen.

(3) Akkomodation (Anpassung): Im Gegensatz zur Assimilation wird bei der Akkomodation Fremdes völlig und ausschließlich in den Kategorien des Eigenen erschlossen. Das Eigene ist unabhängig vom Fremden der einzige Maßstab, nach dem Begegnung stattfindet. Entwicklung ist unwahrscheinlich, Bestätigung des Status quo bleibt die Regel. Erfährt das akkomodierende System Widerstände im Prozess der Anpassung, bricht entweder ein latentes Konfliktpotenzial zwischen Eigenem und Fremdem auf oder es wird ein Lernprozess angestoßen, der strukturell dem Muster der Assimilation folgt.

(4) Umgehen mit Eigenem und Fremdem (offener Perspektivenwechsel): Eine vierte Möglichkeit besteht in der Form des offenen Perspektivenwechsels. Vor allem in indischer Philosophie, die Logos und Mythos weniger scharf als westliches Denken trennt und theoretische und praktische Philosophie stets dem Ziel der Öffnung unterordnet, sind Aspekte des Perspektivenwechsels zu finden. Man könnte diese Form interkultureller Begegnung auch als Oszillieren beschreiben. Im Gegensatz zu den anderen Formen des Umgangs trachtet der Perspektivenwechsel nicht danach, bestehende Unterschiede abzubauen oder anpassend auszugleichen. Sie werden deutlich markiert, dadurch aber auch verhandelbar. Die Differenz als Differenz bleibt stets erhalten – die Paradoxie interkultureller Kommunikation.

Literatur

Albrow, Martin, 1997: Auf Reisen jenseits der Heimat. Soziale Landschaften in einer globalen Stadt. S. 288-314. In: Ulrich Beck (Hrsg.): Kinder der Freiheit. Frankfurt am Main: Suhrkamp.

Altvater, Elmar und Birgit Mahnkopf, 1996: Grenzen der Globalisierung. Ökonomie, Ökologie und Politik in der Weltgesellschaft. Münster: Westfälisches Dampfboot.

Amin, Samir, 1997: Die Zukunft des Weltsystems. Herausforderungen der Globalisierung. Hamburg: VSA-Verlag.

Appadurai, Arjun, 1998: Globale ethnische Räume. Bemerkungen und Fragen zur Entwicklung einer transnationalen Anthropologie. S. 11-40. In: Ulrich Beck (Hrsg.): Perspektiven der Weltgesellschaft. Frankfurt am Main: Suhrkamp.

Arnason, Johann P., 1996: Totalitarismus und Modernisierung. S. 154-163. In: Gesellschaften im Umbruch. Verhandlungen des 27. Kongresses der Deutschen Gesellschaft für Soziologie in Halle an der Saale 1995. Herausgegeben in deren Auftrag von Lars Clausen. Frankfurt/New York: Campus Verlag.

Baecker, Dirk, 1995: Durch diesen schönen Fehler mit sich selbst bekannt gemacht. Das Experiment der Organisation. S. 210-230. In: Barbara Heitger, Christof Schmitz und Peter-W. Gester. (Hrsg.): Managerie. 3. Jahrbuch Systemisches Denken und Handeln im Management. Heidelberg: Auer Verlag.

Baecker, Dirk, 1996: Der Einwand der Kultur. In: Berliner Journal für Soziologie, Heft 1, S. 5-14.

Baier, Lothar, 1995: Ostwest-passagen: Kulturwandel – Sprachzeiten. Frankfurt am Main/Wien: Büchergilde Gutenberg.

Bardmann, Theodor M. und Reiner Franzpötter, 1990: Unternehmenskultur. Ein postmodernes Organisationskonzept? In: Soziale Welt, Jahrgang 41, 1990, Heft 4, S. 424-440.

Bartlett, Christopher A. & Sumantra Ghoshal, 1992: Transnational Management: Texts, Cases and Readings in Cross-Border Management. Homewood/Boston: Irwin.

Bauman, Zygmunt, 1995: Moderne und Ambivalenz. Das Ende der Eindeutigkeit. Frankfurt am Main: Fischer Taschenbuch Verlag.

Bauman, Zygmunt, 1997: Schwache Staaten. Globalisierung und die Spaltung der Weltgesellschaft. S. 315-332. In: Ulrich Beck (Hrsg.): Kinder der Freiheit. Frankfurt am Main: Suhrkamp.

Beck, Ulrich, 1986: Risikogesellschaft. Auf dem Weg in eine andere Moderne. Frankfurt am Main: Suhrkamp.

Beck, Ulrich, 1993: Die Erfindung des Politischen. Frankfurt am Main: Suhrkamp.

Beck, Ulrich, 1996: Das Zeitalter der Nebenfolgen und die Politisierung der Moderne. S. 19-112. In: Ders., Anthony Giddens und Scott Lash: Reflexive Modernisierung. Eine Kontroverse. Frankfurt am Main: Suhrkamp.

Beck, Ulrich, 1998: Vorwort. S. 7-10. In: Ders. (Hrsg.): Perspektiven der Weltgesellschaft. Frankfurt am Main: Suhrkamp.

Beck, Ulrich; Anthony Giddens und Scott Lash, 1996: Reflexive Modernisierung. Eine Kontroverse. Frankfurt am Main: Suhrkamp.

Beckert, Jens; André Maetzner und Heiko Roehl, 1998: Vertrauenserosion als organisationale Gefahr und wie ihr zu begegnen ist. In: Organisationsentwicklung 4/98, Seite 56-67.

Benhabib, Seyla, 1993: Demokratie und Differenz. Betrachtungen über Rationalität, Demokratie und Postmoderne. S. 97-116. In: Micha Brumlik und Hauke Brunkhorst (Hrsg.): Gemeinschaft und Gerechtigkeit. Frankfurt am Main: Fischer.

Berger, Johannes, 1986: Gibt es ein nachmodernes Gesellschaftsstadium? Marxismus und Modernisierungstheorie im Widerstreit. S. 79-96. In: Ders. (Hrsg.): Die Moderne – Kontinuitäten und Zäsuren. Soziale Welt Sonderband 4. Göttingen: Otto Schwarz & Co.

Bleicher, Knut, 1985: Zeitkonzeptionen der Entwicklung und Gestaltung von Unternehmen. Diskussionsbeitrag 11/85 des Instituts für Betriebswirtschaft Hochschule St. Gallen.

Böckenförde, Ernst-Wolfgang, 1995: Die Nation – Identität und Differenz. In: Universitas, 10/1995, S. 974-991.

Brose, Hanns-Georg und Helmut Voelzkow, 1999: Globalisierung und institutioneller Wandel der Wirtschaft. S. 9-23. In: Dies. (Hrsg.): Institutioneller Kontext wirtschaftlichen Handelns. Marburg: Metropolis.

Brumlik, Micha und Hauke Brunkhorst (Hrsg.) 1993: Gemeinschaft und Gerechtigkeit. Frankfurt am Main: Fischer Taschenbuch Verlag GmbH.

Brunkhorst, Hauke; 1994: Demokratie und Differenz. Vom klassischen zum modernen Begriff des Politischen. Frankfurt am Main: Fischer Taschenbuch Verlag GmbH.

Burton, John W., 1972: World Society. Cambridge: University Press.

Conze, Werner, 1992: Arbeit. S. 154-215. In: Otto Brunner, Werner Conze und Reinhart Koselleck (Hrsg.): Geschichtliche Grundbegriffe. Historisches Lexikon zur politisch-sozialen Sprache in Deutschland. Band 1 A-D. Stuttgart: Klett-Cotta.

Dahrendorf, Ralf, 1966: Gesellschaft und Demokratie in Deutschland. München: Piper & Co. Verlag.

D'Aveni, Richard A., 1995: Hyperwettbewerb. Strategien für die neue Dynamik der Märkte. Frankfurt am Main/New York: Campus.

Fink-Eitel, Hinrich; 1994: Gemeinschaft als Macht. Zur Kritik des Kommunitarismus. S. 306-322. In: Micha Brumlik und Hauke Brunkhorst (Hrsg.): Gemeinschaft und Gerechtigkeit. Frankfurt am Main: Fischer Taschenbuch Verlag GmbH.

Forrester, Viviane, 1997: Der Terror der Ökonomie. Frankfurt am Main und Wien: Gutenberg.

Foucault, Michel, 1977: Überwachen und Strafen. Die Geburt des Gefängnisses. Frankfurt am Main: Suhrkamp.

Francis, Emerich, 1965: Ethnos und Demos – Soziologische Beiträge zur Volkstheorie. Berlin: Duncker & Humblot.

Freedom House, 1996: Freedom in the World. Washington D.C.

Fritz-Vannahme, Joachim; 1994: Von Seele und Vaterland. In: Die Zeit, Nr.9, 25. Februar 1994.

Fuchs, Peter, 1992: Die Erreichbarkeit der Gesellschaft. Zur Konstruktion und Imagination gesellschaftlicher Einheit. Frankfurt am Main: Suhrkamp.

Fuchs, Peter, 1997: Weder Herd noch Heimstatt – Weder Fall noch Nichtfall. Doppelte Differenzierung im Mittelalter und in der Moderne. In: Soziale Systeme 3 (1997), H. 2, S. 413-437.

Fukuyama, Francis, 1996: Social Capital and the Global Economy. S. 133-139. In: ISC (Hrsg.): New Realities – New Priorities, 26th International Management Symposium at the University of St.Gallen. Bern.

Galtung, Johan, 1997: Der Preis der Modernisierung. Struktur und Kultur im Weltsystem. Hrsg. von Wilfrien Graf und Dieter Kinkelbur. Wien: Promedia.

Giddens, Anthony, 1995: Konsequenzen der Moderne. Frankfurt am Main: Suhrkamp.

Goffman, Erving, 1973: Asyle. Über die soziale Situation psychischer Patienten und anderer Insassen. Frankfurt am Main: Suhrkamp.

Gransow, Bettina, 1995: Chinesische Modernisierung und kultureller Eigensinn. In: Zeitschrift für Soziologie, Jg. 24, Heft 3, S. 183-195.

Hahn, Alois, 1995: Identität, Nation und das Problem der Fremdheit in soziologischer Sicht. S. 21-58. In: Thomas Heinze (Hrsg.): Kultur und
Wirtschaft – Perspektiven gemeinsamer Innovation. Opladen: Westdeutscher Verlag.

Heidbrink, Ludger, 1994: Lutz Wingerts Versuch einer Begründung der Moral aus der Idee universellen Respekts. In: Die Zeit, Nr.16, 15. April 1994.

Heideloff, Frank, 1997: Crossing Boundaries – Which Boundary is next? io
Management, 66. Jahrgang Nr. 11, Seite 24-27.

Heideloff, Frank, 1998: Sinnstiftung in Innovationsprozessen – Versuch über
die soziale Ausdehnung von Gegenwart. München/Mering: Hampp.

Heintz, Peter, 1982: Die Weltgesellschaft im Spiegel von Ereignissen.
Diessenhofen: Rüegger.

Hegel, Georg W.F., 1981: Grundlinien der Philosophie des Rechts oder Na-
turrecht und Staatswissenschaft im Grundrisse. Nach der Ausgabe von
Eduard Gans. Herausgegeben von Herman Klenner. Berlin: Akademie-
Verlag.

Heuser, Uwe Jean, 1999: Armer Homo oeconomicus. In: Die Zeit, Nr. 9 vom
25. Februar 1999, Seite 47.

Hirsch-Kreinsen, Hartmut, 1994: Die Internationalisierung der Produktion:
Wandel von Rationalisierungsstrategien und Konsequenzen für Industrie-
arbeit. In: ZfS, Heft 6, S. 434-446.

Hirschman, Albert O., 1974: Abwanderung und Widerspruch. Reaktionen auf
Leistungsabfall bei Unternehmungen, Organisationen und Staaten. Tübin-
gen: Mohr. Original: Exit, Voice and Loyality. Cambridge/Mass.: Harvard
University Press.

Hradil, Stefan, 1988: Die Postmoderne. Zum soziologischen und sozialstrukturellen Gehalt einer "modernen" Gesellschaftstheorie. In: Rohfassung
eines Beitrages zu: Peter A. Berger und Stefan Hradil (Hrsg.): Ungleichheit und Lebenslauf. Sonderband der Sozialen Welt. Göttingen: Schwartz.

Huntington, Samuel P., 1996: Der Kampf der Kulturen; The Clash of Civilisa-
tions. Die Neugestaltung der Weltpolitik im 21. Jahrhundert. Frankfurt am
Main und Wien: Büchergilde Gutenberg.

Huntington, Samuel P., 1997: The Clash of Civilizations and the Remaking of
World Order. S. 31-36. In: ISC (Hrsg.): Crossing Boundaries, 27th International Management Symposium at the University of St.Gallen, Bern.

Huntington, Samuel P., 1999: Wohin die Macht driftet: Weltpolitik an den
Bruchlinien der Kulturen – Ein Szenario für das 21. Jahrhundert. In: Süd-
deutsche Zeitung, Nr. 66 vom 20./21. März 1999, Seite I (SZ am
Wochenende).

Joas, Hans; 1993: Gemeinschaft und Demokratie in den USA. Die vergessene Vorgeschichte der Kommunitarismus-Diskussion. S. 49-71. In: Micha Brumlik und Hauke Brunkhorst (Hrsg.): Gemeinschaft und Gerechtigkeit. Frankfurt am Main: Fischer Taschenbuch Verlag GmbH.

Kasper, Helmut, 1987: Organisationskultur – über den Stand der Forschung. Wien: Fachmed Verlag.

Kiss, Gábor; 1989: Evolution soziologischer Grundbegriffe. Zum Wandel ihrer Semantik. Stuttgart: Ferdinand Enke Verlag.

Korff, Rüdiger, 1991: Die Weltstadt zwischen globaler Gesellschaft und Lokalitäten. In: Zeitschrift für Soziologie, 20, S. 357-368.

Korte, Hermann; 1992: Einführung in die Geschichte der Soziologie. Opladen: Leske + Budrich.

Kramer, Dieter, 1999: Kulturelle Vielfalt ist eine notwendige Struktur menschlicher Vergemeinschaftung. S. 143-156. In: Osnabrücker Jahrbuch Frieden und Wissenschaft VI/1999: Dialog: Wissenschaft, Gesellschaft, Politik, Kultur. Hrsg.: der Oberbürgermeister der Stadt Osnabrück. Osnabrück: Universitätsverlag Rasch.

Krebsbach-Gnath, Camilla, 1996: Organisationslernen. Theorie und Praxis der Veränderung. Wiesbaden: DUV.

Kreckel, Reinhard, 1992: Politische Soziologie der sozialen Ungleichheit. Frankfurt/New York: Campus.

Kuhm, Klaus, 2000: Exklusion und räumliche Differenzierung. In: Zeitschrift für Soziologie, Jg. 29, Heft 1, S. 60-77.

Lave, Jean; Eduard Wenger, 1995: Situated Learning – Legitimate Peripheral Participation. 4th print. Cambridge (MA): Cambridge University Press.

Lehmann, Maren, 1996: Soziale Hilfe zwischen Interaktion und Organisation. Diplomarbeit am Fachbereich Erziehungswissenschaften der Martin-Luther-Universität Halle-Wittenberg. Halle.

Lepsius, Rainer, 1990: Ideen, Interessen und Institutionen. Opladen: Westdeutscher Verlag.

Link, Werner, 1998: Die Neuordnung der Weltpolitik. Grundprobleme globaler Politik an der Schwelle zum 21. Jahrhundert. München: Beck.

Lorenz, Kuno, 1998: Indische Denker. München: Beck.

Luhmann, Niklas, 1975: Soziologische Aufklärung 2. Opladen: Westdeutscher Verlag.

Luhmann, Niklas, 1981: Politische Theorie im Wohlfahrtsstaat. München: Olzog Verlag.

Luhmann, Niklas, 1987: Soziologische Aufklärung 4. Beiträge zur funktionalen Differenzierung der Gesellschaft. Opladen: Westdeutscher Verlag.

Luhmann, Niklas, 1990: Soziologische Aufklärung 5. Konstruktivistische Perspektiven. Opladen: Westdeutscher Verlag.

Luhmann, Niklas, 1991: Das Moderne der modernen Gesellschaft. S. 87-108. In: Wolfgang Zapf (Hrsg.): Die Modernisierung moderner Gesellschaften. Frankfurt am Main: Campus.

Luhmann, Niklas, 1992: Beobachtungen der Moderne. Opladen: Westdeutscher Verlag.

Luhmann, Niklas, 1993a: Gesellschaftsstruktur und Semantik. Studien zur Wissenssoziologie der modernen Gesellschaft. Band 1. Frankfurt am Main: Suhrkamp.

Luhmann, Niklas, 1993b: Soziale Systeme. Frankfurt am Main: Suhrkamp.

Luhmann, Niklas, 1994a: Die Wirtschaft der Gesellschaft. Frankfurt am Main: Suhrkamp.

Luhmann, Niklas, 1994b: Die Wissenschaft der Gesellschaft. Frankfurt am Main: Suhrkamp.

Luhmann, Niklas, 1995a: Europa und die Weltgesellschaft. Vortrag zum 6. Kempfenhauser Gespräch. 13. bis 15. Januar 1995. Hypo-Bank.

Luhmann, Niklas, 1995b: Gesellschaftsstruktur und Semantik. Studien zur Wissenssoziologie der modernen Gesellschaft. Bd. 4. Frankfurt am Main: Suhrkamp.

Luhmann, Niklas, 1995c: Organisation und Entscheidung. Ms. Bielefeld.

Luhmann, Niklas, 1995d: Sich im Undurchschaubaren bewegen. Zur Veränderungsdynamik hochentwickelter Gesellschaften. In: Ralph Grossmann (Hrsg.): Veränderung in Organisationen: Management und Beratung. Wiesbaden: Gabler.

Luhmann, Niklas, 1995e: Soziologische Aufklärung 6. Die Soziologie und der Mensch. Opladen: Westdeutscher Verlag.

Luhmann, Niklas, 1997: Die Gesellschaft der Gesellschaft. 2 Bände. Frankfurt am Main: Suhrkamp.

Luhmann, Niklas, 1998: Der Staat des politischen Systems. S. 345-380. In: Ulrich Beck (Hrsg.): Perspektiven der Weltgesellschaft. Frankfurt am Main: Suhrkamp.

Lyotard, Jean-François, 1986: Das postmoderne Wissen. Graz/Wien: Böhlau.

Mall, Ram Adhar, 1995: Philosophie im Vergleich der Kulturen: Interkulturelle Philosophie – eine neue Orientierung. Darmstadt: Wissenschaftliche Buchgesellschaft.

Markowitz, Jürgen, 1990: Kommunikation über Risiken. Eine Theorie-Skizze. In: Schweizerische Zeitschrift für Soziologie 3, S. 385-420.

Markowitz, Jürgen, 1997: Arbeit – Arbeitsplatz – Arbeitswissenschaft. S. 120-138. In: Hallescher Initiativkreis Arbeitswissenschaften (Hrsg.): Band 1. Interdisziplinäre Ringvorlesung Sommersemester 1997. Martin-Luther-Universität Halle-Wittenberg.

Markowitz, Jürgen, 1998: Zum Verhältnis von Schulkultur und Unternehmenskultur. S. 101-117. In: Josef Keuffer u.a. (Hg.): Schulkultur als Gestaltungsaufgabe. Partizipation, Management, Lebensweltgestaltung. Weinheim: Deutscher Studien Verlag.

Martin, Hans-Peter und Harald Schumann, 1996: Die Globalisierungsfalle. Der Angriff auf Demokratie und Wohlstand.

McLuhan, Marshall, 1995: Die Gutenberg-Galaxis. Das Ende des Buchzeitalters. Bonn u.a.: Addison-Wesley.

Nassehi, Armin, 1998: Die "Welt"-Fremdheit der Globalisierungsdebatte. Ein phänomenologischer Versuch. In: Soziale Welt 49 (1998), S. 151-166.

Offe, Claus, 1982: Arbeit als soziologische Schlüsselkategorie? S. 38-64. In: Joachim Matthes (Hrsg.): Krise der Arbeitsgesellschaft? Verhandlungen d. 21. Deutschen Soziologentages in Bamberg 1982. Frankfurt am Main/New York: Campus.

Parsons, Talcott, 1964a: Evolutionary Universals in Society. In: American Sociological Review, 19 (1964), S. 339-357.

Parsons, Talcott, 1964b: The Social System. New York: The Free Press.

Parsons, Talcott, 1975: Die Entstehung der Theorie des sozialen Systems: Ein Bericht zur Person. S. 1-68. In: Talcott Parsons; Edward Shils und Paul F. Lazarsfeld: Soziologie – autobiographisch. Drei kritische Beiträge zur Entwicklung einer Wissenschaft. Stuttgart: Enke Verlag.

Parsons, Talcott, 1980: Zur Theorie der sozialen Interaktionsmedien. Herausgegeben von Stefan Jensen. Opladen: Westdeutscher Verlag.

Parsons, Talcott, 1985: Das System moderner Gesellschaften. Weinheim und München: Juventa Verlag.

Parsons, Talcott, 1986: Gesellschaften. Frankfurt am Main: Suhrkamp.

Pieterse, Jan Nederveen, 1998: Der Melange-Effekt. Globalisierung im Plural. S. 87-124. In: Ulrich Beck (Hrsg.): Perspektiven der Weltgesellschaft. Frankfurt am Main: Suhrkamp.

Piore, Michael J. und Charles F. Sabel, 1985: Das Ende der Massenproduktion. Studie über die Requalifizierung der Arbeit und die Rückkehr der Ökonomie in die Gesellschaft. Berlin: Wagenbach.

Plessner, Helmuth, 1981: Gesammelte Schriften V. Macht und menschliche Natur. Frankfurt am Main: Suhrkamp Verlag.

Plümper, Thomas, 1999: Internationalisierung und weltwirtschaftliche Integration. In: Hanns-Georg Brose und Helmut Voelzkow (Hrsg.): Institutioneller Kontext wirtschaftlichen Handelns. Marburg: Metropolis.

Popitz, Heinrich, 1995: Der Aufbruch zur Artifiziellen Gesellschaft. Tübingen: Mohr.

Pries, Ludger, 1998: Transnationale Soziale Räume. Theoretisch-empirische Skizze am Beispiel der Arbeitswanderungen Mexiko – USA. S. 55-86. In: Ulrich Beck (Hrsg.): Perspektiven der Weltgesellschaft. Frankfurt am Main: Suhrkamp.

Reese-Schäfer, Walter; 1993: Kommunitärer Gemeinsinn und liberale Demokratie. In: Gegenwartskunde 3/93. S. 305-317.

Rehberg, Karl-Siegbert; 1993: Gemeinschaft und Gesellschaft – Tönnies und Wir. S. 19-48. In: Micha Brumlik und Hauke Brunkhorst (Hrsg.): Gemeinschaft und Gerechtigkeit. Frankfurt am Main: Fischer Taschenbuch Verlag GmbH.

Reich, Robert, 1993: Die neue Weltwirtschaft. Das Ende der nationalen Ökonomie. Frankfurt am Main und Wien: Büchergilde Gutenberg.

Richter, Dirk, 1997: Weltgesellschaft. S. 184-204. In: Georg Kneer, Armin Nassehi und Markus Schroer (Hg.): Soziologische Gesellschaftsbegriffe. Konzept moderner Zeitdiagnosen. München: Wilhelm Fink Verlag.

Rifkin, Jeremy, 1997: Das Ende der Arbeit und ihre Zukunft. Frankfurt am Main: Fischer.

Robertson, Roland, 1998: Glokalisierung: Homogenität und Heterogenität in Raum und Zeit. S. 192-220. In: Ulrich Beck (Hrsg.): Perspektiven der Weltgesellschaft. Frankfurt am Main: Suhrkamp.

Saul, John R., 1997: Der Markt frisst seine Kinder: Wider die Ökonomisierung der Gesellschaft. Frankfurt am Main/Wien: Büchergilde Gutenberg.

Schäfers, Bernhard, 1990: Die Gesellschaft der Bundesrepublik: Auch ein Fall der Modernisierung. S. 280-253. In: Robert Hettlage (Hrsg.): Die Bundesrepublik Deutschland. Eine historische Bilanz. München: Beck.

Scheuch, Erwin K., 1991: Schwierigkeiten der Soziologie mit dem Prozess der Modernisierung. S.109-138. In: Wolfgang Zapf (Hrsg.): Die Modernisierung moderner Gesellschaften. Frankfurt am Main: Campus.

Sennett, Richard; 1993: Verfall und Ende des öffentlichen Lebens. Die Tyrannei der Intimität. Frankfurt am Main: Fischer Taschenbuch Verlag GmbH.

Sennett, Richard, 1998: Der flexible Mensch. Die Kultur des neuen Kapitalismus. Berlin: Berlin Verlag.

Spich, Richard S., 1995: Globalization folklore: problems of myth and ideology in the discourse on globalization. In: Journal of Organizational Change Management, Vol. 8 (4) pp. 6-29.

Stalk, George Jr. und Thomas M. Hout, 1992: Zeitwettbewerb. Schnelligkeit entscheidet auf den Märkten der Zukunft. Frankfurt/New York: Campus.

Stichweh, Rudolf, 1988: Inklusion in Funktionssysteme der modernen Gesellschaft. S. 261-293. In: Renate Mayntz u.a.: Differenzierung und Verselbständigung. Zur Entwicklung gesellschaftlicher Teilsysteme. Frankfurt am Main: Campus.

Stichweh, Rudolf, 1995: Zur Theorie der Weltgesellschaft. In: Soziale Systeme, Heft 1/95, S. 29-45.

Stichweh, Rudolf, 1997: Inklusion/Exklusion, funktionale Differenzierung und die Theorie der Weltgesellschaft. In: Soziale Systeme, Heft 1 (1997), S. 123-136.

Stichweh, Rudolf, 1998: Raum, Region und Stadt in der Systemtheorie. In: Soziale Systeme 4. Heft 2, S. 341-358.

Stichweh, Rudolf, 1999: Globalisierung der Wissenschaft und die Region Europa, S. 275-292. In: Gert Schmidt und Rainer Trinczek (Hrsg.): Ökonomische und soziale Herausforderungen am Ende des zwanzigsten Jahrhunderts. Soziale Welt: Sonderband 13. Baden-Baden: Nomos.

Tönnies, Ferdinand; 1991: Gemeinschaft und Gesellschaft. Grundbegriffe der reinen Soziologie. 3. Auflage. Darmstadt: Wissenschaftliche Buchgesellschaft.

Türk, Klaus, 1995: "Die Organisation der Welt"; Herrschaft durch Organisation in der modernen Gesellschaft. Opladen: Westdeutscher Verlag.

Vorbereitungsausschuss für den 21. Deutschen Soziologentag, 1982: Zum Soziologentagsthema: "Krise der Arbeitsgesellschaft?" S. 13-16. In: Joachim Matthes (Hrsg.): Krise der Arbeitsgesellschaft? Verhandlungen d. 21. Deutschen Soziologentages in Bamberg 1982. Frankfurt am Main/New York: Campus.

Wallerstein, Immanuel, 1983: Klassenanalyse und Weltsystemanalyse. In: Soziale Welt, Sonderband 2 (1983), S. 301-320.

Wallerstein, Immanuel, 1986: Typologie von Krisen im Weltsystem. S. 41-53. In: Johannes Berger (Hrsg.): Die Moderne – Kontinuitäten und Zäsuren. Soziale Welt Sonderband 4. Göttingen: Otto Schwarz & Co.

Wallerstein, Immanuel, 1989: The Modern World-System. Vol 3. New York.

Wehrsig, Christoph/Tacke, Veronika, 1992: Funktionen und Folgen informatisierter Organisationen. S. 219-240. In: Thomas Malsch und Ulrich Mill (Hrsg.): ArBYTE. Modernisierung der Industriesoziologie? Berlin: Edition Sigma.

Willke, Helmut, 1992: Ironie des Staates. Grundlinien einer Staatstheorie polyzentrischer Gesellschaften. Frankfurt a. M.: Suhrkamp.

Willke, Helmut, 1993: Systemlogik und kontextuelle Einbindung der Ökonomie in hochdifferenzierten Gesellschaften. S. 49-61. In: Peter W. Gester, Barbara Heitger und Christof Schmitz (Hg.): Managerie. 2. Jahrbuch Systemisches Denken und Handeln im Management. Heidelberg: Auer Verlag.

Zapf, Wolfgang, 1975: Die soziologische Theorie der Modernisierung. In: Soziale Welt, Jahrgang 26, 1975, Heft 2, S. 212-226.

Zapf, Wolfgang, 1991: Modernisierung und Modernisierungstheorien. S. 23-39. In: Wolfgang Glatzer (Hrsg.): 25. Deutscher Soziologentag 1990. Die Modernisierung moderner Gesellschaften. Sektionen, Arbeits- und Ad hoc-Gruppen, Ausschuss für Lehre. Opladen: Westdeutscher Verlag.

Die Autoren

Jens Aderhold (Dipl.-Soz.) studierte Soziologie und Politikwissenschaft an der Martin-Luther-Universität Halle-Wittenberg und an der Universität Bielefeld. Seit April 1996 ist er als wissenschaftlicher Mitarbeiter am Lehrstuhl für Management des technischen Wandels und Personalentwicklung an der TU Chemnitz tätig. Seine Arbeitsschwerpunkte umfassen folgende Gebiete: Organisationslernen, Innovationsmanagement, Intervention und Beratung, Virtuelle Unternehmen und Netzwerkforschung

Kontaktadresse:

Dipl.-Soz. Jens Aderhold

Technische Universität Chemnitz

Lehrstuhl für Management des technischen Wandels

und Personalentwicklung

UT Erfenschlager Strasse 73

09107 Chemnitz

j.aderhold@wirtschaft.tu-chemnitz.de

Frank Heideloff (lic. Oec. HSG, CEMS-Master, Dr. rer. pol.) studierte nach amerikanischem und deutschem Abitur Wirtschaftswissenschaften, Psychologie und Philosophie an der Universität-Gesamthochschule Siegen, der ESC Tours, der WU Wien und an der Universität St. Gallen, HSG. Von November 1995 bis April 1998 war er wissenschaftlicher Mitarbeiter am Lehrstuhl für Management des technischen Wandels und Personalentwicklung an der TU Chemnitz, wo er im Juli 1998 promovierte. Er ist Universitätslektor an der WU Wien im Bereich verhaltenswissenschaftlich orientiertes Management. Seit Mai 1998 ist er bei Bain & Company Germany, Inc. als Unternehmensberater tätig. Publikationen zu folgenden Themen: Innovationsmanagement, Wissensmanagement, Spielregeln der Globalisierung und Organizational Transformation.

Kontaktadresse:

Dr. Frank Heideloff

Bain & Conpany

Karlsplatz 1

80335 München

Frank Heideloff@Bain.com

Soziologie der Migration

Erklärungsmodelle · Fakten · Politische Konsequenzen · Perspektiven

von Prof. Dr. Petrus Han, Paderborn

2000. XI, 374 S., 13 Tabellen, 7 Übers., kt. UTB 2118. DM 39,80/ öS 291,-/sFr 37,-. ISBN 3-8282-0117-2 (L&L), 3-8252-2118-0 (UTB)

Seit Jahrzehnten nehmen die Migrationsbewegungen weltweit stetig zu und erfassen die gesamten Weltregionen. Sie entwickeln sich zu einem globalen Phänomen. Die einstige Einteilung zwischen den sog. Aus- und Einwanderungsländern relativiert sich. Viele Länder sind gleichzeitig Aus- und Einwanderungsländer. Deutschland mit seiner größten Zuwanderungsrate in Europa ist in besonderem Maße von dieser Entwicklung betroffen. Die Tatsache, daß das Interesse an der sozio-kulturellen, wirtschaftlichen und demographischen Bedeutung der Zuwanderung in Politik, Wissenschaft und Gesellschaft in den letzten Jahren kontinuierlich zugenommen hat, ist somit eine natürliche Folge dieser Entwicklung.

Viele Anzeichen, insbesondere die wachsende strukturelle Ungleichheit der Welt in einer Zeit der Globalisierung, sprechen dafür, daß die Migrationsbewegungen und die damit verbundenen Folgeprobleme weiter zunehmen werden. Die passive und defensive Politik der Industrieländer, durch rigorose Abschottung und restriktive legislative und administrative Verschärfung ihrer Grenzkontrollen den weltweit steigenden Migrationsdruck abzuwehren, kann zwar kurzfristig eine trügerische Ruhe bringen, langfristig aber in eine Sackgasse führen und schließlich einen Bumerangeffekt auslösen. Vor diesem Hintergrund beschreibt das vorliegende Buch als Einführung die komplexen Themenbereiche der Migrationssoziologie. Der Autor folgt dabei einer Konzeption, in der Begriffe, Ursachen, Verläufe, Folgen und Perspektiven der Migration in der Reihenfolge der Nennung logisch aufeinander aufbauend thematisiert werden. Dadurch entsteht aus der Summe der behandelten Themen ein Gesamtbild des Migrationsvorganges, angefangen von dem individuellen Entscheidungsprozess über die physische Emigration aus dem Herkunftsland bis zur schwierigen und prozesshaften wirtschaftlichen und psychosozialen Eingliederung in die Einwanderungsgesellschaft. Das Buch hat zum Ziel, Studierenden, sozialen Fachkräften in den Migrationsdiensten und interessierten Lesern einen Überblick über migrationssoziologische Zusammenhänge zu vermitteln und bietet eine Strukturierung und Bewertung von Themen, die den Lesern eine umfassende und praxisnahe Orientierung ermöglichen. Damit liegt eine soziologische Studie vor, die erstmalig die Komplexität des Migrationsgeschehens in ihrem mikro- und makrostrukturellen Gesamtzusammenhang aufzeigt und gleichzeitig die sich daraus ergebenden Implikationen für die Politik unter einer prognostischen Abschätzung weiterer Entwicklungsperspektiven thematisiert.

Lucius & Lucius

Erwägungsorientierung in Philosophie und Sozialwissenschaften

Erwägungskultur in Forschung, Lehre und Praxis, Band 1

Herausgegeben von Werner Loh

Mit Beiträgen von Bettina Blanck, Rainer Greshoff, Bardo Herzig, Ulrich Kazmierski, Werner Loh und Klaus Schafmeister

2000. VIII/206 S. kt. DM 48,-/sFr 44,50. ISBN 3-8282-0151-2

Problembewältigungen hängen auch von der Güte der Erwägungen in Entscheidungen ab. Dennoch gibt es bisher keine Tradition, die vom methodisch orientierten qualitativen Erwägen her Probleme zu bewältigen trachtet. In diesem Band wird von verschiedenen Disziplinen aus in die Welt des Erwägens eingeführt. Zunächst werden Zusammenhänge zwischen Lebenslauf und Lehr-Lern-Verhältnissen erwägungsorientiert erörtert. Danach wird am Beispiel der Auffassungen von Max Weber dargelegt, wie die Orientierung an Kampf Wissenschaft und Erwägen behindern kann. Sodann wird der entwicklungspsychologische Ansatz zur Erfassung von Moralentwicklung von Lawrence Kohlberg kritisch vom Erwägungskonzept her beleuchtet und um den Erwägungshorizont erweitert. Weiterhin wird die These entwickelt, dass das Problemlösungspotential der Umweltpolitik durch das Ausmaß an Kooperation bestimmt wird und inwiefern Alternativen erwägendes Problemlösen für eine konsensuelle Kooperation konstitutiv ist. Schließlich werden einerseits zum Idealismus-Realismus-Problem systematisch Alternativen erwogen, wodurch eine neue Lösung ermöglicht wird, sowie andererseits Erwägungen als Disjunktionen behandelt, und es wird nachgewiesen, dass die klassische Aussagenlogik Erwägungsdisjunktionen nicht formalisieren erfassen lässt.

Aus dem Inhalt:

Lucius & Lucius